权威·前沿·原创

皮书系列为
"十二五""十三五"国家重点图书出版规划项目

吉林蓝皮书

BLUE BOOK OF
JILIN

2019年
吉林经济社会形势分析与预测

ANALYSIS AND FORECAST ON ECONOMY AND SOCIETY OF JILIN
(2019)

主　编／邵汉明
副主编／郭连强　张丽娜

社会科学文献出版社
SOCIAL SCIENCES ACADEMIC PRESS（CHINA）

图书在版编目（CIP）数据

2019年吉林经济社会形势分析与预测／邵汉明主编
. --北京：社会科学文献出版社，2018.12
（吉林蓝皮书）
ISBN 978 - 7 - 5201 - 4089 - 8

Ⅰ.①2… Ⅱ.①邵… Ⅲ.①区域经济 - 经济分析 -
吉林 - 2019 ②社会分析 - 吉林 - 2019 ③区域经济 - 经济预
测 - 吉林 - 2019 ④社会预测 - 吉林 - 2019 Ⅳ.
①F127.34

中国版本图书馆 CIP 数据核字（2018）第 292971 号

吉林蓝皮书
2019 年吉林经济社会形势分析与预测

主　　编／邵汉明
副 主 编／郭连强　张丽娜

出 版 人／谢寿光
项目统筹／任文武　张丽丽
责任编辑／王玉霞

出　　版／社会科学文献出版社·区域发展出版中心（010）59367143
　　　　　　地址：北京市北三环中路甲 29 号院华龙大厦　邮编：100029
　　　　　　网址：www. ssap. com. cn
发　　行／市场营销中心（010）59367081　59367083
印　　装／三河市龙林印务有限公司

规　　格／开 本：787mm × 1092mm　1/16
　　　　　　印 张：22.75　字 数：344 千字
版　　次／2018 年 12 月第 1 版　2018 年 12 月第 1 次印刷
书　　号／ISBN 978 - 7 - 5201 - 4089 - 8
定　　价／98.00 元

本书如有印装质量问题，请与读者服务中心（010 -59367028）联系

编　委　会

主要编撰者简介

邵汉明 吉林省社会科学院（社科联）党组书记、院长、吉林省社会科学联合会专职副主席，研究员。兼任吉林大学、东北师范大学教授，博士生导师，国家社会科学基金学科评审组专家。享受国务院特殊津贴，获吉林省资深高级专家、吉林省有突出贡献的中青年专业技术人才、吉林省"拔尖创新人才"等称号。长期从事中国哲学与文化研究，先后发表各类学术著作数百万字，编著千余万字，发表学术论文100余篇，其中有7篇论文被《新华文摘》全文转载。主持承担国家级、省部级科研项目10余项。获吉林省社会科学优秀成果一等奖4项、二等奖5项。

郭连强 吉林省社会科学院副院长、研究员，经济学博士。兼任《经济纵横》杂志社社长，吉林省社会科学重点领域（吉林省省情）研究基地负责人，吉林财经大学、吉林农业大学客座教授，吉林农村金融研究中心特约研究员。长期从事金融学、产业经济学研究，主持科研项目研究10余项，出版专著、编著7部，在《社会科学战线》《学习与探索》《求是学刊》《社会科学辑刊》等学术期刊发表论文近50篇，研究成果获吉林省社会科学优秀成果一等奖3项。

张丽娜 吉林省社会科学院软科学研究所所长、研究员，管理学博士，吉林建筑大学客座教授。主要研究方向为宏观经济、产业经济和区域经济。获吉林省社会科学优秀成果二等奖2项、三等奖2项，长春市社会科学优秀成果奖4项。出版专著、编著4部，公开发表学术期刊论文30余篇，主持各类项目20余项，参与多项省级政策、规划的编写工作，10余篇研究报告获得省级领导肯定性批示。

摘　要

2018 年，国内外环境复杂多变，我国各方面改革持续推进，经济发展由高速增长阶段转向高质量发展阶段。"吉林蓝皮书"面对新形势下的新问题、新需求，始终以求真务实的学术精神和客观严谨的科研态度，对吉林省经济社会的发展情况及重点问题进行分析，科学判断未来趋势，并提出了吉林省推进全面振兴的对策建议。

报告指出，2018 年，吉林省以习近平总书记考察东北重要指示和在推进东北振兴座谈会上的重要讲话精神为指引，进一步深化改革开放，提高经济发展质量，增加民生福祉，深入推进吉林全面振兴、全方位振兴。前三季度，吉林省经济转型升级进入了深度调整期和阵痛期，增速进一步回落，但是始终坚持稳中有进的总基调，以高质量发展为目标，保持战略定力，攻坚克难，逐步走出低谷，出现了企稳回升的态势。农业结构调整稳步推进，农业基础地位更加稳固。2018 年，全省粮食作物播种面积总体稳定在 7000 万亩以上，籽粒玉米调减面积保持在 550 万亩左右，全省农、林、牧、渔业增加值同比增长 2.3%。吉林省努力推进工业的绿色转型，加大环保整改力度，淘汰落后产能，提升发展质量，工业结构效益明显好转，前三季度全省工业增加值同比增长 5%，与全国平均增速的差距缩小。服务业成为经济增长的新引擎，对经济的贡献突出，前三季度贡献率达 42.8%，拉动 GDP 增长 1.7 个百分点。

报告指出，2019 年世界经济面临的不稳定性会继续增强，国内深层次的结构性矛盾仍较为突出，中国经济注定在颠簸中前行，经济发展仍面临比较大的压力。2019 年吉林省经济也将处于增速换挡期、结构调整期、产业转型期，但随着基础设施建设投资力度的加大、生态环境的改善、产业结构

的调整、消费需求结构的升级、科技创新能力的提升，吉林省经济质量将有望继续提升。

报告指出，吉林省要实现老工业基地的新一轮振兴，需要坚持稳中求进，扩大内需、稳定外需，不断深化改革，大力创新，营造良好发展环境，推动民营经济跨越式发展。同时，要加快产业转型升级，保护生态环境，增强经济发展可持续性，提高经济质量和效益。

关键词： 吉林省　经济增长　经济质量

Abstract

In 2018, the environment at home and abroad is complex and changeable, and China's reform in all aspects continuously promoted. China's economy has been transitioning from a phase of rapid growth to a stage of high-quality development. Facing the new problems and demands under the new situation, "Jilin Blue Book" always analyzes the economic and social development and key issues of Jilin Province with a pragmatic academic spirit and an objective and rigorous scientific research attitude, scientifically judge the future trend, and put forward suggestions for the promotion of revitalizing in Jilin Province.

According to the report, in 2018, Jilin Province will further deepen reform and opening up, improve the quality of economic development and the well-being of people's livelihood, and further promote the comprehensive revitalization of Jilin Province under the important instructions when General Secretary Xi Jinping inspecting Northeast China and also the spirit of his important speech at the forum on promoting the revitalization of Northeast China. In the first three quarters, the economic transformation and upgrading of Jilin Province has entered a period of deep adjustment, and the growth rate dropped further. However, it has always adhered to the general tone of steady progress, and aimed at high-quality development, maintaining strategic strength, tackling difficulties, and gradually stepped out of the trough, then there has been a trend of stabilization and recovery. The adjustment of agricultural structure has been steadily promoted, and the basic position of agriculture has become more stable. In 2018, the planting area of grain crops in the province was generally stable at more than 70 million mu, and the grain corn reduction area was maintained at about 5.5 million mu. In the first three quarters, the added value of agriculture, forestry, animal husbandry and fishery increased by 2.3% year on year. In the first three quarters of 2018, Jilin Province made great efforts to promote the green transformation of

industry, intensified the efforts of environmental protection rectification, eliminated backward production capacity, improved the quality of development and the benefits of industrial structure, increased the industrial added value of the whole province by 5% year on year, then narrowed the gap with the national average growth rate. The service industry has become a new engine of economic growth, contributing significantly to the economy, with the contribution rate reaching 42.8% in the first three quarters and driving GDP growth by 1.7 percentage points.

The report pointed out that the instability of the world economy will continue to increase in 2019, and the deep structural contradictions in the country are still prominent. The Chinese economy will be destined to move forward in the midst of bumps, and economic development is still facing considerable pressure. In 2019, the economy of Jilin Province will also be in the period of growth, structural adjustment and industrial transformation, but with the increase of infrastructure construction investment, enhancement of ecological environment, adjustment of industrial structure, upgrading of consumer demand structure, improvement of scientific and technological innovation capacity, Jilin Province's economic quality is expected to continue to improve.

The report pointed out that in order to achieve a new round of revitalizing we must persist in steady progress, expand domestic demand, stabilize external demand, continuously deepen reforms and innovation, create a sound development environment, and promote the private economy to achieve leapfrog development. At the same time, we must accelerate industrial transformation and upgrading, protect the ecological environment, enhance the sustainability of economic development, and improve economic quality and efficiency.

Keywords: Jilin Province; Economic Growth; Economic Quality

目 录

IV 改革创新篇

V 民生保障篇

皮书数据库阅读**使用指南**

CONTENTS

I General Report

II Economic Operation

Ⅲ Quality Improvement

Ⅳ Reform And Innovation

V People's Livelihood Security

总 报 告

General Report

B.1

2019年吉林省
经济形势分析与预测

张丽娜　徐卓顺*

摘　要：　2018年，面对错综复杂的国内外环境，吉林省以习近平总书
记考察东北重要指示和在推进东北振兴座谈会上的重要讲话
精神为指引，进一步深化改革开放，提高经济发展质量和民
生福祉，深入推进吉林全面振兴、全方位振兴。前三季度，
吉林省经济发展增速虽然出现下滑，但保持了稳中有进的态
势。经济发展面临的困难仍然较多，产业结构调整步伐缓慢，
经济增长动力不足，人才匮乏问题严重。2019年，伴随世界
经济形势的不确定性以及国内经济趋向持续健康稳定发展，

* 张丽娜，吉林省社会科学院软科学所所长、研究员，研究方向为产业经济和区域经济；徐卓
顺，吉林省社会科学院软科学所副所长、副研究员，研究方向为宏观经济和数量经济。

吉林省经济将会走出低谷，经济增长的稳定性会进一步加强，质量将得到一定提升。

关键词： 企稳回升　发展质量　经济形势　吉林

一　2018年吉林省经济运行分析

（一）经济增长具有企稳回升的态势

2018年，面临外部环境的复杂性和多变性，吉林省经济增长出现了下滑现象，转型升级进入了深度调整期和阵痛期，但是始终坚持稳中有进的总基调，以高质量发展为目标，保持战略定力，夯实经济数据，攻坚克难，逐步走出低谷，出现了企稳回升的发展势头。前三季度，全省实现地区生产总值（GDP）9957.68亿元，按可比价格计算（下同），同比增长4.0%，逐季提高，增速比一季度提高了1.8个百分点，比上半年提高1.5个百分点。其中，第一产业增加值实现497.14亿元，同比增长2.3%；第二产业增加值实现4931.97亿元，同比增长4%；第三产业增加值实现4528.57亿元，同比增长4.2%。三次产业比重调整为5.0∶49.5∶45.5。

（二）三大产业保持总体稳定

1. 农业现代化进程加速推进

农业结构调整稳步推进。2018年，吉林省进一步优化种植业结构，继续保持产能稳定。按照"宜粮则粮、宜特则特、宜蔬则蔬"的原则，以优化玉米，提升水稻、杂粮杂豆、蔬菜和园艺特产，发展优质饲草料作物为方向，结合各地区资源优势和种植结构特点不断调整优化种植业结构。2018年，全省粮食作物播种面积总体稳定在7000万亩以上，籽粒玉米调减面积保持在550万亩左右。前三季度，全省农、林、牧、渔业增加值同比增长

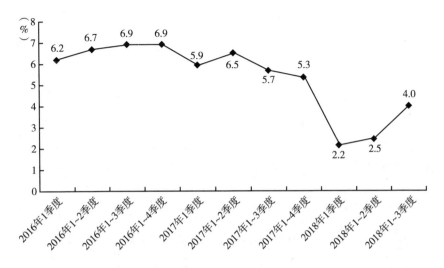

图1 吉林省地区生产总值增长率变化趋势

数据来源：吉林统计信息网。

2.3%。其中，农业增加值同比增长14.3%，畜牧业增加值同比增长0.3%。受环保禁养、不合格养殖场拆迁以及"非洲猪瘟"等疫情暴发的影响，畜禽产品产量受到极大冲击，禽蛋产量同比下降3.3%，猪肉产量同比下降7.5%。

现代农业发展步伐加快。吉林省大力实施乡村振兴战略，推动农业从产量扩张向质量提升转变，不断积蓄农业农村发展新动能，农业现代化的进程进一步加快。2018年，继续实行敞开普惠农机购置补贴，加强农业科学技术的应用，全面提高全省粮食生产全程机械化水平和农业科技创新能力，全程机械化新型主体达到70个，14个率先示范县建设了42个全程机械化示范区，全省主要农作物耕种收综合机械化水平达到87.5%。加大农田水利和高标准农田建设力度，增加高效节水灌溉农田60万亩，新建高标准农田200万亩以上。加快农业与旅游、文化、体育休闲等产业融合发展，打造田园综合体，因地制宜发展乡村旅游，重点建设农安、乾安等4个县国家农村产业融合发展示范园。

2. 工业效益明显好转

工业生产稳中有升。十八大以来，吉林省努力推进工业的绿色转型，加

快结构调整升级，加大环保整改力度，淘汰落后产能，提升发展质量，但受国际环境的复杂化以及东北经济下行的影响，工业发展进入深度调整的困难阶段。自 2017 年以来，吉林省工业增速一直低于全国平均增速，2018 年第一季度更是低于全国平均增速 5.6 个百分点。2018 年前三季度，全省工业增加值达到 4403.82 亿元，按可比价格计算，同比增长 5%，与全国平均增速的差距缩小，增速分别比一季度和上半年提高 3.8 个和 3.0 个百分点，在全国排名第 22 位（见图 2、表 1）。

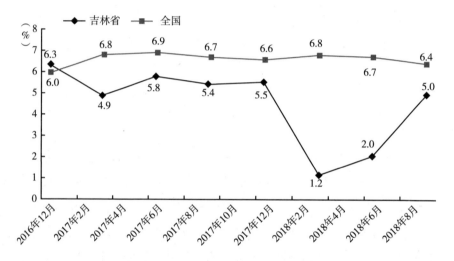

图 2　规模以上工业增加值增速变化趋势

数据来源：国家统计局网站。

表 1　2018 年全国规模以上工业增加值情况

地　区	9 月增速 （%）	排名	地　区	1~3 季度增速 （%）	排名
全　国	5.9		全　国	6.4	
西　藏	15.9	1	西　藏	14.5	1
宁　夏	14.6	2	云　南	12.5	2
广　西	10.4	3	辽　宁	9.7	3
安　徽	10.4	3	陕　西	9.2	4
福　建	9.6	5	安　徽	9.1	5

续表

地 区	9月增速 （%）	排名	地 区	1~3季度增速 （%）	排名
云 南	9.5	6	福 建	9.1	5
青 海	9.1	7	江 西	9	7
四 川	9	8	贵 州	8.7	8
内蒙古	8.9	9	四 川	8.4	9
辽 宁	8.5	10	青 海	8.3	10
江 西	8.3	11	浙 江	8	11
湖 北	8.1	12	湖 北	7.8	12
甘 肃	8	13	河 南	7.3	13
河 北	7.7	14	北 京	7.2	14
浙 江	7.6	15	宁 夏	6.9	15
湖 南	7.2	16	湖 南	6.9	16
山 西	7.1	17	甘 肃	6.1	17
山 东	6.4	18	内蒙古	6	18
贵 州	5.5	19	广 东	6	19
河 南	5.3	20	山 东	5.5	20
吉 林	4.5	21	江 苏	5.5	20
广 东	4.3	22	吉 林	5	22
江 苏	3.4	23	广 西	4.9	23
新 疆	1.6	24	山 西	3.9	24
重 庆	1.5	25	河 北	3.7	25
北 京	1.1	26	上 海	3.5	26
海 南	0.9	27	天 津	3.2	27
天 津	-0.1	28	海 南	3	28
山 西	-0.8	29	黑龙江	2.6	29
上 海	-3.9	30	新 疆	2.3	30
黑龙江	-4.4	31	重 庆	1.6	31

数据来源：国家统计局网站。

　　主导产业发挥带动作用。前三季度，全省八大重点产业中，汽车制造业、医药产业、能源工业和纺织工业的增速都显著提升。受国际能源市场回暖的有利影响，能源工业增加值同比增长19.6%，在规模以上工业中排名第一；其次是汽车制造业，增速达到了15.8%，医药产业和纺织工业增加值同比增长11.5%和10.2%。9月份全省汽车产业、石油化工产业、食品

产业增加值分别同比增长 7.4%、6.0% 和 2.5%，分别上拉全省规模以上工业增速 3.4 个、0.6 个和 0.3 个百分点。

企业效益快速增长。从工业企业效益情况看，1~8 月份，全省规模以上工业企业利润总额同比增长 18.7%，比上年同期增长 16.6 个百分点；其中八大重点产业利润同比增长 18.4%，比上年同期增长 16.1 个百分点。前三季度，全省规模以上工业企业利润总额增速略有回落，达到 17.1%，仍高于全国平均水平 2.4 个百分点；主营业务收入同比增长 4.5%。

3. 服务业总量小幅扩张

服务业成为经济增长的新引擎。2018 年服务业增速出现滑落，总量扩张的幅度减弱，这与当前经济下行压力加大以及前期发展的高基数有一定关系。前三季度，全省服务业增加值为 4528.57 亿元，按可比价格计算，同比增长 4.2%，较上年同期下降 3.4 个百分点，快于地区生产总值增速 0.2 个百分点，占地区生产总值的比重有所提高，达到 45.5%，分别高于上年全年和同期 0.69 个和 5.2 个百分点。对经济的贡献较为突出，贡献率达到 42.8%，拉动 GDP 增长 1.7 个百分点。受经济下行影响，批发和零售业，交通运输、仓储和邮政业，住宿和餐饮业、金融业和其他服务业增速较上年均有回落，尤其是金融服务业增速同比下降了 1.7%；非营利性服务业，即主要由政府或社会团体、事业单位提供支持的社会公益性服务业，与财政八项支出具有显著的正向关联关系，增速同比下降 3.6%；房地产业发展快速，增速较上年提高了 2.7 个百分点，对服务业增速起到了一定的拉动作用（见表2）。

服务业内部结构进一步调整。2018 年服务业内部结构继续缓慢调整，以批发和零售业，交通运输、仓储和邮政业，住宿和餐饮业为代表的传统服务业仍占主导地位，其中住宿和餐饮业占服务业的比重较上年小幅降低，其他服务业比重较上年降低 3.9 个百分点；金融业、房地产业比重提升较大，占服务业比重达到 22.4%，较上年提高 4.6 个百分点。电子商务、跨境电商等新型产业快速发展，电子商务交易额、跨境电商出口额分别增长 33% 和 32%。旅游业发展迅猛，"绿水青山就是金山银山""白雪变白银"成效显著，截至 9 月末，全省接待游客人次同比增长 15.4%，旅游总收入同比增长 20.6%。

表 2　吉林省服务业情况

	2018 年 1~3 季度			2017 年 1~4 季度		
	增加值（亿元）	增速（%）	占服务业增加值比重（%）	增加值（亿元）	增速（%）	占服务业增加值比重（%）
批发和零售业	846.31	3.6	18.7	1267.56	4.9	18.5
交通运输、仓储和邮政业	418.19	3.3	9.2	598.82	5.7	8.7
住宿和餐饮业	211.61	2.7	4.7	382.77	3.8	5.6
金融业	496.09	−1.7	11.0	691.74	2.6	10.1
房地产业	518.25	6.2	11.4	527.49	3.5	7.7
其他服务业	2004.56	5.6	44.3	3299.58	11.4	48.2
其中:营利性服务业	971.8	16	21.5	1604.04	23.9	23.4
非营利性服务业	1032.76	−3.6	22.8	1695.54	1.6	24.8
服务业	4528.57	4.2		6846.88	7.5	

数据来源：吉林统计信息网。

（三）三大需求分化明显

1. 固定资产投资增速止跌回升

2018 年，吉林省大力抓好项目建设，千方百计扩大有效投资，前三季度，全省固定资产投资（不含农户）扭转了下降的态势，由负转正，同比增长 0.9%，在全国排第 22 位，增幅比一季度和上半年分别提高 9.5 个和 2.4 个百分点，在东北地区落后于辽宁（第 20 位），领先于黑龙江省（第 24 位）。分产业看，只有第三产业投资增速处于增长态势，同比增长 3%；第一产业、第二产业投资下滑，分别下降 9.2% 和 2.3%。在政府去杠杆的过程中，整顿地方政府债务导致基础设施投资增速放缓，基础设施投资前三季度同比下降 9.9%，对经济增长形成拖累。房地产开发投资 896.32 亿元，同比增长 28.5%，在全国排第 2 位，商品房销售面积 1444.37 万平方米，同比增长 12.8%。从投资主体看，前三季度，国有投资下降了 7.8%，随着市场准入放开、减税降费、推动产权保护等多项激发民间投资活力政策的逐步落实，民营投资增速出现小幅增长，同比上升 1.1%（见图 3）。

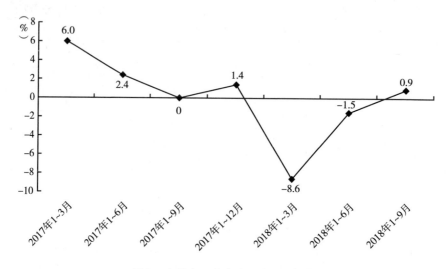

图3　吉林省固定资产投资增速趋势

数据来源：吉林统计信息网。

2. 消费增速放缓

受收入增长缓慢以及房价增长过快对居民消费挤出效应的影响，以及网络购物、微信购物等新型消费模式对实体消费的冲击，自2016年末，吉林省消费增速放缓，且持续下滑，2018年1季度社会消费品零售总额增速为5%，比2017年下降了2.5个百分点，比2016年下降了4.9个百分点。2018年前三季度，全省实现社会消费品零售总额5480.86亿元，同比增长5.2%，增速比一季度提高0.2个百分点，与上半年持平。按销售地区分，乡村消费品零售额增速（5.6%）略高于城镇消费品零售额增速（5.2%）。按消费形态分，前三季度，餐饮收入达到733.15亿元，同比增长7%；商品零售收入4747.71亿元，同比增长4.9%。按销售规模分，限额以上消费品零售总额1472.88亿元，同比下降2.9%，降幅逐渐收窄；限额以下消费品零售总额4007.98亿元，同比上升7.3%（见图4）。

3. 对外贸易增速提升

伴随国际市场的回暖以及我国进口关税降低等贸易政策的实施，吉林省对外贸易的增长势头良好，自2017年各项指标由负转正以后，保持了曲折

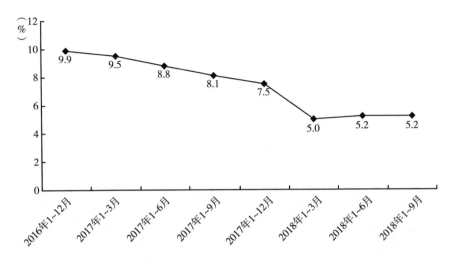

图4　吉林省社会消费品零售总额增速趋势

数据来源：吉林统计信息网。

上升的态势。2018年前三季度，全省实现进出口总值1046.04亿元，同比增长10.1%，高于全国平均增速0.2个百分点，较上半年显著提升，提高7.0个百分点。出口实现快速增长，出口总值达到239.01亿元，同比增长8.0%，快于上半年增速与全国平均增速1.5个百分点。其主要得益于汽车及零部件、石化产品、医药产品、轨道客车及零部件出口实现增长且增幅均超过全省平均水平，其中轨道客车及零部件出口增幅达到106.5%。进口总值807.03亿元，同比增长10.8%，低于全国平均水平3.3个百分点，快于上半年8.7个百分点。进口的飞速增长主要在于农产品尤其是大豆进口增加的拉动，前三季度农产品进口增幅达到216%，此外，汽车及零部件、轻纺产品、石化产品进口也实现较好增长。从贸易方式看，一般贸易仍占主导地位，前三季度，一般贸易进出口总额占全省总额的88%，增速达到16.7%。其中一般贸易的出口额同比增长12.2%，高于加工贸易0.6个百分点，占出口总值的比重为69.7%；一般贸易的进口额同比增长17%，高于加工贸易33.9个百分点，占进口总值的93.9%。全面加快开放合作，与主要贸易伙伴的进出口贸易保持增长，前三季度，德国、日本、斯洛伐克、美国和俄

罗斯分列前五名。深度融入"一带一路"倡议，谋划设立中俄"珲春—哈桑"跨境经济合作区，加快推进"滨海2号"国际运输走廊建设，成功举办中国—东北亚博览会和全球吉商大会等活动，对"一带一路"沿线国家的进出口贸易同比增长15.1%（见图5）。

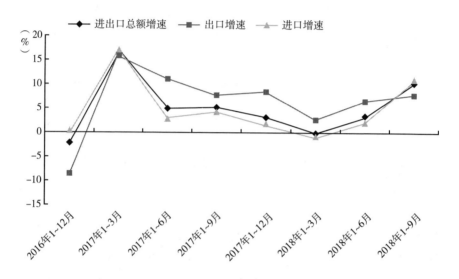

图5 吉林省进出口增速变化趋势

数据来源：吉林统计信息网。

（四）改革创新全力推进

供给侧改革成效继续显现。吉林省以提升经济质量为核心，加大节能减排力度，持续稳步地推进去产能工作。前三季度，化工行业，非金属矿物制品业，石油、煤炭及其他燃料加工业和有色金属加工业的综合能耗显著降低，同比分别减少了7.7个、10.3个、4.4个、9.2个百分点。全省工业的能耗下降了2.5个百分点。高耗能产业增加值增速同比增长0.8%，比上年同期下降了4.7个百分点。坚持"一企一策"，深入推进产权制度改革，完善现代企业制度，加强国资国企监管，一汽集团等企业混改稳步推进。

"放管服"改革进一步深化。简政放权力度加大，审批事项由近 600 个减少到了 192 个，"一张网"上线运行，"双随机、一公开"监管制度全面推行，商事制度改革全速推进，2017 年 7 月 1 日，在全国率先推行"多证合一"改革，2018 年 7 月将"32 证合一"升级为"54 证合一"，省级"只跑一次"改革事项占比达到 97.6%。构建"亲""清"新型政商关系，营商环境显著改善，对接企业 2400 余家，累计签约项目近 300 个。第三届全球吉商大会顺利召开，其中吉林市获得总投资额 16.5 亿元的 3 个投资大项目签约落地，合金材料产业园、上营森林旅游开发等 31 个项目达成合作意向。

科技创新能力逐步提升。吉林省大力鼓励创新创业，出台系列引智引才政策，取得一定效果。2018 年 1~8 月，累计申请专利 18676 件，同比增长 49.4%；专利授权量 9234 件，同比增长 37.2%。尤其是加大吉林省重点行业的科技创新支持力度，以提高企业的研发能力。1~8 月份，汽车行业、石化行业、农产品加工业、医药行业、光电子信息产业的专利授权量都快速增加，分别达到 1930、770、1280、882、1559 件，同比上涨 82.6%、91.5%、196.3%、157.9%、42.5%。

新动能不断累积。吉林省大力实施创新驱动战略，新的增长点破茧而出，新旧动能转换加速。前三季度，在全省规模以上工业中，战略性新兴产业产值同比增长 10.6%；高技术产业增加值同比增长 16.8%，高于上年同期 7.9 个百分点，比规模以上工业增加值增速快 11.8 个百分点。

新产品产量快速增长。前三季度，全省太阳能发电量同比增长 38.5%，运动型多用途乘用车（SUV）产量增长 13.2%，动车组产量增长 29.2%，电子元件产量增长 45.5%。

"数字吉林"引领经济社会发展。吉林省审议通过《关于以数字吉林建设为引领加快新旧动能转换推动高质量发展的意见》，重点要完成以数字化促进产业转型升级，以数字经济催生新动能、新业态，利用大数据完善行政管理、建设数字政府，加快智慧城市的建设，完善信息基础建设五大任务。

目前，吉林省与腾讯公司、华为公司等先进企业签署战略合作框架协议，加速推动数字吉林建设。

（五）民生福祉稳步提高

1. 居民收入平稳增长

尽管经济下行压力加大，但居民收入保持了平稳增长的趋势，尤其是农村居民收入增长较快。前三季度，全省城镇常住居民和农村常住居民人均可支配收入分别达到了 22382 元和 9151 元，分别较上年同期增长 6.6% 和 9%。其中，工资性收入增速较快，城镇居民的工资性收入同比上升 11.6%，而由于劳动力成本的提高，农村居民的工资性收入同比增长 22%。前三季度，全省城乡居民的收入倍差为 2.45，比上年同期略有缩小，降低了 0.05。总体看，城乡居民的收入水平均低于全国平均水平，分别相差 7217 元和 1494 元。

2. CPI 涨幅温和

前三季度，全省居民消费价格指数（CPI）同比上涨 2.1%，与全国物价指数持平，涨幅比上年同期提高 0.6 个百分点。八大类商品和服务价格均呈上涨趋势，其中，医疗保健类价格上涨幅度最大，同比增长 6.4%，高于全国平均水平 1.4 个百分点；其次是衣着类价格同比上涨 2.3%，高于全国平均水平 0.9 个百分点。食品烟酒类价格上涨 1.3%，低于全国平均水平 0.3 个百分点。居住类、生活用品及服务类、交通和通信类、教育文化和娱乐类、其他用品和服务类价格分别上涨 1.7%、2.2%、1.1%、2.2%、6.4%、0.7%。

3. 就业形势保持稳定

前三季度，全省城镇新增就业人数 44.85 万人，完成年度目标的 99.67%。规模以上单位就业人数 189.7 万人，同比下降 10.7%。城镇登记失业率为 3.51%。据吉林省人社厅统计，截至 10 月末，全省实现农村劳动力转移就业 405.23 万人，完成年计划的 101.31%，同比增加 1.68 万人，增长 0.42%。实现工资性总收入 679.52 亿元，同比增加 61.26 亿元，增长

9.91%，农民人均工资性收入5067元。全省农民工等人员返乡下乡创业达到8.38万人，比上年末增加1.18万人，返乡创业规模进一步扩大。

二 吉林省经济发展需要密切关注的问题

（一）产业结构调整升级的速度过慢

产业结构调整升级一直是吉林省经济发展的主要命题，也是经济高质量发展的重要途径。但从实际情况看，产业结构调整升级的过程比较漫长，效果并不理想。由于产业结构单一的情况一直没有调整过来，抵御外部风险的能力较差，经济增长面临复杂多变的环境出现大幅下滑，具体主要表现在两个方面：一是产业的层次偏低。从产业结构的角度来看，一直以第二产业为主。改革开放初期，吉林省作为国家的老工业基地之一，农业的基础性地位突出，工业发展更是占有举足轻重的地位，产业结构偏重于重化工型，1978年产业结构比例为29.3∶52.4∶18.4；经过近20年的改革与发展，服务业所占比重在2000年首次超过第二产业，产业结构调整为20.4∶39.4∶40.2。2003年实施东北老工业基地振兴战略，加大了工业的投资力度，有效地刺激了第二产业的增长，产业结构恢复到以第二产业为主，并且二者占比的差距有扩大之势。第二产业的快速发展并没有显著带动服务业，尤其是生产性服务业的快速跟进。2016年吉林省制定一系列支持服务业跨越式发展的政策，起到了一定效果，二者占比差距缩小。2017年，吉林省三次产业比为9.4∶45.9∶44.6，仍是以第二产业为主，这与全国7.9∶40.5∶51.6的三次产业比存在一定差距，而近邻黑龙江省、辽宁省服务业增加值占GDP的比重分别为55.2%、51.6%，均高于吉林省。无论是从全国层面还是省级层面，服务业占比偏低仍然是吉林省产业结构调整亟待破解的难题，间接地反映出吉林省产业层次攀升仍然具有较大的空间，产业调整转型还不到位。二是内部行业以传统产业为主。无论是第二产业还是服务业都是依赖传统产业进行发展。近三年，汽车制造业、食品加工业和石油化工产业三大支柱产业增加

值占全省工业增加值的比重为55%左右。2018年前三季度，汽车、石化、食品产业上拉规模以上工业增速4.3个百分点。吉林省战略性新兴产业发展形势虽较好，但产业规模小，集聚程度低，产业链条短，整体竞争优势不明显，支撑力还不够。从服务业内部看，批发零售业，交通运输、仓储和邮政业以及住宿和餐饮业一直是服务业的主导行业，占比较高，现代物流业、金融业、科技服务业等现代服务业发展缓慢。未来经济增长的主要支撑动力应该是现代制造业、服务业和战略性新兴产业，从目前看，这三者在吉林省仍处于加速发展阶段，未来之路任重道远（见表3）。

表3　吉林省产业结构变动情况

年份	第一产业占GDP比重(%)	第二产业占GDP比重(%)	服务业占GDP比重(%)
1978	29.25	52.40	18.35
1979	27.81	54.02	18.17
1980	27.63	52.99	19.38
1981	30.87	50.85	18.28
1982	31.56	49.61	18.83
1983	37.79	43.55	18.66
1984	34.43	46.14	19.43
1985	27.81	48.50	23.69
1986	28.33	45.92	25.75
1987	27.08	46.85	26.07
1988	25.11	47.08	27.81
1989	20.56	46.22	33.22
1990	29.39	42.83	27.78
1991	25.99	43.80	30.20
1992	23.44	46.05	30.50
1993	21.72	48.85	29.43
1994	27.66	42.33	30.01
1995	26.73	41.79	31.48
1996	27.92	39.88	32.20
1997	25.14	38.72	36.14
1998	27.23	37.14	35.63
1999	25.18	38.91	35.91

续表

年份	第一产业占 GDP 比重（%）	第二产业占 GDP 比重（%）	服务业占 GDP 比重（%）
2000	20.43	39.40	40.17
2001	19.29	40.21	40.50
2002	19.00	40.17	40.83
2003	18.34	41.26	40.40
2004	18.22	42.59	39.19
2005	17.28	43.67	39.05
2006	15.74	44.80	39.46
2007	14.83	46.84	38.33
2008	14.27	48.20	37.54
2009	13.47	48.66	37.87
2010	12.12	51.99	35.89
2011	12.09	53.09	34.82
2012	11.83	53.41	34.76
2013	11.24	52.67	36.08
2014	11.04	52.79	36.17
2015	11.35	49.82	38.83
2016	10.14	47.41	42.45
2017	9.35	45.87	44.59

数据来源：吉林省统计年鉴。

（二）三大需求提供的动力趋弱

投资、出口、消费被称为拉动经济发展的"三驾马车"，是从需求侧的角度推动经济发展的动力。2018 年吉林省经济出现增速下滑的现象主要源于投资的乏力、消费低迷以及进出口的贡献能力偏低，三大需求总体表现动力不足。投资作为吉林省经济增长的第一拉动力，近年来增速持续下降，2018 年上半年一度出现了负增长。从三大类投资看，由于去杠杆的影响，国家严控地方债务增长，清理地方政府不规范的 ppp 项目，吉林省基础建设投资下降了 9.9%；而且由于宏观经济下行的预期，工业投资同比下降2.6%，与全国制造业投资回升的趋势相反；房地产投资高速增长，但在房地产调控政策下，房地产开发投资逐渐趋紧，投资不振对经济增长产生了严

重的影响。从消费角度来看，吉林省近年来的消费增速处于缓慢下降的态势，主要原因是收入增速不高及房贷等负债挤压。一方面吉林省居民收入水平较低，整体低于全国平均水平；另一方面受房贷等负债挤压，打击了部分市场需求。近两年，吉林省房价上涨趋势并没有得到全面有效的遏制，而房价的上涨对于一部分消费群体来说，会挤压可用于其他消费的资金，影响了消费选择。而且，居民加杠杆的速度非常快，家庭贷款规模持续扩大，增速提高。前三季度，全省住户短期贷款中消费贷款同比增长 10.5%，中长期贷款中消费贷款同比增长 18.3%。而家庭债务中，用于住房贷款的比重较大，家庭在购房中的杠杆越来越高。在经济处于下行阶段，工资和居民收入增长缓慢，而家庭贷款规模的增速高于居民可支配收入增速，使家庭债务压力持续扩大，降低消费意愿，影响消费预期，对消费升级、金融安全和经济增长等方面都存在一定的负面效应，此外，进出口贸易对经济增长拉动力有限。吉林省的外贸依存度一直较低，2017 年外贸依存度为 8.2%，低于全国 33.6% 的平均水平；2018 年前三季度外贸依存度提高至 9.5%，仍然显著低于 34.2% 的全国平均水平，对经济增长的拉动作用不足。

（三）民营经济的活跃度不够

民企是国民经济的重要微观基础，民营经济是经济发展的重要支撑。吉林省民营经济发展规模有所扩大，但活跃度减弱，这是吉林省民企发展的一个主要难题，主要表现在两方面：一是民营工业增加值累计同比增速低于工业平均水平。今年前三季度，吉林省工业增加值累计同比增长 5%，国有及国有控股企业的工业增加值累计同比增长 15.2%，民营工业同比下降 3.9%，明显低于工业平均水平，与国有及国有控股企业相比差距较大，对工业增长形成了拖累。二是民企退出速度较快。根据工商部门企业登记信息统计显示，截至 2018 年 10 月，吉林省注册成立的私营企业 71505 户，占全部类型企业的 20.4%，民企注册资本占比 75.9%。但从近三年民企注销的数据看，2016 年私营企业注销了 13182 户，2017 年注销了 19210 户，同比增长了 45.7%。从流动性和盈利能力上看，民营企业整体水平弱于国有企业，综合竞争力不强。2018年吉林省有2户企业入围我国民营企业500强，分别是修正药业（列第89位，较上年下降了32位）和新星宇建设集团公司（排名第423位）。

（四）地区发展的差距日益显著

一是长春"一城独大"的带动作用不明显。长春市作为吉林省的省会城市，经济发展速度一直领先于其他城市，而且经济总量占吉林省经济总量已过四成，2018年前三季度长春市GDP总量占全省的46.7%，剩余地区中只有吉林市的GDP占比超过了两位数，为15.1%，与长春市相差31.6个百分点，其他地区的占比只有一位数，甚至不足一位数，差距明显，形成了"一城独大"的格局，对其他地区的带动、辐射作用较弱，全省区域不均衡发展的情况正在加剧。从经济增速来看，其他地市州经济增长明显乏力。二是各县域经济规模偏小。吉林省县域地区生产总值对全省经济的支撑能力逐渐加强，但各县经济规模仍然较小。2016年全省县域平均GDP不到200亿元，2017年公主岭市地区生产总值为470.24亿元，居全省县域地区首位。根据工信部赛迪研究院的评估结果，2015年全省42个县只有延吉市跻身全国综合实力百强县市，且排名第69位。2017年全国GDP百强县地区生产总值已经全部达到500亿元，其中更有21个县达到1000亿元，GDP最高的县超到3000亿元。"2018县域经济100强榜单"，吉林省没有一个县市进入（见表4）。

表4 吉林省各地区生产总值占比情况

	2018年1~9月			2017年1~12月		
	GDP（亿元）	增速（%）	各地区占比（%）	GDP（亿元）	增速（%）	各地区占比（%）
长春市	4654.04	7.2	46.7	6530.03	8	42.7
吉林市	1507.04	1.2	15.1	2302.82	2.6	15.1
四平市	638.14	4.7	6.4	1230.32	4.2	8.0
辽源市	319.37	0.5	3.2	772.11	1.7	5.1
通化市	493.12	1.3	5.0	909.49	-5.7	5.9
白山市	349.36	0.9	3.5	705.33	4.1	4.6

续表

	2018 年 1~9 月			2017 年 1~12 月		
	GDP(亿元)	增速(%)	各地区占比(%)	GDP(亿元)	增速(%)	各地区占比(%)
松原市	878.31	3.8	8.8	1648.4	0.9	10.8
白城市	367.4	5	3.7	708.77	4.8	4.6
延边朝鲜族自治州	531.01	2.3	5.3	927.58	3.3	6.1
长白山管委会	28.94	5.3	0.3	34.68	2.8	0.2
公主岭市	201.28	5	2.0	470.24	4.7	3.1
梅河口市	213.56	7.4	2.1	354.14	4.6	2.3
珲春市	66.04	0.1	0.7	144.58	0.2	0.9

数据来源：吉林统计月报。

（五）老龄化和人才匮乏问题严重

2017 年底，全省老年人口 525.28 万，占人口总数的 19.33%，超出国家老龄化水平 2 个百分点。对吉林省 2011~2016 年的人口数据进行测算扶养比发现，人口扶养比逐年上升，扶养比增高最主要的原因是吉林省人口老龄化问题日益突出，超过 60 岁的老龄人口是增长较快，人口结构出现了快速老龄化趋势。而劳动年龄人口却是以每年大约 30 万的数量减少，吉林省人口红利正在逐步消失。人口老龄化将会从多个方面影响到经济的持续增长能力。劳动力是社会生产的基本要素，而人才更是经济发展的关键要素，发挥着基础性、战略性、先导性作用。尽管吉林省高校众多，但由于发展环境、经济条件等多方面原因，毕业生的本地就业率并不高。与此同时，在全国的各类人才大战中，吉林省处于劣势地位，高素质人才的流失比较严重，人才短缺问题一直是吉林振兴面临的主要影响因素。

（六）金融风险扩大

为了防范金融风险的进一步加剧，政府通过去杠杆等主要宏观调控政策降低地方政府、企业、居民，特别是前两者的负债率。防范金融风险的这些做法是一把双刃剑，在防范风险的同时，也增加了部分企业的资金压力。吉林省也存在实体融资需求难以得到满足的情况，很多企业面临资金链断裂的风险，再融资功能严重受损，尤其是小型民营企业越来越难以获得信贷。而融资难也在一定程度上引发了债务违约的事件大概率发生，从银行业的角度来看就是不良贷款率过高。吉林银行业目前不良贷款率始终在高位，2016年全国排在第 2 位，2017 年排在第 1 位。截至 2018 年 6 月底，吉林银行业不良贷款余额达到 777 亿元，不良率达到 4.12%，不良贷款余额比 3 月底增加了 44 亿元，不良率则上升了 0.17 个百分点。前三季度，吉林省的不良贷款率比年初下降了 0.12 个百分点，但从全国来看，仍只有吉林省不良贷款率超过了 4%。不良贷款率的居高不下减弱了金融对经济的支持力度。同时，吉林省也存在非法集资、互联网金融等领域的隐蔽风险，爆发了多起非法集资跑路的事件。

三 2018年吉林省经济发展形势与预测

（一）国际环境变得更加复杂严峻

1. 世界经济不确定性增强

2018 年全球经济复苏超出市场预期，但面临的不稳定性、不确定性仍然突出，深层次的结构性矛盾尚未得到根本解决。2018 年前三季度美国经济总量（GDP）首次达到了 15.3 万亿美元，按年率计增长 3%，创下了新高。日本三季度，受暴雨、酷暑、蔬菜价格高涨影响，消费者需求显著下降，再加之西部的强力台风和北海道地震，企业生产和旅游业都受到较大冲击，物流网断裂对出口的打击等多重因素的共同作用，致使日本经济在时隔一个季度再度出现了负增长，环比下滑 0.3%。欧盟和欧元区第三季度实际GDP 同比分别增长了 1.9% 和 1.7%，同比增速分别较第二季度下降了 0.2个和 0.5 个百分点，环比分别实现 0.3% 和 0.2% 的增幅，较第二季度的环比增速均下降了 0.2 个百分点。发展中国家经济继续平稳增长，印度二季度经济增速达到 8.2%，俄罗斯三季度经济增长 1.3%，巴西经济三季度增长

了4.5%。东盟国家经济增速普遍高于5%。近期虽以石油为代表的大宗商品价格快速回落，G20峰会传出中美两国贸易达成90天"停火"的原则性协议，但全球经济增长的不确定性仍然存在，IMF等组织下调了2019年的经济预测，预计2019年全球经济将保持平稳回升态势，增速有望保持在3.5%左右的水平。

2.东北亚局势稍显稳定

吉林省是东北亚地区的几何地理中心，东北亚的安全局势对其经济社会发展有着深远的影响。进入21世纪后，朝鲜向外界彰显拥核的决心，加速核武器研发，不停地进行核试验、导弹试射等活动，使整个东北亚地区陷入紧张局面。2017年以来，中日、中韩关系的缓和对东北亚局势的稳定发挥了积极作用。中、日两国领导人在越南出席APEC峰会期间的会晤提出了改善关系的大方向。中韩关系也在文在寅政府承诺"三不一限"的基础上出现转圜，开始修复因韩国部署"萨德"而出现倒退的双边关系。俄罗斯不断加大对东北亚的投入，在涉朝问题上加大与中国的沟通与配合，成为稳定地区局势的重要力量。2018年朝韩领导人进行了三次会晤，2018年4月27日的首次会谈核心议题是朝鲜半岛无核化及构建半岛永久和平，三次会晤也标志着半岛进入了历史转折的关键时期，对促进半岛和平与稳定具有积极意义。在现今国际贸易保护主义倾向突出的背景下，东北亚局势的稳定对于各国来说都是利好条件，尤其是对于吉林省增加对东北亚国家的贸易额，加强经济往来与合作具有积极作用。

（二）国内发展总体保持稳定

2018年，在坚持稳中求进工作总基调下，贯彻新发展理念，落实高质量发展要求，以供给侧结构性改革为主线，着力打好三大攻坚战，加快改革开放步伐，经济保持了稳中向好态势。然而，国内经济结构调整转型升级尚未完成，经济运行的深层次结构性矛盾依然存在，外部环境发生明显变化。内部的固有矛盾与外部的不确定性叠加，极易形成共振效应，对中国经济持续稳定发展带来一些挑战和压力。2019年的中国经济将注定在颠簸中前行，经济还面临比较大的下行压力，但仍会保持稳定的态势。

1. 经济总值方面

G20峰会上达成的中美贸易原则性协议阻止了两国之间经济摩擦的进一步扩大，对大宗商品市场、汇率市场、贸易市场均带来较大影响，给全球和中国经济带来的利好不能忽视，再加之中国国内关键领域改革步伐的加快，早前摩根大通中国首席经济学家朱海斌对2019年中国经济将下滑至6.2%，以及中国社会科学院对2019年中国经济增长率在6.3%左右，较2018年下降0.3个百分点的预计应会有所回调。

2. 投资方面

2018年11月中央政治局会议指出，"围绕资本市场改革，加强制度建设，激发市场活力，促进资本市场长期健康发展。"充分体现了国家稳定投资，保持投资增长的意愿在加强。2019年随着新一轮基础设施、重大项目建设融资的逐步完成，我国固定资产投资将会进一步趋于合理和稳定，中国社会科学院预计2019年投资会名义增长5.6%，其中基础设施固定资产投资增幅显著，会达到7.8%。

3. 消费方面

居民消费自2011年开始增长但增速不及预期，2018年对消费是否升级的讨论更是反映了大众对经济形势的担忧。但是，随着新的个税法案的实施，教育、医疗、房贷、房租、养老等专项附加扣除措施的实行，对于多渠道增收、消费能力增强等均有较大的促进作用，中国社会科学院预计2019年消费将会继续保持平稳增长态势，增幅达到8.4%。

4. 对外贸易方面

由于中美贸易摩擦的影响还存在较大的不确定性，G20峰会上仅是达成"停火"90天的初步协议，在目前产业链全球布局的背景下，贸易保护主义对国际贸易的影响不确定性仍可能加深，但在初步协议期限内，中国的进出口贸易会继续提高。随着"一带一路"进程的推进，中国与沿线国家的贸易活动增加，对非美国家的进口意愿扩大，也会促进对外贸易额小幅增长。早前中国社会科学院对2019年我国进出口分别增长13.2%和5.6%的预计有望调高。

5. 物价水平

2019 年我国的政策环境仍会平稳，失业率不会高企，CPI 依然保持稳定，中国社会科学院预计 2019 年的 CPI 维持 2.5% 的涨幅，比 2018 年增长 0.3 个百分点，仍处于温和上涨区间。

（三）2019 年吉林省主要经济指标预测

2019 年中国经济增长将在新常态下继续运行在合理区间，消费、投资、物价保持基本稳定。但吉林省经济正处在增长速度换挡期、结构调整期、产业转型期，随着基础设施建设投资的加大、生态环境的改善、产业结构的调整、消费需求结构的升级、科技创新能力的提升，吉林省经济质量将有望提升。综合考虑这些因素，并利用 2003 年 1 季度至 2018 年 3 季度数据构建的吉林省联立方程模型，对 2019 年主要指标进行了预测，结果如表 5 所示。

表 5　吉林省主要经济指标增长速度预测

单位：%

	2018 年	2019 年
国内生产总值	4.3~4.6	5.5 左右
其中：第一产业增加值	2.5	3.2
第二产业增加值	4.3	5.1
第三产业增加值	5.1	5.9
全社会固定资产投资总额	1.1	2.0
社会消费品零售总额	5.6	6.4
居民消费价格指数	2.2	3.0
城镇居民人均可支配收入	6.8	7.0
农民人均纯收入	9.1	9.3
外贸进出口	9.9	10.7
其中：出口	9.6	9.9

1. 经济增长

从总体看，2019 年，投资结构将会进一步调整，投资增速将会维持在小幅增长水平，但消费升级会进一步提振经济发展，外需形势受到中美贸易摩擦"停火"的影响，并随着"一带一路"的推进，吉林省的出口仍会维持上涨态势，但上涨幅度并不会太大。受三大需求影响，预计2019年，吉林省经济增速将达到5.5%左右。

2. 投资

2019年，吉林省投资将趋于合理和稳定。2019年中央对吉林省基础设施建设投资会继续增加，吉林省继续稳定投资的意愿会继续加强，高新技术产业、现代服务业、战略性新兴产业等行业有效投资会进一步提高。由于国有企业投资降低、房地产投资趋稳、中美贸易战的不确定性会进一步影响投资者信心，受其影响，2019年吉林省的投资将有所提升，但仍只会维持在2.0%左右的低水平增长。

3. 消费

2019年，消费形势总体乐观。2018年下半年，教育、娱乐等高端消费增速将会继续提升，再加之个税改革方案的落实、消费体制机制的进一步完善，消费者信心将得到提振，多样化的消费需求得到满足，预计2018年消费增速达到5.6%左右。2019年，随着国家的一系列消费政策的持续实施，吉林省的消费增速将会继续平稳增长，达到6.4%左右，对全省经济形成主要支撑。

4. 出口

2019年，出口贸易将会小幅增长。2018年，中美贸易战影响了家具、钢铁、化工、纸制品、服装、汽车等行业，吉林省与之相关的企业也受到影响，吉林省的全年出口增速预计仅在9.6%左右。2019年，贸易战的影响有望减弱，随着"一带一路"的落地深耕，随着沿线国家经贸合作的进一步加深，作为"一带一路"倡议中向北开放的重要窗口，吉林省通过不断打通向欧洲和太平洋延伸的陆海新通道，正在形成全方位对外开放新格局。受这些因素的影响，2019年，吉林省的对外出口将会提高至9.9%左右。

5. 物价

预计物价涨幅总体趋缓。2018年，吉林省总体物价比较稳定。其中，服务仍是居民消费物价指数中上涨较为快速的部分，但服务受到的外部冲击

较小，稳健的货币环境也保证了物价指数涨幅平稳。受此影响，预计2019年吉林省物价指数将维持在3.0%左右的涨幅。

四　对策建议

（一）坚持稳中求进

目前，经济运行稳中有变，外部环境明显变化，吉林省经济发展面临着诸多新问题、新挑战，需要坚持稳中求进，扩大内需、稳定外需，推动吉林省经济在高质量发展道路上行稳致远。

1. 稳定投资

一要稳定制造业投资。压低旧产能，有序增加新产能投资，积极推动吉林省制造业产业升级，实现结构性去杠杆。同时，加大制造业创新发展投入，不断攻坚核心技术，推动制造业向信息化和智能化的转型升级，进军制造业上游高附加值领域。二要激发民间投资。切实放宽市场准入、破除隐性壁垒、优化营商环境、明确支持措施，采取多种方式支持民间资本参与各类项目。健全促进民间投资健康发展工作机制，及时解决制约民间投资发展的突出问题。三要加大基础设施建设投资。运用BOT融资方式，充分利用国外资金和管理经验，促进基础设施项目投资的完成。鼓励政府采取控股、混合所有制、联合投标体等多种方式让民间资本参与基础设施建设项目。

2. 扩大消费需求

一要提高居民收入水平。要完善初次收入分配制度，建立健全再分配调节机制，促进收入合理有序分配，缩小城乡间、区域间、行业间收入差距，扩大中等收入群体，增加低收入者收入，调节过高收入，取缔非法收入。同时要大力发展文化、旅游、商贸、餐饮、物流等第三产业，不断拓宽居民就业增收渠道。二要拓展消费空间。积极培育信息、文化、健身、培训、养老、家庭服务等消费热点，大力发展社区服务等面向民生的服务业，加快发展旅游业，积极拓展新型服务领域，促进消费结构优化升级。

3. 扩大外需

围绕习近平总书记对吉林省提出的"建设开放合作高地"这一最新要求，推进开放合作向更广的领域、更大的范围和更高的层次发展。一要进一步完善对外开放通道。充分发挥珲春—扎鲁比诺港—宁波舟山港航线的作用，带动构建海陆空、点线面有机结合的航线航路体系，快速推进"滨海2号"国际运输走廊、珲春国际铁路枢纽、扎鲁比诺港升级改造项目的实施。二要加快推进对外开放平台建设。深度融入"一带一路"建设，快速推进中韩国际合作示范区、中俄珲春—哈桑跨境合作区等建设规划的施行，减少进出口验核环节。三要加大招商引资力度。发挥金融助力东北振兴作用，加快落实签约项目，保证招商引资的有效性和针对性。发挥重点企业的带动作用，提振中小企业竞争力，培育外贸竞争优势，扩大吉林省对外贸易总量。

（二）提高经济质量

现今，中国经济已由高速增长阶段转向高质量发展阶段。而经济质量的提升是全方位的，不仅表现在制造业、工业产品和服务业等经济方面，也表现在社会生态环境等方面。经济质量的提升要在加快产业转型升级的同时，保护生态环境，这是增强经济发展可持续性，提高经济质量和效益的根本。

1. 加快产业结构升级

一要加快三次产业升级。加快发展现代服务业，以金融、科技、信息服务改造提升传统服务业，促进服务业内部转型升级，以服务业的结构升级作为调整三次产业结构的突破口。围绕落实《中国制造2025吉林实施纲要》，培育吉林省制造业比较优势，提高高新技术制造业、化工制品业、医药及装备制造业的技术水平和产品质量，增强其产品的国际竞争力，促进资本和技术密集型产业向国际产业链的中高端环节发展。利用吉林省与浙江省农业对口合作契机，加快吉林省发展畜牧业，推进农产品加工业转型升级。二要加快产业融合发展。以市场需求为导向，在打造粮草兼顾、农牧结合、循环发展的新型种养结构的前提下，调整优化三次产业所占比例，着力提高第三产

业比重，形成"一产接二连三"的互动型、融合型发展模式。发挥产业融合对农业现代化的拉动作用，大力发展休闲度假、旅游观光、养生养老、农村电商等农业新产业新业态。推动生产性服务业与制造业交叉融合、相互支撑，延伸制造业服务链条，从主要提供产品制造向同时提供产品和服务转变，鼓励优势制造业企业"裂变"专业优势，通过业务流程再造，提供专业化服务。

2. 加快绿色产业发展步伐

一是加快工业生态园区建设。以可持续发展理论、工业生态学理论、循环经济理论等为指导，设计生态工业园区。采用循环经济技术，实现生态园区的废物"零排放"。借鉴生态工业园区经验，将种植业、养殖业、农产品加工业、生物质能源业等纳入循环农业产业体系中，实现园区农业间的相互依存，减少农业废弃物产生。二是大力发展农业循环经济。将生物质产业和有机肥产业引入农业生产系统的循环路径中，对秸秆、畜禽粪便和食用菌种植丢弃的废菌棒等，进行多级循环利用。三是加快服务业发展。服务业具有劳动密集度高、资源消耗低、环境污染少等特点，选择加快服务业发展是推行生态产业的重要措施。

3. 加大生态环境保护科研投入

生态环境保护是经济可持续发展的基础，随着科技的社会功能越来越凸显，"科技兴环保战略"成为环境保护的主要战略。首先，发展生态科技。采用污染减少型技术，开发新能源和新材料，降低能源消耗，减少污染排放。加大对环境保护科研成果的宣传、教育及推广，加大科研成果的受众范围，加强其在生产、生活中的应用价值。其次，要加大生态科技研发投入。实施重点环保技术，提升指导计划，扶持企业环保技术中心建设，完善各类环保技术创新基础研发条件，支持环保创新产品的实际运用，推动产品质量提升和品种更新换代。对于公益性的生态环境保护科研成果，要加大政府的直接投资，助其申请专利，鼓励科研成果转化为环境保护产品。

（三）加快经济增长的动能转换

目前，中国经济换挡仍在持续，阶段性底部还未呈现，结构性调整刚刚触及本质问题，新一轮改革开放和供给侧改革的窗口期已经全面出现。吉林省要落实新时期经济高质量发展的需求，需要不断深化改革，大力创新，稳妥应对，才能有效解决新形势下的各类问题。

1. 推进改革开放不断深化

抓好落实国家出台的一系列扩大改革开放的政策举措，深入推进各领域、各行业、各层次的改革事项，全面深化改革开放。一要抓好国资国企改革。深入推行"一企一策"，规范政府管理，增强企业活力，打造市场化运作平台，实现集团化、市场化、专业化运营。二要深化金融体制改革，搞好国家农村金融综合改革试验，加快国家产融合作试点城市建设。积极稳妥推进吉林银行、吉林信托等机构增资扩股，推动省金融控股等集团做大做强。启动实施"金融集聚"和"上市驱动"工程，抓好"百千企业挂牌成长"计划，搞好长春东北亚区域性金融服务中心建设，吸引国内外金融机构在吉设立分支机构，吸引民营金融机构总部落户吉林，支持符合条件的优质企业尽快上市挂牌融资。三要统筹推进财政预算、医药卫生、社会保障、供销合作社等重点领域改革。

2. 坚定实施创新驱动战略

一要集聚创新资源。支持开发区与科研机构、高等院校等合作建立产业园区，通过优化园区功能、强化产业链条、扶持重大项目等措施，提升开发区主导产业集中度。建立园区间产业互通机制，提高服务质量，推动领军企业跨园区进行创新整合，带动园区整体创新水平提升。支持具备条件的省级开发区按照程序申请设立省级高新区。二要推进创新平台载体建设。加快推进中俄特色农业国际联合实验室、临床医学研究中心、湿地生态国家级重点实验室等关系吉林科技创新布局的建设，加快中关村北湖科技园建设，发挥长吉图国际级科技成果转移转化示范区的带动作用。三要多方引智聚力振兴。深化吉林省与中国科学院、中国工程院科技创新合作，发挥院士工作站作用，扩大科技交流合作。

（四）加快推动民营经济发展

推动吉林省经济平稳高质量发展，就要把民营经济摆在突出位置，进一步解放思想、把握机遇，坚定信心、埋头苦干，实实在在帮助民营企业解决困难问题，着力营造良好发展环境，推动全省民营经济实现更大作为、更大跨越。

1. 优化营商环境

创新体制机制，着力打造重商、亲商、近商、安商、富商的市场环境。建立市场准入负面清单制度改革试点，加快推进促进中小企业发展条例细则出台，系统梳理扶持民营经济发展的政策法规，依法平等保护企业产权和合法权益。逐步深化商事制度改革，打造"亲""清"新型政商关系，全面推行"证照分离"和工商登记全程电子化，实现"双随机、一公开"综合监管常态化、标准化、智能化。大力实施"吉商回巢"行动，既请回来，又走出去，在重点城市举办吉人回乡投资创业恳谈会，让吉林成为投资兴业、干事创业的热土。

2. 解决民营企业融资问题

加强政策引导和融资体系构建，通过政府出资支持金融机构为民营企业提供融资服务，并搭建多层次担保体系，促进民营企业融资业务的可持续性，为民营企业营造良好的生存和发展空间，帮助民营企业破除融资障碍，增强民营企业发展的活力和竞争力，增强经济活力。充分利用政策扶持引导金融机构参与民营企业融资业务，通过设立投资公司等直接融资、政策性金融机构和以行业组织为基础的信用公司等进行间接融资，并通过政府出资设立的信用保证协会和专业保险公司提供的再担保服务为直接和间接融资服务铺设保障。

（五）促进区域均衡发展

为缩小吉林省经济发展的区域差距，实现吉林省地区间经济发展由非均衡向协调发展的转换，需要政府发挥其权威性，实行可持续的宏观调控政策，实现地区间收入的合理分配、资源的优化配置，提高资源空间配置效率，解决区域发展不均衡不充分的问题，促进地区协调发展，实现共同富裕。

1. 推动区域产业协调发展

根据区域产业结构的失衡情况，以及区域资源供给条件，针对重点发展地区的短缺产业，以及区域发展的主导产业，给予重点扶持和倾斜发展的一系列优惠政策。一方面，为了克服区域产业发展过程中的瓶颈制约，应当采取适当的投资倾斜政策，筹集必要的资金，加强欠发达地区基础设施等直接影响产业发展等方面的建设，改善因发展设施滞后而造成区域产业短缺的现象；另一方面，对于区域发展中居于主导地位并有带动作用的产业部门，通过给予直接投资、税收优惠等一系列优惠政策，积极鼓励利用技术手段改造传统支柱产业，促进新兴产业成长，满足区域生产发展和人民生活水平提高的需求。

2. 积极开展区域产业合作

聚焦吉林省提出的"一主、六双"产业空间布局，做好项目谋划，提前启动重点项目和亮点工程，发挥项目的带动作用。围绕装备制造、现代农业、新能源、新材料、医药化工等产业，加强地区优势产业的合作，扶持欠发达地区承接发达地区的产业转移，积极谋划建设国家级产业转移示范区，并通过地区间财政合作，共同投资等方式，积极开展区域产业合作。利用各地要素禀赋和比较优势，建设区位重要节点，利用好市场和资源，完善多式联运体系，深化产业融合发展，提高区域开放深度、广度和维度，打造全方位、宽领域、多层次的开放新格局。

3. 改善区域发展宏观环境

各级政府要通过鼓励、引导等方式促使资源实现区域内的有效利用，提高资源利用率，提升区域单位产出水平，抓好存量调整和优化增量结合。推动企业的外部联系，鼓励企业进行技术和品牌的互动发展，提升产品的竞争力和附加值。区域在选项目方面应充分考虑项目对区域内的技术水平、生态环境，以及带动作用等，选择污染小、技术高、带动力强的项目作为区域投资发展的重点，提高区域内新兴产业和优势产业发展水平。此外，要强化特

色品牌建设。首先，引导树立区域品牌意识。引导区域内的生产者和加工者树立品牌意识，充分认识品牌在市场竞争和企业发展中的巨大作用。其次，要精心培育区域名品名企。充分依托并整合区域优势资源，重点扶持区域内的重点行业和重点企业创造区域品牌，培育主导产业，使其形成规模，提高档次，打响品牌。创建区域品牌示范园区，以园区为引领，促进标准化生产基地开发和品牌产品的提档升级。要深度挖掘区域文化。开发具有区域历史内涵和时代特色的文化产品，充分利用各种传媒手段，扩大品牌知名度和文化影响力，并利用多渠道进行产品文化传播，促进消费者对其文化价值的认可。

4. 创新区域发展驱动力

一方面，优化区域创新组织体系，要更加注重企业在创新发展中的主体地位和主导作用。加快构建创新网络，提升区域创新能力，打造区域创新高地。吉林省要利用"双一流"大学、高等院校的优势，发挥科技创新对区域协调发展的关键作用。另一方面，为提高区域经济增长质量，加快区域产业转型升级，实现区域经济增长由要素驱动向创新驱动转变。而在新常态下的创新、创业已成为推动经济增长的新动力，也是释放人才红利与实现个人梦想的重要契合点，因而，要通过推动各类创新创业资源的有效组合来实现区域驱动转变。

（六）着力保障和改善民生

民生是社会发展之本，民生问题是个人及家庭的生计问题，会直接影响国家长治久安和发展进步，更能影响整个国家改革发展的大局。为保障和改善民生，要按照十九大报告中所提出的"抓住人民最关心最直接最现实的利益问题"，推进各项社会事业协调发展。

1. 促进创业就业

要充分保障就业机会，稳步扩大就业，提高就业质量，发挥就业在民生保障中的核心作用。要实施积极就业政策，破除妨碍劳动力、人才社会性流动的体制机制弊端，完善企业、政府间的协调协商机制，促使劳动力、人才自由流动，解决就业的结构性矛盾，做好困难群体、高校毕业生的就业工作。开展各类职业技能培训，提高劳动力素质，为行业发展培养优质就业人员。大力推动大众创业，提供全方位就业服务，以创业带动就业，促进大学生、农民工多渠道就业。

2. 加强社会保障体系建设

完善城镇职工基本养老保险和城乡居民基本养老保险制度，实现基础养老金在省内乃至全国的顺畅转移接续。完善统一的城乡居民基本医疗保险制度和大病保险制度，推进城乡保险的平等和共享。完善事业、工伤保险、最低生活保障制度，加强经办机构建设，协调管理各类保障项目。完善各类保险的筹资机制，建立合理的激励机制，改进保险基金投资管理模式，实现保险基金的保值增值。

3. 加快推进扶贫攻坚

一要加强贫困治理与社会建设的结合。采用政府主导、行业支持、社会力量帮扶相结合的扶贫方式，推进教育资源均衡配置，改善贫困地区医疗卫生条件，优先扶持重点贫困地区的医疗机构建设，实现区域内和区域间的基本公共服务均等化。加快推进贫困地区信息网络建设，加快贫困地区物流配送体系建设，支持农村电商业务发展，提升贫困地区农村互联网金融服务水平。二要改善贫困地区的基础生产生活条件。统筹城乡发展，把加强贫困地区交通、水利、电力基础设施建设，改善贫困地区人居、生产条件和生态环境，促进贫困地区发展放在优先位置，给予贫困地区的现代化农业发展项目重点支持。加快贫困地区农村生活垃圾处理、污水治理和村庄绿化，支持农村山水田林路建设和水流域综合治理，推进"美丽乡村"建设。三要扶贫开发与低保制度相结合。要将通过产业扶持和就业帮扶均无法实现脱贫的建档立卡的贫困人口纳入低保体系，做到政策性保障兜底。加快核查低保家庭经济状况，做到应保尽保、应扶尽扶。全面提高低保标准，特别是提高革命老区、民族地区、边疆地区等特困地区的低保标准，提高农村特困人员供养水平，改善供养条件，加快实现城乡低保标准均衡化目标，缩小低保差距，增强政策的普惠性。

经济运行篇

Economic Operation

B.2
吉林省农业经济形势分析与展望

孙葆春*

摘　要：　2018 年吉林省启动实施乡村振兴战略，深化农业供给侧结构性改革，稳步推进率先实现农业现代化。种植业结构不断调整优化，畜牧业加快全产业链建设，设施园艺产业快速壮大发展。随着农业综合生产能力稳步提升，三次产业融合发展程度与农民收入水平都不断提高，休闲农业成为农村经济发展新动能，农产品品牌建设不断深入推进。同时还存在着一些须解决的问题与短板。为了促进农业农村经济发展积极向好，应通过坚持绿色发展理念，保证农产品质量安全，打造农产品区域品牌，提升现代农业的市场竞争力，促进农业经济效益的提高。通过深化各项农村制度改革，推动城乡融合

---

* 孙葆春，吉林省社会科学院农村发展研究所副研究员，主要研究方向为农业经济。

发展，保障吉林省农业农村全面振兴。

关键词： 乡村振兴战略　现代农业　吉林省

吉林省贯彻十九大报告中提出的坚持农业农村优先发展，全面展开乡村振兴战略的启动实施。结合吉林省实际情况，充分整合优势资源，深化农业供给侧结构性改革，加快实现农业现代化的建设步伐。

一　2018年吉林省农业农村经济发展形势

启动实施乡村振兴战略，推进现代农业建设进程，加速农业转型升级，培育农业农村经济发展的新动能，依然是2018年吉林省农业农村经济发展的主旋律。

（一）农业农村经济平稳增长

1. 农业产值增速趋于缓慢

由图1可见，2015～2016年吉林省农林牧渔业生产总值变动具有一定的规律性。从第一季度开始，二、三季度逐渐上升，第四季度有所回落。但2017年1～4季度都保持了持续的上升态势，2018年前三季度则是保持了持续下降的趋势。从绝对数量看，2018年第三季度农林牧渔业地区生产总值为508.85亿元，比2017年同期减少了239.53亿元。农林牧渔业生产总值增长率曲线显示2015～2018年，增长幅度越来越小，增长速度逐步下降。值得注意的是，地区生产总值的增长率一直要高于农林牧渔业，但是在2018年的第一季度和第二季度，农林牧渔业生产总值增长率超越了地区生产总值的增长率。说明第二、三产业生产总值的增长率出现了较大的波动，吉林省农林牧渔业在2018年上半年的增长速度要快于第二、三产业。从东北三省第一产业增加值增长率的横向比较情况看，2018年上半年，吉林省

第一产业增加值增长3.1%，比辽宁省低0.1个百分点，比黑龙江省低1.3个百分点，说明吉林省的农业产值增速相对缓慢。

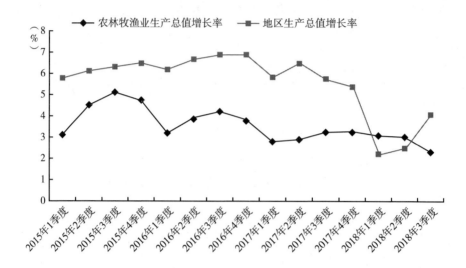

图1 2015～2018年各季度吉林省农林牧渔业与地区生产总值增长率

资料来源：根据吉林省统计局数据整理。

2. 农民收入与消费持续增长

吉林省统计局数据显示，2018年1～3季度吉林省农村常住居民人均可支配收入增长率都在9%以上，实现较快速度增长。从农民人均消费支出水平看，2018年上半年增长速度较低，但是第三季度增长速度迅速回升，与近5年相比较，仅仅低于2015年同期水平。如图2所示，2018年第三季度，乡村社会消费品零售总额绝对量为592.06亿元，同期增长5.6%。除了2017年第一、三、四季度外，2014年至2018年第三季度，吉林省乡村社会消费品零售总额的增长速度一直快于城市社会消费品零售总额的增长速度。由于消费的变动趋势主要受到收入水平的影响，这说明吉林省农民收入也处于稳定的增长状态。从人口变动趋势看，吉林省乡村人口占总人口比重处于缓慢下降的态势，而乡村社会消费品零售额占社会消费品零售总额的比重一直稳定在10%上下。

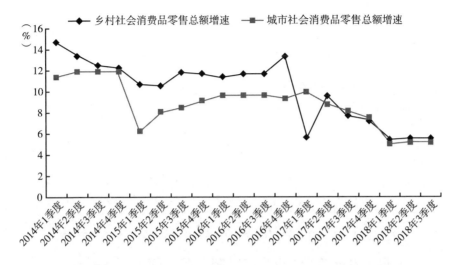

图2　2014～2018年各季度吉林省城乡社会消费品零售总额增速

资料来源：根据吉林省统计局数据整理。

3. 第一产业固定资产投资波动较大

固定资产投资情况显示了对产业的投资热情与重视程度。如图3所示，2018年第二季度，全省第一产业固定资产投资369.2亿元，同期增速达到32.5%，保持了较快的增长速度；但是第三季度增速则降为－9.2%。从2014年第一季度开始，除2016年第一季度、2017年第一季度与2018年第三季度外，其他时段都保持了正向的增长速度；除2016年第二季度、2017年第三季度与2018年第一季度外，增长速度都保持在20%以上。这说明吉林省对农业农村经济发展的重视，同时也有利于现代农业的基础设施水平提高与农业经济结构的转型升级。但是，从第一产业固定资产投资占全省固定资产投资的比重看，2018年前三季度的固定资产投资比重大多在3%以下，而在近5年的各个季度中，最低比重为3.6%，2017年第四季度甚至达到了6.5%。

（二）农业产业体系建设平稳推进

1. 种植业结构在调整中进一步优化

2018年全省农作物总播种面积8698万亩，与2016年、2017年都持平。

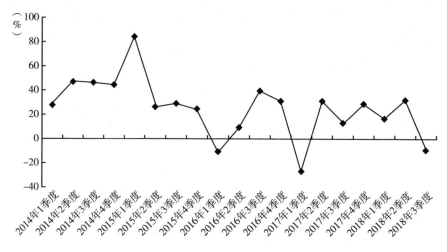

图3 2014～2018年各季度吉林省第一产业固定资产投资增速

资料来源：根据吉林省统计局数据整理。

其中，粮食播种面积比2017年增加了41万亩。在前两年重点调减籽粒玉米面积的基础上，2018年继续调减面积560万亩，增加了水稻、大豆和饲料等经济作物的种植面积，尤其是大豆的种植面积。更加重视因地制宜原则，进行农业生产地区专业化与作物结构细化调优的全方位结构调整。根据各地自然资源条件，宜粮则粮、宜特则特、宜蔬则蔬。东部地区依托山区林地重点发展人参、中药材、食用菌等特色产业，形成特色型种植业专业化生产区域。中部地区依托良好的自然资源条件，重点发展玉米、水稻等粮食产业，形成主粮种植专业化生产区域。西部地区适应生态环境修复需要，重点发展杂粮杂豆、油料及饲料作物，形成生态适应型作物种植专业化生产区域。城市近郊区则保证城市消费需求，重点发展果蔬花卉、采摘园艺等高效设施作物种植。因此，2018年吉林省种植业按照稳粮、优经、扩饲的要求，以蔬菜和园艺特产、玉米、水稻、杂粮杂豆、青贮玉米等饲草料作物为重点发展方向。

2. 畜牧业加快全产业链建设

2018年全省畜牧业确立了通过农牧循环发展重构新型种养关系，实现绿色发展保障畜产品质量安全的主基调，加快全产业链建设。尽管生猪养殖效益亏损，但由于其他养殖产业保持了较高的盈利水平，因此畜禽养殖业整体经济效益较好。在现代畜牧产业体系中，加快兽药饲料产业与草牧业经济发展，积极开展"粮改饲"和秸秆粗饲料开发工作。结合畜禽养殖大项目建设，培育壮大龙头企业，使其在全产链建设中起到引领作用。在提高规模化、标准化养殖生产方式的同时，稳健推进畜禽养殖废弃物资源化利用，促进现代畜牧业生产向绿色环保型转变。2018 年通过加强畜牧业信息化建设，形成监管可追溯体系，强化畜产品质量安全监管。应急处置能力提高，对于2018 年 9 月 20 日公主岭市南崴子镇发生的首起非洲猪瘟疫情，迅速启动应急响应机制，使得疫情得到有效处置。

3. 设施园艺产业快速发展壮大

吉林省把设施园艺产业作为推进供给侧结构性改革的重要举措，制定了设施园艺产业 2017～2020 年四年发展规划。经过 2017 年的积极推行，为农民增收带来了显见的效益，2018 年吉林省将继续加大设施园艺产业的发展力度。根据因地制宜原则，发挥区位资源比较优势，统筹制定"九区五线一中心"的总体规划。即以长春市为 1 个轴心，在公路沿线建设 5 个产业带，方便产品运输集散，在九个市州发展环城产业带。在松原、白城等西部地区，主要建设低投入成本的简易棚，发展房前屋后的庭院设施园艺，产品品种主要以韭菜、西红柿、辣椒等北方优质安全蔬菜为主。长春、四平等中部地区推广日光温室与标准大棚，重点发展果蔬花卉等生态园区与采摘园区的都市型设施园艺产业。东部山区依托资源优势，利用棚室立体培植技术，发展食用菌、山野菜等特色产业。2018 年的园艺设施产业体现出一系列的亮点：一是结合农业综合功能的开发，产品种类不断丰富，以蔬菜为主转变为水果蔬菜、花卉苗木、中药材等多系列产品。二是园区功能不断充实，由单一的市场销售转变为生态休闲采摘、旅游观光体验、农家乐餐饮住宿等复合式多功能开发。三是营销模式不断创新，由线下交易，转变为会员制营销、线上线下交易、微商营销等多种模式。四是政策扶持力度持续增大。到2020 年，省级补贴标准为标准温室 10000 元/亩、标准大棚 4000 元/亩、标准简易棚 1000 元/亩。各市县可以自主确定补助资金的使用方式与补助标准，榆树市、公主岭市、辉南县等地的补贴力度较大，新建温室、大棚的补

贴标准分别达到 4 万元/亩和 1 万元/亩以上。优惠政策的出台激发了发展设施园艺产业的积极性，截至 2018 年第三季度，简易棚建设全年任务已经超额完成，标准棚室也已经建成 4 万亩。

（三）农村三次产业融合发展

1. 农产品加工业呈现恢复性增长态势

2018 年吉林省率先出台了对规模以上玉米、大豆加工企业收购自用加工消耗省内 2017 年新产玉米、大豆实行财政补贴的政策，这一利好政策极大地激发了吉林省粮食加工企业的生产积极性。受到市场价格波动与疫情影响，生猪养殖与加工都出现了亏损，但畜产品加工总体维持了平稳发展。由于设施园艺产业的快速发展，特产加工业也处于持续上升态势。2018 年上半年，吉林省启动建设 3000 万元以上农业产业化项目 120 个，完成投资 25 亿元，分别比 2017 年同期减少了 4% 和 16.7%。吉林省 2018 年在粮食产业经济发展规划中，对玉米深加工产业尤为重视，产业发展环境可谓机遇与挑战并存。一方面，绿色经济发展背景下，对生物燃料乙醇的生产和生活消费将趋于增加；另一方面，2018 年中美贸易摩擦也充满不确定性，可能对包括玉米及加工产品在内的商品产生影响。各级龙头企业发挥引领作用，在人才、资金、技术、管理、营销、市场开发等各个领域，注入大量现代资源要素，对农产品加工业的集聚化发展与区域品牌打造，起到了主导与推动作用。

2. 休闲农业成为农村经济发展新动能

吉林省休闲农业增长迅速，成为促进乡村振兴的重要助力。休闲农业是促进农业多功能开发，三次产业融合发展的重要渠道，既满足了消费者旅游观光体验的内在需求，又满足了农业农村绿色发展，提高发展效益水平的需要。2018 年出台的《关于促进我省休闲农业提档升级发展的实施意见》，规划了吉林省到 2020 年休闲农业与乡村旅游发展的战略部署。吉林省农村经济信息中心数据显示，现有省级休闲农业示范县 14 个、美丽休闲乡村 40 个、三星级以上示范企业 257 个，中国重要农业文化遗产 3 处。截至 2018 年 9 月，全省休闲农业接待游客 2800 万人次，实现营业收入 70 亿元，同比增长 18%，已经完成全年计划的 75%。结合 9 月我国第一个中国农民丰收节，吉林省的农业旅游文化实现了更为紧密的结合。农业生产、采摘旅游、美食文化、自然风光等富有地方特色的元素都得到展示，会员制营销、共享农场、乡村体验、农场参观、共享农家、度假养生等新的共享经济模式得到激发。通过休闲农业与乡村旅游的发展，将农产品生产加工、线上线下营销、休闲娱乐与乡村民宿等旅游资源开发、配套设施与管理服务等联动式发展，引导更多的资源要素从城市流向农业农村，促进农业农村快速发展。

（四）农业基础建设水平稳步提升

2018 年吉林省围绕率先实现农业现代化的任务，继续加强农业基础设施建设。在高标准农田建设方面，以 14 个率先实现农业现代化示范县（市、区）为建设重点，继续落实 200 万亩的建设任务。2018 年，吉林省开展了主要农作物生产的 30 个全程机械化试点，主要布局在粮食主产区和 13 个国家现代农业示范区，加快粮食生产新型经营主体的全程机械化水平。同时，完善农机社会化服务体系建设，推广相关机械化保护性耕作技术。在农业技术推广方面，吉林省加大了财政支持的力度，以财政支持资金为杠杆，调整农业技术推广的方向，优先向绿色农业技术、信息化技术、种质资源引进等方面发展。信息化建设对于农业农村经济发展的作用越来越大，农业技术推广、农产品电子商务必须以信息化建设为基础。农产品生产的可追溯体系建设、质量安全监管，生产技术与市场开发等，都需要信息化建设的硬件与软件设施完善。2018 年吉林省启动实施玉米、水稻、杂粮杂豆、设施蔬菜、人参 5 个产业园区物联网区域试验项目，建设村级信息服务站 2000 个，农村电子商务实现行政村全覆盖。通过推进农业大数据和信息进村入户，加强农村电商和物联网建设。

（五）农产品品牌与质量安全建设全面推进

2018 年吉林省"三品一标"产品建设取得较大突破，获得国家绿色食品证书的产品 50 个，大安黄菇娘、吉林长白山香菇、吉林长白山黑木耳、

吉林长白山灵芝4个产品获得农业部国家农产品地理标志登记保护，分属果品、食用菌和药材。农产品区域品牌的打造主要针对吉林省的玉米、大米、人参、杂粮杂豆、长白山山珍等。突出"吉字号"地区名片打造方式的多种多样，通过举办吉林省"最受消费者喜爱的十大农产品品牌评选活动"、"长白山人参"文化节活动、电视广告、高速公路广告等推介吉林省的优质农产品，提高品牌产品的知名度和美誉度。同时，加强品牌农产品的市场流通建设，在建设汪清黑木耳、抚松人参两个国家级特色农产品优势区的基础上，推进国家级抚松万良长白山人参市场"五大中心"的完善。对于品牌的打造而言，产品的品质是核心和基础。2018年是国家农业部启动的农业质量年，吉林省在农业转型升级过程中着重推行质量兴农战略，打造了10个省级绿色安全优质农产品标准化生产基地。因此，必须加强农产品的质量安全监管工作。以强化质量安全监测、完善质量监管制度体系为保障，重点对农业生产资料的生产企业与市场秩序，农业生产各个环节的可追溯制度，畜禽养殖、屠宰加工、生鲜乳等生产环节，市场经营失信违规行为，活畜禽跨省调运审批制度、指定通道制度和落地报检制度等疫病防控制度，结合信息数据采集，进行动态监管。

二　存在的问题

吉林省在率先实现农业现代化建设中，农业农村经济发展中还有一些短板与弱项，存在着进一步提升的空间。

（一）农业质量效益水平有待提高

吉林省每公顷土地产出的粮食产量在全国领先，但是从单位土地面积产出的经济效益水平看，吉林省还需要快速提高。中国统计年鉴数据显示，吉林省耕地每公顷农林牧渔业增加值2.73万元，比全国平均水平低45%。在全国各省中进行横向比较，吉林省仅排在第26位。农民人均可支配收入水平较低。根据国家统计局数据，吉林省2018年第二季度的农村居民人均可支配收入低于全国平均水平 3 个百分点，2017 年全年的农村居民人均可支配收入低于全国平均水平 3.7 个百分点。根据吉林省统计年鉴数据，计算每个劳动力所创造的农林牧渔业增加值为 2.06 万元，这一结果与实现农业现代化还有一定的差距。此外，在农民收入结构中非农收入比重较低，经营净收入占可支配收入的比重较高，说明农民的收入主要是来自农林牧渔业收入，农村第二、三产业融合发展对农民收入的贡献率较低，也从另一角度体现了农产品加工业与农业产值之比还有待于继续提高。

（二）农林牧渔业结构有待进一步优化

农林牧渔业总产值中包括种植业、畜牧业、林业、渔业和农林牧渔服务业。2000~2017 年，吉林省种植业和畜牧业的产值比重变化不大，二者之和一直在 90% 以上，林业、渔业与农林牧渔服务业三项占比之和不足 10%。2016 年吉林省水产品产量 20.07 万吨，人均水产品产量为 7.34 公斤，远低于全国 49.91 公斤的平均水平。自 2014 年以来，吉林省农林牧渔服务业的产值比重在 3% 左右徘徊，低于全国平均水平，说明农业社会化服务水平还不是很高。吉林省农业生产结构中，水产养殖业、农林牧渔服务业的发展相对欠缺。

（三）农业绿色发展尚有提升空间

实施农业绿色可持续发展战略，主要是要降低单位产出的资源投入量，实现农业生产资料投入中农药、化肥的减量增效；保护土壤、水资源，重视农业自然资源的保护与可持续利用；提高农业废弃物的资源化利用水平。吉林省的农业发展已经对这些方面高度重视，但是还存在着进一步提升的空间。吉林省万元农业 GDP 的耗水量要低于全国平均水平，耗能量略高于全国平均水平，但是都还没有达到实现农业现代化的目标要求。农业绿色发展要求减少农药使用量，化肥的施用量要合理准确。全国化肥施用量 2016 年减少 0.3%，而吉林省却增长 0.04%。农药使用量全国 2016 年减少 1.45%，吉林省仅仅减少 0.46%，减少的幅度要大大低于全国平均幅度，这对于农

产品质量安全与农业产地环境保护具有不良影响，更是对吉林省率先实现农业现代化建设进程造成了一定的困扰。

三　2019年吉林省农业经济形势展望

（一）种植业结构进一步调整优化

吉林省种植业在农业中占有重要的地位，根据供给侧结构性改革要求，2019年会继续巩固提升种植业的结构调整成果，稳定粮食产能，提高农产品的有效供给程度，从而提高种植业的产品质量、经济收益与产业的市场竞争力。2018年调减籽粒玉米面积560万亩，其中232万亩用于大豆种植，吉林省大豆面积在2018年增加72万亩的基础上，2019年或将继续有所增加。这是因为2018年对玉米和大豆生产者实施财政补贴，意在鼓励种植补贴向玉米、大豆优势产区集中。而且大豆补贴标准高于玉米，这是因为我国大豆消费量逐年增加，再加上中美贸易战的原因，大豆存在刚性消费需求。推广大豆种植，推广粮豆轮作，有利于保持地力，减少化肥使用量，与农业绿色发展战略相契合。因此，吉林省应继续减少籽粒玉米种植面积，稳步增加高品质食用大豆种植，同时增加经济作物与饲料作物的种植，使得种植业结构进一步调整优化。

（二）农业将进一步实施绿色可持续发展

实施农业绿色可持续发展，将继续成为吉林省农业农村经济发展的核心任务。土地是农业生产的宝贵资源和发展根本，2018年7月1日起实行的《吉林省黑土地保护条例》，是我国第一部黑土地保护法规。通过实行耕地轮作制度试点，加强用地和养地的结合。通过实施秸秆还田、增施有机肥、深翻深松、养分调控、粮豆轮作及耕地质量监测六项技术措施，加强对黑土地的保护利用。吉林省通过专项资金重点支持增施有机肥项目、测土配方施肥即化肥减量增效项目以及测土配方施肥手机信息技术应用推广项目。为了鼓励施用有机肥，在九台、梨树等9个县（市、区）建20万亩试点，对每亩施用商品有机肥66.7公斤以上的农业生产者给予一定金额的补助。严格控制化肥、农药的使用量，努力实现化肥、农药零增长。为了控制秸秆焚烧，吉林省将继续促进秸秆还田，推广相关还田、秸秆饲料防腐技术。

（三）农业新型经营主体培育壮大

为了加快对农业新型经营主体的培育，吉林省对家庭农场、种养大户、农民合作社、农业社会化服务组织、小微农业企业等新型经营主体，实施了粮食生产补贴扶持政策，以引导发展适度规模经营，提高劳动生产效率，扩大平均经营规模水平。同时，结合吉林省产业结构调整，在重点发展的领域，加大对农业新型经营主体带头人和农业经纪人的培育力度，实现农业新型主体从点到面的素质提高，使得各个新型业态人才需求得到保证。吉林省加强对农业新型经营主体的培育，主要针对在解决粮食等主要农产品与特色农产品的产销对接问题，家庭农场、合作经济组织发展对人才的需求，土地托管、农机作业、植保收获等农业社会化服务的开展，以及新型职业农民的自主创业，促进休闲旅游农业、农村电商、农业综合功能开发等方面，都存在着高素质新型经营主体缺口的现象。随着吉林省对这些短缺人才有针对性的重点培育，一批新型职业精英农民和新型农业经营主体将会成长起来，成为农业新业态发展和现代化建设的生力军。

（四）农业农村改革持续深化

吉林省农业农村改革将在一定时期内持续深化。首先是随着承包地"三权"分置，农村土地制度改革的不断深化，农村产权制度将进一步明晰。农村土地确权颁证工作全面完成，可以为农村金融改革试验奠定基础。促进土地经营权抵押担保权能的释放，有利于开展金融支农创新服务，解决农业生产的资金瓶颈问题。通过鼓励农业合作经济组织的建设，开展土地托管、代耕代种、统防统治等多种形式规模经营，建设农民土地流转市

场等措施，引导土地向新型经营主体流转，以提高农业生产效率，实施农业适度规模经营。吉林省将成为农村集体产权制度改革整省试点，意味着农村集体产权制度改革，以清产核资工作为起点，将在较短时间内完成部署落实，全面开展实施。此外，吉林省的农垦改革，围绕着农垦国有土地确权、分离农场办社会职能改革、组建区域性农垦企业集团等方面，不断深化发展。

四　促进农业经济发展的对策建议

（一）推进农村三次产业融合发展

产业兴旺是实现乡村振兴的核心内容与基本前提，而实现产业兴旺的根本是促进农村第一、二、三产业的融合发展。吉林省在农林牧渔业发展中，存在服务业与水产养殖业的发展短板，需要进一步调整优化产业结构。在巩固设施园艺产业、特色经济作物种植与现代畜牧业养殖业的同时，大力发展现代渔业。借吉林省调减籽粒玉米种植面积、扩大水稻种植面积的契机，发展稻田渔业综合种养。加大品牌建设力度，扩大品牌影响力，发展水产品加工业与休闲渔业，增加渔业产值。通过合作经济组织平台，发展土地托管、代耕代收、机械化作业等社会化服务，为发展适度规模经营奠定基础。各县市农产品加工业的发展并不平衡，要进一步激发其发展的内在动力，应根据各地的优势资源与发展基础，重视产业化龙头企业的培育，为提高其生产要素的投入水平，提供良好的政策与社会服务环境。因为龙头企业是实现精深加工与集群化发展的前提条件。在发展壮大龙头企业的基础上，进一步培育打造农业产业集群。凭借农业产业集群的产业规模、产业集中度与市场占有率，可以在短时期内提高农产品的知名度与美誉度，形成品牌效应与品牌价值。农产品加工业的发展还要结合休闲旅游农业等第三产业的发展，加快二者的融合。作为农旅结合的新业态模式，休闲观光农业有助于农业综合功能的开发，促进会员制营销、农产品微商、农产品直销等经营模式的发展。

（二）提高农产品市场竞争力

提高农产品市场竞争力，是增加农业收益的根本保证。首先要根据市场需求，丰富农产品的市场品种。要不断创新，细分开发更多的优质高效的新产品与衍生产品，促进产品的更新换代。同时，保障农产品的品质特色与质量，实施质量兴农战略。除了依靠科技投入与技术推广，不断改进农产品的优良品质之外，还要建立健全农产品信息的可追溯系统，进一步完善创新农产品质量安全应急管理，加强对农产品的全程质量监管。通过农产品区域品牌建设，将吉林省的自然资源优势，转化为农产品的市场竞争优势，把原料基地化、生产标准化、监管全程化、生态优良化、经营产业化全部结合成一个整体，协同发展。结合农业产业集群的培育，以农产品区域品牌为核心，实行小规模生产经营主体的横向联合，获得规模经济效益，降低交易成本，提高市场竞争力。

（三）促进农民收入增加

启动实施乡村振兴战略，必须实现农民生活富裕，收入水平显著增加。只有农业收益水平与其他产业相近，才意味着农业现代化的实现。但是目前吉林省的城乡收入差距又出现了逐步拉大的趋势，这与城乡一体化发展的目标相悖。而且吉林省农民收入结构中非农收入比重较低，说明农村居民的收入主要还是来自农林牧渔业。因此在启动实施乡村振兴战略中，实现小农与现代农业的有效对接，应重视农村劳动力向第二、三产业的转移就业，同时引导农民自主创业。一方面，以市场需求为导向，开展农民就业咨询指导培训，提高务工农民的就业技能，使得农民工向农技工转型；另一方面，推行有效的政策措施，吸引大学生、农民工返乡创业；提供及时有效的就业服务，提高返乡创业的成功率，引导高素质人力资源、技术知识以及资金等要素资源向农村转移。

（四）坚持绿色兴农导向

吉林省农业农村经济发展中，休闲农业与乡村旅游将成为新的引擎动

力，而且这一新业态还会引发农产品直销模式、会员制营销模式以及微商创业等的蓬勃发展。而休闲观光农业就要求在农村综合功能的开发中，保护农业自然资源，保持原生态自然环境。此外，质量兴农、品牌兴农的战略实施，农产品电子商务提速发展，都需要将吉林省的资源优势转化为市场优势，要求农产品必须保证绿色健康、品质优良。因此，在生产、加工、流通和销售的各个环节中，都要加强质量监控，保证农产品的质量安全，让黑土地的绿色农产品成为吉林省最闪亮的区域品牌。

B.3
吉林省工业运行形势分析与展望

张春凤*

摘　要： 2018 年 1 ~ 9 月，吉林省工业经济增速逐季提升，且明显受第 3 季度重工业向好影响，工业运行总体实现稳中有进，但增长前景并不明朗。这一判断的得出，基于吉林省轻工业陷入负增长、8 个重点产业喜忧参半、工业投资降幅虽收窄但仍然为负等因素的考虑。宏观经济形势表明，全球经济增长预期回调，虽然我国经济增长总体态势平稳，但东北地区经济增长仍然不容乐观。受此复杂形势影响，吉林省工业经济面临较大增长压力。展望未来，吉林省应围绕经济增长新动能的积蓄，全力推动全省工业经济尽快实现转型调整。

关键词： 工业经济　投资　吉林省

一　工业运行基本情况

（一）工业增长稳中有进，回暖迹象明显

2018 年 1 ~ 9 月，吉林省规模以上工业增长呈现逐季上升态势，增速为 5.0%，高于同期全省 GDP 增速 1.0 个百分点，拉动全省经济增长的作用在增强。前三季度，辽宁、黑龙江规模以上工业增加值分别增长 9.7%、

---

* 张春凤，吉林省社会科学院经济研究所，助理研究员，主要研究方向为产业政策、产业经济。

2.6%，吉林省在东北三省居中间位置，比全国平均水平低 1.4 个百分点，差距较上半年明显缩小。从统计数据来看，在全国规模以上工业增速逐季微降的形势下，吉林省规模以上工业增长实现了稳中有进、进中向好，出现明显回暖的迹象。展望全年，全省工业增速有望维持在目前水平并争取有所上升，但是否能基本达到或超过上年的增速，尚有待观察。

表 1   2017 年与 2018 年 1～9 月吉林省规模以上工业增加值增长情况
及其与东北地区和全国对比

单位：%

规模以上工业增加值增速	2017 年	2018 年		
		1～3 月	1～6 月	1～9 月
吉 林 省	5.5	1.2	2.0	5.0
黑龙江省	2.7	4.1	3.9	2.6
辽 宁 省	4.4	8.5	10.3	9.7
全 国	6.6	6.8	6.7	6.4

资料来源：吉林省统计局、辽宁省统计局、黑龙江工业和信息化委员会。

（二）工业结构持续调整，重工业表现突出

自 2014 年以来，东北地区经济增长大幅下滑，陷入历史低谷，而这一时期吉林省的表现则相对较好，2017 年规模以上工业增加值较前两年虽然有所下降，但仍然实现了 5.5% 的增速。这在很大程度上归功于吉林省轻工业表现出色，连年保持较快增长速度。然而进入 2018 年，从前三季度表现来看，吉林省轻工业整体下降至负增长状态，陷入近年来的历史低潮。与此形成鲜明对比的是，重工业回暖迅速，1～9 月规模以上重工业增长 6.7%，高于 2017 年增速 1.6 个百分点，表现突出。从不同所有制类型来看，2018 年 1～9 月，吉林省国有企业、集体企业、外商及港澳台企业表现优异，分别增长 16.4%、13.3%、13.6%，均超过上年全年增速。但股份合作制企业、股份制企业及其他经济类型企业均为负增长。从不同规模企业类型来看，大型和小型企业表现差异巨大，前者增长 18.0%，后者下降 4.4%。

从中央和地方企业表现来看，中央企业增长15.4%，地方企业则下降1.2%。

表2 2017年及2018年1~9月吉林省不同类型的规模以上工业增长情况

单位：%

规模以上工业增加值增长情况	2017年	2018年		
		1~3月	1~6月	1~9月
总计	5.5	1.2	2.0	5.0
总计中：轻工业	6.4	0.4	-0.8	-0.5
重工业	5.1	1.5	3.1	6.7
总计中：国有企业	13.9	4.2	9.9	16.4
集体企业	-16.0	9.4	5.2	13.3
股份合作企业	10.4	1.2	-10.8	-7.1
股份制企业	3.2	-0.4	-2.1	-0.8
外商及港澳台	6.2	2.4	6.3	13.6
其他经济类型	-3.3	2.2	-1.6	-1.3
总计中：国有控股企业	9.9	5.7	8.0	15.2
民营工业	2.6	-3.9	-5.5	-3.9
总计中：大型企业	10.3	7.2	9.8	18.0
中型企业	1.2	1.0	3.2	4.7
小型企业	2.6	-4.6	-7.2	-4.4
总计中：中央企业	11.4	5.4	7.7	15.4
地方企业	3.0	-1.4	-1.8	-1.2

资料来源：吉林省统计局。

（三）主要工业产品生产普遍下降，销售情况良好

2018年1~9月，在有统计数据的24种主要工业产品中，产量实现增长的产品有6种，产量下降的产品有17种，其中电工仪器仪表依然为零。其中，产量增长的产品分别是：饮料酒、卷烟、中成药、钢材、电子元件、铁金。吉林省主要工业产品产量增长情况多数下降，反映了吉林省工业基本面仍然不够稳定的现实，工业下行压力仍然不容小觑。从主要工业产品销售率情况来看，2018年1~3月，吉林省规模以上工业产品产销率达到97.7%，主要工业产品销售尚属良好。

表3 全省工业主要产品生产增长情况

单位：%

全省工业主要产品	2017 年	2018 年		
		1~3 月	1~6 月	1~9 月
饮料酒	−3.5	4.2	6.7	3.1
卷烟	−2.9	43.2	14.3	7.3
化学纤维	1.6	20.3	−4.0	−3.4
化肥	43.8	−14.3	−41.3	−42.9
乙烯	5.8	−1.1	−21.5	−13.3
中成药	−5.9	−9.4	−14.9	0.0
水泥	−12.5	4.9	−28.1	−22.5
钢材	7.0	74.1	61.2	42.4
十种有色金属	7702.9	1250.9	12.0	−1.7
汽车	11.2	−8.9	4.5	3.3
改装汽车	−19.8	−26.6	−19.0	−30.9
大米	2.1	−15.9	−4.7	−16.3
精制食用植物油	−7.2	−13.6	−28.0	−27.3
鲜、冷藏肉	−3.6	−23.3	−39.7	−14.3
饲料	9.3	16.8	−4.8	5.4
发酵酒精	17.4	3.1	3.4	10.7
服装	−7.8	−2.9	−23.5	−13.9
人造板	−12.0	−9.0	−28.0	−14.2
水泥熟料	−13.7	0.0	−32.1	−19.6
铁合金	−45.1	−18.4	−32.2	−29.7
半导体分立器件	2.5	−13.6	−1.9	−4.0
电子元件	29.0	113.7	56.1	45.5
电工仪器仪表	0.0	0.0	0.0	0.0
汽车仪器仪表	6.4	−72.7	−38.5	−53.8

资料来源：吉林省统计局。

（四）工业固定资产投资降幅收窄，支撑作用减弱

延续了 2017 年固定资产投资增速下降的趋势，2018 年以来，吉林省第二产业投资增长始终为负数，但降幅在波动中收窄。同时，吉林省第二产业投资总额占全省投资总额的比重也呈现缓慢下降趋势。总体来看，1~9 月，

在民间投资持续回暖并实现1.1%的增长速度的支撑下，吉林省投资实现了正增长，结束了全年负增长的局面。从吉林省现实来看，随着民间投资支撑作用的增强，相比而言，吉林省第二产业投资的支撑作用有所减弱，拖累了全省投资的增长。

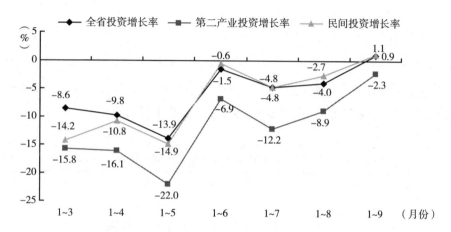

图1　2018年1～9月吉林省第二产业投资增长变动情况及其
与全省投资及民间投资对比

资料来源：吉林省统计局。

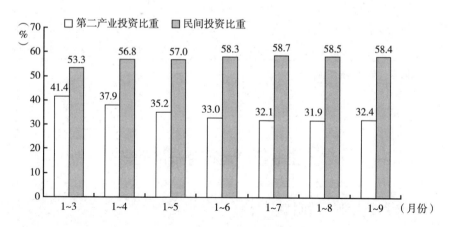

图2　吉林省第二产业投资占全省投资比重与民间投资占全省投资比重对比情况

资料来源：吉林省统计局。

5. 工业用电量增长情况良好

工业用电量及增长情况的变动，基本上能够准确反映工业经济基本面是否良好。最近三年中，吉林省唯有2016年工业用电量增长为负，自2017年以来，工业用电量在波动中保持增长态势。2018年1~9月，全省工业用电量为323.09亿千瓦时，占全省全社会用电量的58.83%，较上半年的占比59.09%略有下降；同比增长8.91%，高于上半年0.97个百分点。从地区情况来看，2018年上半年，辽宁、黑龙江工业用电量分别增长11.30%、4.2%，吉林省介于二者之间。工业用电量增长情况不及辽宁省，一定程度上反映了吉林省对地区经济增长的支撑作用有待增强。

表4   2018年吉林省工业用电量及增长情况

吉林省	用电量（亿千瓦时）			增速（%）		
	1~3月	1~6月	1~9月	1~3月	1~6月	1~9月
全社会合计	198.91	369.87	549.19	11.64	8.71	9.14
工业	119.94	218.57	323.09	12.96	7.94	8.91
其中:电力、热力生产和供应	50.49	77.50	105.90	15.64	10.13	8.65
黑色金属冶炼及压延加工	11.44	21.47	31.53	37.09	30.36	31.49
化学原料及化学制品制造	7.93	15.49	24.43	-2.29	-4.43	5.83
非金属矿物制品业	3.73	11.79	22.15	46.29	-7.20	-2.69
石油、煤炭和其他燃料加工	2.58	4.4	6.53	26.58	11.65	14.04
有色金属冶炼及压延加工	1.88	3.78	5.75	28.02	22.59	23.95

资料来源：吉林省统计局。

二　工业经济运行存在的问题

（一）轻工业下滑明显

自2014年东北经济陷入"断崖式"下跌的低谷时期以来，吉林省轻、重工业发展呈现出"冰火两重天"的状态。2015~2017年，重工业持续低迷，轻工业持续增长。进入 2018 年，形势出现反转。1～9 月，规模以上重工业增长 6.7%，高于全国同期 0.3 个百分点，高于 2017 年全年 2.9 个百分点，对全省规模以上工业增长 5.0% 起到重要支撑作用，提振了全年工业增长的信心。与此形成鲜明对比的是，吉林省轻工业在经历了 2016、2017 年超过 9% 的增速之后，进入 2018 年，迎来了历史上少见的低潮期，1～3 月增长仅为 0.4%，1～6 月下降 0.8%，1～9 月降幅收窄，但仍为负增长。可以说，从 2018 年情况来看，吉林省重工业正在独力支撑着全省工业经济形势，轻工业进入深度调整阶段。

表5 2015～2018 年吉林省规模以上工业增加值增速情况

单位：%

	规模以上工业增加值增速			
	2015 年	2016 年	2017 年	2018 年 1～9 月
吉林省轻工业	6.7	9.2	9.4	−0.5
吉林省重工业	−0.2	4.9	3.8	6.7
全省	5.3	6.3	5.4	5.0
全国	6.1	6.0	6.7	6.4

资料来源：吉林省统计局、国家统计局。

（二）重点产业表现喜忧参半

近年来，吉林省大力塑造自身比较优势，逐步培育形成了包括汽车制造、石油化工、食品、信息、医药、冶金建材、能源及纺织产业在内的 8 个重点产业，它们体量相对较大、发展速度较快，对全省经济发展发挥了重要的支撑作用。最近几年，随着地区经济承压下行，8 个重点产业增长也遭遇了不小的阻力。2017 年，8 个重点产业规模以上工业增加值增长 6.8%，而 2018 年上半年仅为 3.2%，比 2017 年同期 6.4% 的增速低了 3.2 个百分点。1～9 月，增速有明显提高，达到 6.5%。展望全年，尽管吉林省 8 个重点产业仍然面临较大增长压力，但增速将有望与上年持平或略高。前三季度，在 8 大产业中，4 个产业实现增长，且为正值，包括汽车制造、医药、能源及纺织工业，其余4个产业增速为负，但总体降幅较一季度有所收窄。值得注意的是，1~3月，吉林省高技术产业下降1.3%，但1~6月则增长12.7%，1~9月增长16.8%，相比2017年全省高技术产业仅增长0.2%而言，高技术产业虽然体量不大，但其快速增长无疑是全省经济低迷状态下的亮点和希望。

表6 八大重点产业规模以上工业增加值增长情况

八个重点产业		2017年（%）	2018年（%）		
			1~3月	1~6月	1~9月
合计		6.8	2.4	3.2	6.5
1	汽车制造业	13.9	3.8	9.3	15.8
2	石油化工产业	5.6	-0.1	-5.3	-0.6
3	食品产业	7.4	1.4	-2.6	-1.4
4	信息产业	-10.6	-7.9	-5.0	-5.1
5	医药产业	1.9	0.4	7.6	11.5
6	冶金建材产业	-5.3	4.7	-2.9	-2.2
	冶金业	-12.6	14.0	6.8	6.7
	建材业	0.1	-6.1	-13.5	-7.1
7	能源工业	3.7	3.6	8.9	19.6
8	纺织工业	9.4	1.8	3.9	10.2

资料来源：吉林省统计局、国家统计局。

（三）企业利润空间受挤压

2018年以来，吉林省工业企业效益情况有所改善。1~9月，吉林省规模以上工业企业利润总额同比增长17.1%，比全国平均水平高2.4个百分点；主营业务收入同比增长4.5%，比1~5月高4.3个百分点。尽管如此，从工业生产者购进和出厂价格指数对比来看，全省工业经济始终面临成本上升压力，以及由此导致的利润空间受挤压的问题。1~9月，吉林省工业生产者购进价格指数与出厂价格指数在波动中上涨，且前者始终高于后者：全省工业生产者购进价格指数同比上涨3.9%，工业生产者出厂价格指数同比上涨3.1%，前者高于后者0.8个百分点。

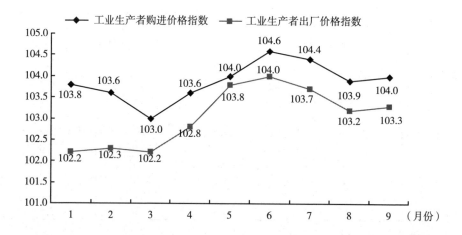

图3　2018 年 1~9 月吉林省工业生产者出厂价格指数与工业购进者价格指数走势对比

资料来源：吉林省统计局、国家统计局。

（四）部分地市州工业增长有待提升

2018 年上半年，长春市实现地区生产总值 2973 亿元，同比增长 7.4%，其中，第二产业实现增加值 1531.2 亿元，占长春市地区生产总值的 51.5%，名副其实地支撑起长春市的半壁江山。1~9 月，长春市规模以上工业增加值增速达到 9.9%，比全国平均水平高 4.9 个百分点，增长形势较好。作为东北地区重要的老工业城市、吉林省的经济政治与文化中心，长春市拥有得天独厚的优势，随着经济社会发展与城镇化进程的加深，必然集聚更多要素资源，因此发展形势良好。与此形成对比，其他 8 个地市州规模以上工业增长情况不尽如人意，1~3 月甚至有 6 个地市州为负增长，1~9 月仍有 2 市为负增长，增速有待进一步提高。其中，白城市规模以上工业增速为 6.4%，仅次于长春市，与全国平均水平持平。整体来看，吉林省多数地市州工业经济增长有望达到甚至超过 2017 年增长水平，但辽源和白山等地增长情况欠佳，仍有待进一步提升。

表7　全省各市州规模以上工业增加值增速对比

	2017 年（%）	2018 年（%）		
		1 ~ 3 月	1 ~ 6 月	1 ~ 9 月
全　省	5.5	1.2	2.0	5.0
长春市	9.0	7.0	9.6	9.9
吉林市	1.0	3.1	1.2	5.1
四平市	6.0	−21.0	7.0	5.4
辽源市	1.5	−21.9	0.5	−1.4
通化市	−20.7	−7.6	2.0	3.0
白山市	0.1	−0.4	0.3	−0.8
松原市	0.8	−0.5	2.4	4.1
白城市	4.1	2.9	4.8	6.4
延边朝鲜族自治州	1.6	−16.8	4.6	3.0

资料来源：吉林省统计局、国家统计局。

（五）工业节能减排压力不容忽视

2018 年 1 ~ 6 月，吉林省单位工业增加值能耗下降 3.3%，全省工业节能减排面临着较大压力。1 ~ 9 月，情况得到根本性扭转，单位工业增加值能耗降低率为 2.5%。这一指标的实现，为达成 2018 年年初吉林省《政府工作报告》中提出的"单位 GDP 能耗下降 2% 左右"的目标打下了基础。从各地市州前三季度表现来看，半数以上地市州能耗降低率有望好于上年，只有通化市、辽源市、松原市及四平市表现较差，其中，白山市与延边朝鲜族自治州单位工业增加值能耗不降反升且上升幅度较大，拖累了全省工业节能减排的进度。展望下一时期，吉林省总的单位工业增加值能耗降低情况要想恢复至 2015 年的水平，面临着较大压力。

表8　全省各地区单位工业增加值能耗降低率情况

单位：%

地　区	2015 年	2016 年	2017 年	2018 年		
				1 ~ 3 月	1 ~ 6 月	1 ~ 9 月
全　省	14.4	9.4	5.3	−2.8	−3.3	2.5
长春市	18.5	5.3	6.7	2.7	1.0	7.8
吉林市	11.1	6.8	− 0.3	−3.5	5.0	8.8

续表

地 区	2015 年	2016 年	2017 年	2018 年		
				1～3 月	1～6 月	1～9 月
四平市	22.3	-1.3	1.7	-13.0	-40.8	-1.4
辽源市	12.9	10.2	5.1	-52.6	-36.1	-20.9
通化市	15.5	23.3	-24.7	-16.9	-18.8	-23.5
白山市	25.2	6.9	7.2	18.2	18.6	8.3
松原市	12.8	17.5	0.3	-8.7	3.3	-4.3
白城市	13.2	9.4	1.0	-0.1	24.4	23.8
延边朝鲜族自治州	9.4	6.9	9.3	4.0	15.8	12.9

资料来源：吉林省统计局、国家统计局。

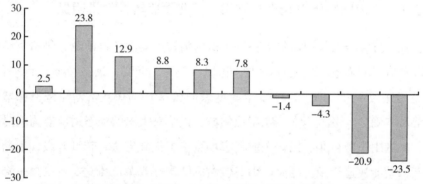

图4　2018 年 1～9 月全省各地市州能耗降低率

资料来源：吉林省统计局、国家统计局。

三　工业运行环境分析与形势展望

（一）世界经济增速预期回调，工业经济形成重要支撑

　　基于对全球贸易问题及新兴市场风险的考虑，2018 年 10 月初，IMF 发布《世界经济展望》报告，首次下调对全球经济增长前景的预期，将

2018～2019年全球经济增速从3.9%下调至3.7%。这主要表现在，2018年以来，以美国为代表的单边主义、贸易保护主义抬头，总额达2000亿美元的中美贸易战持续发酵等不稳定因素，均给中国经济转型复苏带来挑战。与此同时，多重利好因素持续力挺世界经济，主要包括：全球拥抱第四次工业革命，新兴国家与地区市场正持续加深工业化进程，"一带一路"倡议的深化落实正在提升区域发展潜力等。尤其是新兴经济体的良好表现，仍然是世界经济增长的引擎。在全球表现较好的新兴经济体中，超过2/3的GDP增长归因于工业化，工业化不断加深，有力地推动了生产力发展，同时带来收入大幅增加，也刺激了消费，进而创造了更多就业岗位。

（二）中国经济增长态势平稳，工业动能转换效果明显

在全球经济增长回调的形势下，国内消费市场则持续活跃，供给侧结构性改革取得明显效果。受此影响，2018年1～2季度，我国经济运行平稳，GDP增速为6.8%，已连续12个季度保持在6.7%～6.9%，经济平稳增长态势基本确立。经过努力，在工业领域，供给对需求的动态适应能力明显提高，大量中小微企业、民营企业在市场竞争中优胜劣汰、转型升级，不断推动新旧动能快速转换。同时，随着供给侧结构性改革的推进，"三去一降一补"工作迅速推开落实等，经济增长的新动能明显增强，新产业、新产品快速涌现，特别是战略性新兴产业快速发展，推动我国经济不断走向高质量发展。2018年1～8月数据表明，我国规模以上工业企业利润总额同比增长16.2%，企业成本持续下降，杠杆率继续降低，盈利能力增强，供给侧结构性改革成效持续显现。

（三）东北经济趋稳回升，工业生产持续好转

2018年1～6月，东北三省地区生产总值趋稳回升，GDP增长4.7%。辽宁、吉林、黑龙江GDP分别增长5.6%、2.5%、5.5%，均低于全国6.8%的水平，但比上年同期和1～3月均加快0.3个百分点，继续保持回升态势。上半年，辽宁省表现较好，规模以上工业增加值快速增长，成为拉动经济增长

的主要引擎。1~2季度，辽宁全省规模以上工业增加值同比增长10.3%，增速比1季度提高1.8个百分点。同期，黑龙江和吉林两省的规模以上工业增加值增速分别为3.9%和2.0%，均明显低于辽宁。从最新数据来看，辽宁经济在经历了多个季度的低迷之后，实现赶超，并引领、支撑地区经济增长，而吉林省受多重因素影响，尤其是1~9月工业增速较上半年有明显反弹，呈现稳中有进、进中向好的态势，对地区经济的支撑作用逐渐增强。

（四）全省经济持续转型调整，工业增长压力大

2018年，吉林省深入学习贯彻落实习近平新时代中国特色社会主义思想和党的十九大精神，坚持稳中求进工作总基调，积极推进供给侧结构性改革，顶住下行压力，释放发展活力，宏观经济基本保持平稳运行，稳中蓄力、稳中有进的态势初步显现。1~9月，全省实现地区生产总值9957.68亿元，同比增长4.0%，其中，第二产业增长4.0%，而规模以上工业增加值增长5.0%。同期，第一产业与第三产业分别增长2.3%、4.2%。这些数据证明了吉林省工业经济对全省经济起到了应有的支撑作用。然而，与全国平均水平相比，吉林省工业经济增长仍然相对落后，仍然处于转型调整的关键时期。值得注意的是，2018年上半年，全省经济转型升级的成效正继续显现，新旧动能正在加速转换，规模以上工业中的战略性新兴产业同比增长12.7%，新产品产量也在快速增长，太阳能发电量同比增长52.0%，动车组产量增长57.1%，电子元件产量增长56.1%。因此，2018年下半年及2019年，吉林省仍将处于新旧动能转换的关键时期，下行压力不容忽视，工业经济恢复增长的压力较大。

四 提升工业运行水平的对策建议

2018年以来，面对复杂严峻的国内外形势，吉林省坚持稳中求进的工作总基调，深入实施创新驱动发展战略，为加快发展工业经济，通过加大招商引资力度、加快大项目建设、大力发展民营经济等手段，不断推动工业结

构优化升级，初步取得了一定成效。展望 2019 年乃至未来较长的一段时期，吉林省应围绕经济发展新动能的积蓄与培育，重点从以下四个方面入手，推动工业经济尽快走出低谷。

1. 大力发展新兴产业，培育转型发展新动能

所谓经济发展的新动能，主要表现为以新技术、新产业、新业态及新模式的创新应用为核心目标，以推动生产方式不断改进、经济结构不断变迁、新的经济模式不断替代旧的经济模式，其本质还是创新驱动。随着我国经济从高速发展转向高质量发展阶段，随着消费结构及产业结构不断升级，新兴产业亟待加速培育。为此，吉林省深入实施创新驱动战略，成效初现。2018 年上半年，吉林省规模以上工业中，战略性新兴产业产值同比增长 11.1%，比规模以上工业增速高 3.4 个百分点，高技术产业增加值更是实现 12.7% 的增速。同期，全省新产品生产快速增长，太阳能发电量、动车组产量、电子元件产量同比增速均超过 50%，为全省经济转型发展提供了新动能、新希望。展望未来，吉林省应继续深化创新驱动发展，找准培育和壮大新兴产业的着力点。一是要明确新兴产业发展的方向和路线图，如电子信息产业，要以延伸产业链条、强化发展基础、重视应用驱动等为主攻方向，推动其集群化发展。二是大力推动领军企业发展，促进技术及人才、品牌、市场等资源向有创新与竞争力的领军企业集中，打造一批创新能力强、发展后劲足的创新企业。三是推进新兴产业集群化发展，进一步壮大先进制造产业集群。四是强化金融支持，鼓励发展天使基金、创业投资等股权投资基金，为新兴产业提供强力支撑。

2. 发挥重点产业支撑作用，推动工业转型升级

经济发展新动能的积蓄，不但包括新产业、新业态等的培育，还包括利用新技术、新模式等手段，促进传统产业与新技术融合发展并转型升级，与新兴产业一起，共同推动经济从高速发展走向高质量发展。经过长期努力，目前吉林省已经形成了包括汽车制造、石油化工、食品、信息、医药等在内的八大重点产业，其规模以上产业增加值的合计，长期占全省规模以上工业的 80% 以上，增速也长期高于全省规模以上工业增加值的增速，是全省工

业经济名副其实的"顶梁柱"。2018 年以来，受多重不利因素影响制约，吉林省 8 个重点产业增长情况不甚理想，尤其是石油化工、食品产业，增长情况远不及 2017 年同期，严重影响全省工业增长。面向未来，吉林省应紧紧围绕夯实工业根基、应用创新技术、提升管理流程等路径，加快推动汽车、石化、农产品加工等重点产业率先迈向转型升级；同时，要注重发挥品牌引领作用，提高供给体系质量与效率。首先，要深入实施新一轮技术改造升级工程，扩大有效投资，以支持传统支柱产业升级和新支柱产业培育，加快构建以汽车、石化、农产品加工、医药健康、装备制造为代表的支柱产业体系。其次，持续推动节能与新能源汽车等工业产品规模化生产，延伸产业链条，加快培育以节能与新能源汽车、先进轨道交通装备、生物医药及高性能医疗器械、卫星及通用航空等产业为代表的新动能。最后，增强重点产业发展的薄弱环节，围绕研发设计、检验检测、标准制修订、技术成果转化等方面的共性需求，密切加强重点企业、科研院所及产业园区之间的合作，建设并完善相关的公共服务平台。重点推动汽车、高端装备制造、新材料、光电子、汽车电子、玉米深加工等重点领域公共服务平台建设，提高产业技术创新公共服务能力。

3. 千方百计稳定投资，进一步激活民间投资

长期以来，投资是支撑吉林省工业经济增长的中坚力量。工业是经济的核心，而投资是工业的核心支柱，没有稳定可持续投入的工业投资，工业经济就很难有后劲。事实上，自 2014 年起，在东北经济整体陷入低谷期间，吉林省经济之所以能够保持相对较好的增速，很大程度上是因为吉林省工业投资保持了相对较高的速度。然而 2017 年，吉林省工业固定资产投资下降5.7%，进入负增长时期。2018 年上半年第二产业投资增长情况是，尽管增速仍然为负，但下降趋势在波动中收窄，表明工业投资有转好的迹象。在投资构成中，民间投资所占比重一直在提高，其支撑工业经济的重要作用显而易见。2018 年 1~8 月数据显示，尽管吉林省民间投资增速始终为负，但民间投资总额占全省投资比重一直在上升，增速也在波动中大幅收窄。因此，在深入实施创新驱动战略、培育新产业新动能的同时，吉林省要千方百计稳定工业投资，

尤其是要进一步激活民间投资，增强工业经济增长后劲支撑。同时，要重视提高投资质量与均量，即吸引高效投资，提高投资的投入产出效率；使得投资与经济体量、人口规模相适应，用更优质、更均衡的投资带动更有质量的增长。

4. 深化"放管服"改革，为小微企业提供成长空间

无论是经济发展新动能的培育和积蓄，传统产业的调整与转型升级，还是吸引外来投资、激活民间投资等，都需要有效激发市场活力和社会创造力，因此离不开经济领域放管服改革的支持，离不开高效便捷的营商环境的打造。实践证明，在市场经济体制日趋完善的当今，通过简政放权、放管结合、优化服务，不仅可以大幅降低制度性交易成本、吸引更多投资者，更好地服务企业与民众，还能有力激发全社会创新的热情，进一步促进经济社会健康发展。自2013年以来，吉林省实施了一系列行政审批制度改革、投资项目审批制度改革、深化注册资本登记制度等改革，进一步厘清了政府和市场的边界，促进改革政策红利持续释放。但现实情况是，吉林省小型企业生存尚且不易，还远谈不上繁荣发展。2018年1~9月规模以上小型企业负增长，情况比2017年进一步恶化。因此，吉林省应全面检视并深入落实相关的中小企业政策法规。首先，进一步厘清政府职能定位，深入规范政府行为、完善公共服务，健全中小企业促进工作协调机制，深入撬动社会力量建设中小企业公共服务体系。其次，充分发挥政府财政专项资金的导向作用，把对中小企业的倾斜政策落到实处。省级财政预算中安排中小企业发展专项资金，省政府设立中小企业发展基金，运用创业投资引导资金，以及发展股权投资基金等，深度支持中小企业生存发展。再次，持续为中小企业降本减负。落实小微企业减免税、降费等优惠政策，优化税收征管程序，帮助小微企业享受优惠政策；鼓励融资担保机构降低中小企业担保费等融资成本；支持中小企业管理创新，推行精益管理，完善法人治理结构，建立现代企业制度。最后，持续鼓励大众创业万众创新，鼓励中小企业研发与应用自主知识产权的技术产品，鼓励中小企业参与产业共性关键技术研发与国家科研项目实施等。同时，要重视对中小企业的权益保护，采取依法对小微企业实施监督检查、建立政府守信履约专项督察制度等措施。

参考文献

班娟娟、闫磊：《达沃斯：世界经济将维持向好态势——第四次工业革命和新兴经济体持续发展为全球增长提供保证》，《经济参考报》2018 年 9 月 21 日。

黄群慧：《在新产业革命中壮大经济发展新动能》，《经济日报》2018 年 9 月 28 日。

唐未兵、彭涛：《发挥投资对经济增长的拉动作用》，《光明日报》2015 年 6 月 3 日。

李抑嫱、王超：《吉林省深化"放管服"改革这五年——推进政府职能转变，方便群众办事生活》，《吉林日报》2017 年 10 月 16 日。

B.4
吉林省服务业发展形势分析与展望

赵 奕

摘 要： 2018 年以来，吉林省把握新时代吉林振兴发展所处的历史方位，坚持稳中求进工作总基调，积极推进供给侧结构性改革。前三季度全省服务业呈现稳中有进态势，服务业增速高于全省 GDP 增速，与全国差距逐步缩小，产业结构优化成效逐步显现。但目前仍处在结构调整和动能转换的关键时期，吉林省要立足自身优势，持续扩大服务业规模，提升消费拉动能力，有序推进服务业对内对外开放，积极鼓励健康服务业多业态融合，全面挖掘信息服务业潜力，全力推进"数字吉林"建设，充分发挥服务业在经济发展和动能转换中的"引擎"作用，进一步促进吉林省服务经济实现高质量发展。

关键词： 数字化服务 创新驱动 产业升级

2018 年前三季度，吉林省服务业在全省经济增长以及结构调整中的作用日趋显现，与全国平均水平的差距在逐步缩小。服务业仍需进一步扩大总量，调整结构，推进多种服务业态融合发展，全面提升吉林省服务经济质量。

一 吉林省服务业发展现状

（一）总量比重持续提升

在供给侧结构性改革继续推进及产业结构深度调整的背景下，吉林省服务业总量仍保持着持续增长，比重也持续提升，增速保持高于全省 GDP 增速。2018 年前三季度，全省服务业增加值 4528.57 亿元，同比增长 4.2%，高于全省 GDP 增速 0.2 个百分点，比上年同期提高 5.2 个百分点，低于全国同期服务业增速（7.7%）2.5 个百分点。服务业增加值占全省 GDP 比重为 45.5%，低于上年同期 5.22 个百分点，对 GDP 增长的贡献率达到 42.8%，低于同期全国服务业对 GDP 增长的贡献率（60.8%）18 个百分点，拉动 GDP 增长 1.7 个百分点。其中，批发和零售业增加值 846.31 亿元，增长 3.6%；住宿和餐饮业增加值 211.61 亿元，增长 2.7%；房地产业增加值 518.25 亿元，增长 6.2%；金融业增加值 496.09 亿元，下降 1.7%。服务业在全省经济增长中占据重要地位，增速平稳上升。从服务业用电量可以看出服务业发展势头仍然强劲。2018 年 1～9 月，服务业用电量绝对量 117.06 亿千瓦时，增速 12.63%，高于全社会用电量增速（9.14%）3.49 个百分点，高于第二产业用电量增速（8.40%）4.23 个百分点。其中，房地产、公共事业及管理组织、租赁和商务服务业用电量增速最快，分别达到 29.61%、14.68% 和 13.71%，说明房地产业仍然保持上升趋势，公共服务业发展在进一步完善，租赁服务业发展良好；信息传输、软件和信息技术服务业和金融业用电量增速最慢，分别仅为 7.28% 和 7.9%，金融业发展不佳，增加值 496.09 亿元，下降 1.7%。

（二）主要行业发展稳中蓄力

吉林省服务业在经历了发展提速、比重提高后，逐步进入水平提升、稳步增长阶段。2018 年前三季度服务业发展成果颇丰，1～3 季度重点行业仍保持正向增长。

第一，传统消费性服务业保持小幅稳定增长态势，增速有所下降。1～3 季度，批发和零售业实现增加值 846.31 亿元，增长 3.6%，占服务业比重达到 18.7%，除其他服务业外，批发零售业占服务业比重最高。全省批发业销售额为 3916.67 亿元，同比增长 8.2%；零售业销售额为 5541.02 亿元，增长 7.2%，增速均有所下降。批发业中，限额以上企业

销售额为1365.76亿元,增长7.3%,较2017年同期增速有所下降;限额以下企业销售额为2550.91亿元,增长8.6%;零售业的限额以上和限额以下及个体户销售额分别为1362.49亿元、4178.53亿元,增长速度有所下降,分别降至0.5%和9.6%。前三季度,从限额以上社会消费品零售总额商品零售类值来看,用类商品零售额为1036.21亿元,占零售总额的73.0%,穿类商品保持正增长,达到0.8%。从消费品种类看,一是汽车销售有所下降。全省限额以上企业实现汽车类零售额329.24亿元,同比下降9.5个百分点。二是石油零售增速回升。全省限额以上企业石油及制品类零售额同比增长7.9%。从地区来看,乡村消费品零售额增长5.6%,幅度高于城镇和全省增长水平,乡村消费品零售市场空间仍有较大空间。

住宿和餐饮业保持小幅增长。1~3季度住宿和餐饮业实现增加值211.61亿元,增长2.7%,占服务业比重的4.7%;全省住宿业营业额为178.15亿元,比上年同期增长5.7%;餐饮业营业额为830.81亿元,比上年同期增长7.4%。限额以上餐饮业和住宿业,持续保持负增长;限额以下餐饮业和住宿业及个体户持续保持正增长,限额以下住宿业和餐饮业营业额增长分别为8.4%和8.7%,成为住宿餐饮业的支柱力量。

第二,现代服务业稳步推进。其中,现代物流业发展平稳。1~3季度交通运输、仓储和邮政业实现增加值418.19亿元,增速3.3%,比上年同期回落3.8个百分点,占服务业增加值的9.2%。在吉林省政府《关于开展城乡高效配送专项行动的实施意见》的指引下,商务厅以促进消费升级、产业转型为目标,把商贸物流发展作为推进供给侧结构性改革的重要任务,在长春、吉林先后开展了城市共同配送、电商与快递物流协同发展试点,推动了城市配送体系建设,取得初步成效。1~8月全省快递业务累计完成特快专递13289.38万件,增长23.3%,增长势头强劲。邮政业务总量收入46.47亿元,增长12.5%。吉林省现代物流体系效率明显提升。空港货物运输周转量和发送量增速显著下降,旅客运输除公路客运量下降8.6个百分点外,皆小幅提升,说明吉林省依托旅游业带动能力有所提升,产品输出规模

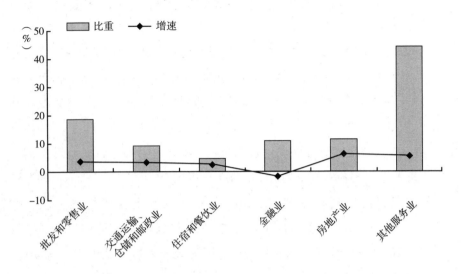

图1 吉林省1~3季度服务业分行业增加值构成及增速

扩大速度有所下降。

金融业砥砺前行。在宏观经济环境趋紧的背景下，吉林省金融业增加值496.09亿元，下降1.7%。但融资结构持续优化、农村金融改革进展迅速、资本市场稳定发展。1~7月，全省本外币各项贷款余额18917.5亿元，超过2017年全年增量100.68亿元；辖内银行业机构对省内企业贷款余额13523亿元，占全部贷款的71.5%；企业信用贷款余额4154.9亿元，占全部企业贷款的30.7%。1~8月，省内主要金融机构支持重大项目建设349个，投入资金941.8亿元，同比增长17%。银行业机构小微企业贷款余额4675.6亿元，申贷获得率达94.51%。"吉林农村金改"关键环节向纵深推进，"三支柱一市场"运营体系已完成1300多家村级金融基础服务站铺设；组建了省级物权融资服务公司及42家县域机构，累计投放土地收益保证贷款28.7亿元，惠及5.5万户涉农主体；累计为300万农户建立信用档案，评定信用农户160余万户、信用村1000个；建立各类农村产权流转交易基层网点600多个。启动实施"上市驱动工程""百千企业挂牌成长计划"，建立了省级拟上市（挂牌）企业后备资源库，2018年新增入库180余户。开发了省级拟上市（挂牌）企业后备资源库管理系统，实现动态更新和分

类管理，已入系统 828 户。①

房地产业销售旺盛。吉林省房地产开发投资同比增长 28.5%，高于全国同期增速 18.6 个百分点，其中住宅投资增长 34.7%。商品房销售面积 1444.37 万平方米，增长 12.8%，高于全国同期增速 9.9 个百分点。其中住宅销售面积增长 18.7%。1～3 季度全国房地产投资增长 9.9%，住宅投资增长 14.0%，商品房销售面积增长 2.9%，其中住宅销售面积增长 3.3%。吉林省房地产市场各项投资销售指标高于全国水平。

旅游业集群发展初见规模。2018 年上半年，全省接待游客总人数 10823.14 万人次，同比增长 15.03%；实现旅游总收入达到 1922.74 亿元，同比增长 20.16%。随着《吉林省推进旅游业攻坚发展实施方案》的实施，旅游大项目集群初见规模。万科松花湖旅游度假区继续建设项目、国信南山温泉度假区项目、长春妙香山旅游度假区项目、长影世纪城二期项目、长白山国际温泉度假区建设项目、长白山森林温泉养生中心等重点项目推进迅速，促进了产业集群效应的发挥。2018 年，全省旅游建设项目 240 个，其中新建 81 个、续建 159 个，总投资 3840.8 亿元，与 2017 年相比，增加 623.8 亿元，上半年完成投资 78.59 亿元，同比增长 85%，建设速度是近年来推进最快的一年。旅游项目业态分布上，240 个项目中，度假区类 18 个、综合类 35 个、宾馆酒店 13 个、温泉养生类 27 个、冰雪类 17 个、乡村旅游类 37 个、基础设施类 41 个、文化产业 25 个、房车营地类 7 个、红色旅游类 5 个、其他类 15 个。旅游项目投资空间分布上，吉林省旅游投资主要集中在长春、吉林、通化、延边、长白山等旅游优势地区。

文化体育产业繁荣发展。为推动实施全民健身计划和"健康吉林 2030"，不断满足多层次多样化健身需求，吉林省近年举办多种体育赛事活动推动体育产业发展。目前有省、市两级体育协会 200 个；全民健身站（点）10115 个，国家级青少年体育俱乐部 180 个、省级 71 个；街道建有文体活动站，社区建有体育健身俱乐部、活动兴趣小组。全省形成了比较完善

---

① 《坚守本源，为实体经济"输血供氧"》，《吉林日报》2018 年 10 月 19 日。

的全民健身组织网络，基本实现了市（州）、县（市、区）、街道（乡镇）、社区（行政村）四级健身组织的全覆盖。吉林省品牌赛事不断发展，长春净月潭"瓦萨"国际滑雪节、吉林国际冬季龙舟赛、长春国际马拉松等赛事的品牌影响力和知名度不断积累提升，政府和专业赛事运营机构携手合作，融合体育赛事、旅游、保险、传媒、广告、论坛、招商、会展，"体育＋文化＋生态＋旅游＋论坛"的新型组合趋势初显。

（三）服务业企业经济效益增速减缓

在吉林省服务业转型提质的背景下，吉林省服务业企业经济效益增速有所减缓。1～7月，吉林省规模以上服务业单位数为3189个，增速16.8%。规模以上服务业企业营业收入667.09亿元，增速达到17.8%，但实现利润总额仅为16.05亿元，下降20.4%。在服务业企业数增加的同时，从业人员平均数达到30.59万人，增长2.4%；应付职工薪酬114.09亿元，增长10.1%。1～7月，吉林省规模以上工业企业数5959个，规模以上工业企业营业收入8035.4亿元，增速5.4%；实现利润总额534.6亿元，增速22.1%。亏损企业同比增加11.1%，从业人员平均数下降5%。可以看出服务业企业经济效益增速有所减缓，但在吉林省动能转换和拉动就业方面仍然起着重要作用。

二　吉林省服务业发展存在的问题

（一）服务业就业比重增长缓慢

随着吉林省服务业规模的扩大，服务业就业人数逐年增加，由2006年的447.7万人增加到2016年的668万人，11年间增加了220.3万人。服务业就业占全体就业人员的比重由2006年的35.8%增长到2016年的44.5%，增长了8.7个百分点。与全国同期相比，服务业就业占全体就业人员的比重由2006年的32.2%增长到2016年的43.5%，增长了11.3个百分点。可以

看出，2006年吉林省服务业就业比重高于全国3.6个百分点，但这一差距在逐年缩小，从服务业就业比重走势可以看出，吉林省服务业就业带动能力滞后于全国水平。

（二）消费拉动能力减弱

受全国消费品市场增速回落影响，吉林省消费品市场呈现增速下降趋势，消费拉动能力显著减弱。1~9月社会消费品零售总额实现5480.86亿元，增长5.2%，增速低于全国4.1个百分点，较2017年同期（8.1%）放缓2.9个百分点，全国排名第29位。吉林省消费品市场增速回落，一是由于汽车类商品连续负增长，对社会消费品零售总额有较大影响；二是民营企业经营发展压力增大，对收入增长的预期减弱，影响消费增长；三是居民消费升级的需求不能满足，拉动消费增长的消费热点逐渐减少。

（三）行业发展软环境有待完善

吉林省服务业发展软环境有待改善。一是部分事业单位在改革方面存在滞后现象。部分服务形态仍在事业单位运行，影响了服务业的市场化、产业化和社会化。二是体制机制不灵活。部分行业市场准入限制严格，行业垄断现象依然存在，金融保险、社会公用事业、信息媒体等行业市场化进程相对滞后。部分行业仍存在多头管理、资源分割的现象。市场发育不充分，无序竞争、恶性竞争、行业混乱的情况屡禁不止。行业协会发展成熟程度不够，家庭服务业、健康服务业、法律服务业和房地产中介等服务行业标准需进一步完善，服务质量和服务水平亟待提高。三是金融支撑体系不健全，人才培育和引进机制有待优化。企业融资渠道狭窄，难以满足中小服务业企业融资需求。现代服务业缺乏高端人才支撑。政策支持体系有待完善。服务业缺乏标准化体系，社会诚信体系有待完善，有效的失信惩戒机制有待改进。

（四）知识密集型服务业创新驱动力不足

吉林省知识密集型服务业创新驱动力不足。一是各服务企业缺乏长远战略目标，没有核心知识产权和自主品牌，由此引发的企业决策尽管对服务业增加值有较大贡献，但对企业创新活动和创新理念都没有进一步的成长空间。二是吉林省知识密集型服务业如金融、科技服务、信息服务等主要行业就业人数增速较快，在为拉动就业带动经济增长做出贡献的同时，就业人员学历较低，部分来自第一产业的剩余劳动力，与第二产业就业人员素质和教育水平差距较大，为服务业创新提供知识转化的能力有限。三是知识密集型服务业与第二产业的研发部门不同，作为一种交流部门，不被十分重视。因此在创新研发的资金投入方面存在很大差距。研发资金在科技服务业投入相对较多，但在物流业和金融保险业的投入微乎其微。因此，核心知识产权缺失、高端创新人才缺乏、研发资金不足是导致吉林省知识密集型服务业创新驱动力不足的主要原因。

三　趋势与展望

（一）服务业保持稳定增长

发展服务经济是产业结构优化的必经之路。近几年，我国服务业在经济发展中占据了越来越重要的地位。自 2015 年全国服务业增加值占国内生产总值的比重首次超过 50%，中国工业导向型经济逐渐向服务业主导转变。随着创新驱动的推进，中国服务化经济进程不断前进，成为经济的重要支撑。吉林省经济发展的主要任务仍然是积极适应动能转换和发展方式带来的转变。吉林省服务业在国民经济中的比重逐年上升，与全国的差距在逐渐缩小，但与全国平均水平相比仍有上升空间。前三季度，全省服务业增加值4528.57 亿元，增长 4.2%，低于全国同期服务业增速（7.7%）3.5 个百分点。全省服务业增加值占全省 GDP 比重为 45.5%，低于全国服务业增加值占国内生产总值比重（53.1%）7.6 个百分点。中国服务业发展的大趋势以及吉林省服务业多业态创新发展的走势，预示着吉林省服务业发展仍有很大上升空间。

（二）养老服务业实现跨越式发展

近年来，吉林省为应对人口老龄化，将养老服务业的发展纳入推进改革的重点，相关部门紧密合作。为了日益完善发展政策，吉林省从用地保障、金融支持、财政补贴、税费优惠、医养融合等多方面，为养老服务业加快发展提供了政策支撑。同时，大力加快养老设施建设。近五年，吉林省新（扩）建和改造县级以上公办养老机构 89 个、农村社会福利服务中心 493 个，新建城市社区老年人日间照料中心 1878 个、农村养老服务大院 4070 个，搭建覆盖面全、层次分明的养老服务网络。全省养老服务公共设施建设总投资 35 亿元，其中，争取中央预算内投资和国家福彩公益金 5.2 亿元，省级财政和福彩公益金投入 7.6 亿元，投资总量相当于"十五"和"十一五"时期总和的 2.8 倍。在未来几年，社会资本投入将达 100 亿元，成为养老服务业发展的重要力量。未来几年，将逐步建立特困人员供养、困难老人入住机构补贴、贫困居家失能老人护理补贴、长期护理保险等制度，落实高龄老人津贴制度，服务对象将从困难老人向全社会老人延伸，在适度普惠的老年福利制度上力争取得突破性进展。在实施幸福养老工程建设的基础上，推动养老服务业实现跨越式发展。

（三）避暑休闲产业创新发展

2018 年上半年，为主动适应新时代新要求，把资源变为发展亮点，吉林省创新性地提出发展避暑休闲产业，加快新旧动能转化、推动经济高质量发展。在全省经济低速增长、服务业攻坚发展的情况下，将避暑休闲产业作为新经济，为全省经济社会发展提供新动能。吉林省避暑休闲产业还处于起步阶段，产品粗放，产业链条短，产业体系不完善，资源优势向生产力优势的转化不充分，避暑休闲产业的综合效益没有得到有效发挥。近年来，吉林省为壮大夏季避暑休闲产业规模和提高质量，打造冬季冰雪产业，形成"两季繁荣、带动春秋"的格局，推动旅游业成为吉林省第四大支柱产业。到 2022 年，基本建设成为国内首选的避暑休闲名省、新兴旅居大省、国家避暑中心，特色鲜明、系统完善的避暑新经济逐步建立。避暑休闲产业综合收入超万亿元，各类产业集聚区达到 30 个，示范基地达到 50 个，建成避暑名城 10 个以上，打造特色避暑名镇 20 个以上；避暑休闲过夜游客达 1 亿人/天，省外、境外到吉旅居人口达 100 万人；避暑康养、旅居、研学三大新兴业态行业集中度超过 30%；引进高水平创新团队 50 个，高端"双创"人才新增 1000 人以上；避暑产业创新科技投入比例大幅提高，全省形成"避暑到吉林"的市场号召力。①

（四）信息服务业成为经济发展新动能

随着智能终端的普及以及吉林省以数字化、网络化、智能化为核心，坚持促进互联网、大数据和服务经济的深度融合，吉林省信息服务业对经济发展的推动作用进一步凸显。2018 年 1～8 月，全省电信业务总量累计 412.5 亿元，同比增长 112.7%；电信业务收入累计 95.2 亿元，同比下降 1%，量收增速差超过 100%，完成固定资产投资 20.9 亿元，增速居全国第 15 位。同时，吉林省为适应科技发展、把握信息技术发展趋势，充分释放数字化对经济发展的放大作用，充分利用吉林政务服务网，推进实体政务大厅向网上办事大厅延伸，为企业提供便利化服务。信息化服务为"只跑一次"改革提供了重要支撑，信息服务业的发展也对"数字吉林"建设起到了推动作用。吉林省为加快数字化改造，推动产业转型升级，实施数字化引导服务经济，大力发展数字化服务、数字化贸易、数字化消费。为建设数字政府，大力推动治理能力现代化，将数字信息技术与政府治理深度结合，将政务信息资源开放共享，创新治理模式，提升行政效率；为提高公共服务和管理水平，对城市基础设施进行智能化改造升级，加快运行城市的智能化管理；为建设信息基础设施，提升公共服务水平，进行传统基础设施网络化数字化改造。到 2025 年，实现数字化政府管理水平、数字基础设施服务水平、数字经济与服务经济融合水平显著提升。②

---

① 《省委省政府关于推进避暑休闲产业创新发展的实施意见》。
② 《打造数字经济　吉林探索振兴发展新路》，《中国经济导报》2018 年 7 月 20 日。

四　对策与建议

（一）发挥现代服务业引擎作用

近年来，曾是吉林省产业短板的服务业在现代服务业的带动下，快速发展，成为拉动全省经济增长的重要因素。为巩固服务经济继续企稳向好，要充分发挥现代服务业引擎作用：一是优化提升现代物流业。建立物流基础设施信息化、标准化和物流公共信息平台；落实物流企业技术研发与创新激励；促进制造业企业剥离物流服务。二是全力发展信息服务业。实施"宽带吉林"工程和"互联网＋"行动计划，推进汽车电子和金融等产业信息技术外包，开展电子商务试点示范。三是培育商务会展业。培育服务市场需求，提升商务中介服务水平，发展会展经济。四是壮大金融服务业。在构建现代金融服务体系的同时创新金融组织、金融产品和金融服务，优化融资结构。五是鼓励发展科技服务业。建设科技创新基地、公共技术服务平台，推进科技成果转化，创新分析测试、检验认证、计量溯源等技术服务。六是推动广告业向创意化、集成化方向发展，提升品牌策划、形象设计等广告创意策划服务。七是深入发展人力资源服务业。鼓励创建新型人力资源服务机构，深度开发人力资源服务产品，打造具有吉林特色的标志性的人力资源服务品牌，划拨省服务业发展专项资金推进人力资源服务业基地发展。

（二）创新发展生活性服务业

在推进全省居民生活服务业转型发展的过程中，吉林省取得了显著成效。为加快服务业转型，吉林省要在巩固传统服务业的基础上，创新发展生活性服务业。一是创新发展旅游业。全力打造吉林省以"冰雪旅游、冰雪体育、冰雪文化"为核心的冰雪全产业链。在建设大通道和旅游基础设施的同时，提升吉林旅游便利性，创新线上线下结合的旅游新模式。二是创新发展文化产业。促进跨地区、跨行业、跨所有制整合文化产业，培育具有竞争优势的文化龙头企业。三是鼓励自主知识产权创新、技术创新和模式创新。通过创建自主品牌，引领消费、带动制造业。四是培育健康养老服务业。完善健康保险服务体系，健全健康保险信息管理系统，共享基本医疗保障信息机制，建立社区养老服务平台，鼓励"医养结合"。五是创新家庭服务业。创立城乡居民家庭服务体系，推动多层次、多形式发展家庭服务业；鼓励新生社会力量创办家庭服务企业，改善农村居民生活方式。

（三）加速推进服务业深度融合

服务经济的更高层次发展，离不开多产融合、协同发展。要依托现代高新技术催生新兴产业，在创造新需求的同时，拉长服务产业链、提升价值链。一是促进服务业与制造业多角度融合。鼓励长春光机所、东北工业集团等单位研发应用，推进装备制造企业制造业服务化转型。鼓励工业企业剥离服务业相关业务，大力发展智能制造、服务制造、协同制造和网络营销。二是促进服务业与农业深度融合。建立健全农产品冷链物流、粮食现代物流等现代农业物流体系，保障农产品质量安全；建立农业综合信息服务平台，推进技术推广、动植物保护、信息服务、气象服务等农业市场信息服务体系建设。三是创新服务业内部融合方式，改造传统服务业。促进金融、商贸与物流、商业、旅游与文化、互联网等行业间的融合；推动文化创意与科技、教育等产业融合。创新发展数字技术、广告创意制作、工艺设计等文化创意产业；推进体育与旅游休闲、养老服务、文化创意、教育培训等产业全新融合。

（四）有序扩大服务业对内对外开放

服务业应进一步放宽行业市场准入条件，鼓励民间资本进入，激发市场活力。在服务业内部培育内生增长动力和新服务业态的基础上，有序扩大金融、教育、健康、养老等服务贸易领域对外开放，提高服务业竞争力。一是加快服务产业集聚。建设带动作用强劲的服务贸易园区，积极发挥产业园效能，引入更多企业和项目。二是扩大服务进出口规模。积极利用资金扶持，鼓励企业扩大服务进出口规模，承接国际离岸服务外包业务，进行国际资质认证。三是培育外向型服务主体。搭建对外投资合作平台，支持对外投资合作平台对接服务项目。鼓励服务企业开展境外并购，推动咨询设计类对外承包工程企业"走出去"，为重点企业提供资金支持。四是推动对外劳务合作转型升级。推动对外劳务合作转型升级，外派劳务人员从业结构优化，对外劳务合作规模体量提高。加强"互联网＋劳务合作"，建立对外劳务合作与院校、教育等部门的网络平台对接。五是畅通对外经贸发展通道。全力推进保税物流中心通关监管、跨境物流、保税仓储、金融结算等跨境口岸平台建设，积极主动融入"一带一路"建设。畅通国际国内客运、货运空中走廊，积极发展"围航经济"。积极推进"陆路""陆海联运"通道建设，与黑龙江、辽宁、内蒙古等周边省区口岸协同合作，提高内贸货物跨境运输业务通关效率。

参考文献

张丽娜：《吉林省服务业转型升级的思路及对策建议》，《经济纵横》2017 年第 2 期。

赵奚：《吉林省现代服务业集聚区发展研究》，《现代经济信息》2018 年第 3 期

赵奚：《吉林省服务业发展形势分析与展望》，社会科学文献出版社，2018。

B.5
吉林省投资形势分析与展望

孙志明*

摘　要：　2018 年，吉林省投资依然低迷，但结构变化很大。展望未来，影响吉林省投资形势的因素很多，影响比较大的包括东北经济走势、中美贸易摩擦、营商环境、科技创新等。在这样一个环境下，要重振吉林省的投资，就得从改善投资环境入手，着力搞好政策引导、制度创新和法治建设。

关键词：　固定资产投资　营商环境　吉林省

延续 2017 年下半年的走势，2018 年以来，吉林省的投资形势依然低迷，半年多的负增长，奠定了全年投资的基本面，并极大地影响到了全省的经济发展。吉林省经济要走出当前的困境，改善投资不景气的状况是必要的，甚至是一个先行性的显示指标。所以，客观分析投资的发展趋势，是具有重要现实意义的。

一　投资增长情况

投资增长率的大幅下降，甚至较长时期的负增长，是吉林省经济近两年出现的一个新问题，也可以说是困扰当前全省经济的一个最大问题，这种局面能够持续多久，何时才能走出低迷局面，很大程度上决定着全省经济的走势。

---

* 孙志明，吉林省社会科学院经济研究所，研究员，主要研究方向为产业经济、区域经济。

（一）吉林省投资增长情况

吉林省投资（指不包括农户的固定资产投资，下同）增速的显著下降，始于 2017 年 6 月，当月累计的投资增速仅为 2.4%，与上一个月 6.8% 的增速相比，大幅下降了 4.4 个百分点，增速的降幅高达 64.7%。紧接着 7 月，投资增速就出现了负增长，这是多年未见的一种状况，而且这种走势延续到了 2018 年。当然，这期间并不都是负增长的，有的月份也实现了正增长，虽有波动，但总体投资形势陷入了低迷。

进入 2018 年，虽然头两个月投资形势不错，同比增长了 9.1%。但到 3 月，投资形势就发生了变化，重新又陷入了低迷状态，同比减少了 8.6%。而且这种减少的幅度还逐月扩大，5 月的降幅最大，达到了 13.9%。6 月的时候有所缓解，下降幅度大大缩小，但并没有实现正增长。这种负增长的局面一直持续到了 8 月，直到 9 月才真正改观，重新实现了正增长，取得了难得的 0.9% 的增长率。

表 1　2018 年各月份累计投资增速*

单位：%

时间	吉林省	全国
1~2 月	9.1	7.9
1~3 月	-8.6	7.5
1~4 月	-9.8	7.0
1~5 月	-13.9	6.1
1~6 月	-1.5	6.0
1~7 月	-4.8	5.5
1~8 月	-4.0	5.3
1~9 月	0.9	5.4

* 本表数据来源于国家统计局网站。

2018 年前 9 个月，吉林省就有 6 个月累计投资是负增长的，而 2017 年仅有 4 个月投资为负增长，可见 2018 年全省的投资局势更加困难。可喜的是，9 月的累计投资实现了正增长，也可能是一个很好的征兆。因为根据历史经验，9月一般都是吉林省投资的小月，投资数额较小。而到8月还累计投资 −4.0% 的情况下，9月却实现了反转，可以想见当月的投资额必然有大幅度的提升，小月变大月，但愿这种良好的趋势能够延续下去。

（二）投资增长的国内比较

放眼国内，投资形势不妙的并非吉林省一家，吉林省也不是最差的那一个。2018 年前 9 个月，全国 31 个省份中，竟有 9 个省份投资是负增长的，其中下降幅度最大的是新疆，投资下降幅度高达 42.9%，连北京、天津这样的直辖市、国际性的大城市投资也减少了。这样看来，投资的下降，并不是吉林省的特有现象，而带有一定的普遍性。

表 2　各省份投资增速与经济增速[*]

单位：%

地区	2018 年前三季度		2017 年	
	投资增速	经济增速	投资增速	经济增速
北京市	−6.7	6.7	5.3	6.7
天津市	−14.2	3.5	0.5	3.6
河北省	5.9	6.6	5.3	6.7
山西省	−1.6	6.1	6.3	7.0
内蒙古自治区	−32.7	5.1	−7.2	4.0
辽宁省	4.8	5.4	0.1	4.2
吉林省	0.9	4.0	1.4	5.3
黑龙江省	−3.7	5.1	6.2	6.4
上海市	6.9	6.6	7.2	6.9
江苏省	5.6	6.7	7.5	7.2
浙江省	6.9	7.5	8.6	7.8
安徽省	11.9	8.2	11.0	8.5
福建省	13.2	8.3	13.9	8.1
江西省	11.3	8.8	12.3	8.9
山东省	5.8	6.5	7.3	7.4
河南省	8.3	7.4	10.4	7.8
湖北省	10.9	7.9	11.0	7.8
湖南省	10.0	7.8	13.1	8.0
广东省	10.2	6.9	13.5	7.5
广西壮族自治区	11.2	7.0	12.8	7.3

续表

地区	2018 年前三季度		2017 年	
	投资增速	经济增速	投资增速	经济增速
海南省	−13.1	5.4	10.1	7.0
重庆市	7.2	6.3	9.5	9.3
四川省	10.6	8.1	10.6	8.1
贵州省	16.3	9.0	20.1	10.2
云南省	10.4	9.1	18.0	9.5
西藏自治区	9.4	9.0	23.8	10.0
陕西省	11.0	8.4	14.6	8.0
甘肃省	−6.1	6.3	−40.3	3.6
青海省	4.3	6.8	10.5	7.3
宁夏回族自治区	−19.1	7.0	3.0	7.8
新疆维吾尔自治区	−42.9	5.3	20.0	7.6

* 本表数据来源于国家统计局网站。

我国经济目前处于一个大的转折时期，由以前的高速度转变为一个较低的增长速度，投资的增速必然也会有所降低。加之目前普遍存在的产能过剩，企业普遍感到可投的项目不多，地方招商引资也遇到了很大的困难，所以投资的波动幅度可能就会更大一些，并对各个地方产生不同的影响。在全国 31 个省份中，除了 9 个投资负增长的省份，吉林省 0.9% 的增速是最低的，可见吉林省虽然不是最惨的，但也是受影响比较大的一个省份。

3. 投资对经济增长的影响

作为三大需求之一，投资的低增长甚至负增长，必然也会影响到整体经济的增长。2018 年上半年，吉林省投资增长 −1.5%，全省经济增长也创了新低，仅增长 2.5%。到了第三季度，吉林省的投资形势有所缓解，前三季度实现了 0.9% 的增长，随之全省经济增长也提升到了 4% 的水平。在三大需求当中，投资是政府最易于调控的，而吉林省投资却首先出现了问题，说明了解决全省经济困境的难度是不小的，不仅要看趋势，可能还要做更大的努力。

横向来看，在全国 31 个省份中，2017 年投资负增长的仅有两个省份，经济增长也处在一个较低的水平上。2018年前三季度，在9个投资负增长的省份中，经济增速也都比较低，超过全国平均增长水平的仅有宁夏一个地方。吉林省投资虽然是正的，但经济增速却较低，排全国倒数第二，这与吉林省投资率高有很大关系。所以，逐步降低投资率也是吉林省结构调整的一个长期任务。

二 投资结构分析

在普遍产能过剩的大背景下，盲目追求投资的高增长，必然会带来不好的经济后果，通过优化投资结构，实现一定程度的投资增长，才是一个比较好的出路。但实现投资结构的优化，难度很大，吉林省当前投资不振，与此是有很大关系的。

（一）投资的产业结构

2018年前三季度，吉林省三次产业的投资结构变化很大，可以说发生了颠覆性的变化，是值得重视的一件大事。第二产业所占比重大幅下降，由上一年同期的48.4%，下降到了仅有32.4%，降低了16个百分点。第三产业所占比重大幅上升，由上一年同期的45.1%，提高到65%，提升了19.9个百分点。经过这样一个翻天覆地的变化，第三产业投资一举超过第二产业，由2017年低3.3个百分点，转变为不仅高于第二产业的比重，而且所占比重是第二产业的2倍。

表3 吉林省与全国三次产业投资比重*

单位：%

地区	2018年前三季度		2017年	
	吉林省	全国	吉林省	全国
第一产业	2.6	3.5	6.5	3.3
第二产业	32.4	37.4	48.4	37.3
第三产业	65.0	59.2	45.1	59.4

* 本表数据来源于国家统计局网站、吉林省统计局网站。

经过这样一个大幅度的调整，吉林省的投资结构与全国平均水平达成了方向上的一致。前些年，吉林省的投资结构中第二产业总是占有最大份额，与全国平均第三产业占比最高有所不同，上一年同期还是这样一个局面。在短短的一年时间内，在国家投资结构几乎没有变化的情况下，吉林省却发生了颠覆性的变化，不仅跟上了全国的结构变化趋势，而且还超出了全国的平均水平，第三产业投资比重比全国平均水平还高出了5.8个百分点。短时期内发生如此大的变化，是值得进一步深入研究的一个现象。

（二）投资的地区结构

2017年以来，吉林省各地区的经济增长出现了严重的分化，省会长春市一枝独秀，其他地区普遍不景气，没有一个地区的经济增长率超过全省的平均水平。从投资的增长情况看，也充分地反映了这一现象。2018年前三季度，长春市投资增长8.1%，高居榜首。其他地区最快的是通化市，也仅增长了6.6%，而且还是在上一年同期下降9.9%的基础上实现的。长春市不仅2018年投资增速居于首位，上一年同期增速也高达11.5%，位居第二，仅次于长白山管委会。

表4　吉林省各市州投资增速 *

单位：%

	2018年前三季度	2017年前三季度
全　省	0.9	0.0
长春市	8.1	11.5
吉林市	0.6	−13.8
四平市	−29.7	−0.7
辽源市	5.1	−2.1
通化市	6.6	−9.9
白山市	3.7	5.3
松原市	2.6	0.8
白城市	0.3	0.9
延边州	−9.6	−15.9
长白山管委会	−23.8	17.5

* 本表数据来源于吉林省统计局网站。

（三）投资的所有制结构

2018 年前三季度，吉林省国有投资下降了 7.8%，对全省投资增长的贡献是负的。而在上一年同期，国有投资还是增长的，为稳定全省投资做出了正面的贡献。2018 年以来，国内"国进民退"的舆论掀起了不小的热潮，特别是最近"民营经济离场论"引起了广泛关注。如果单从吉林省投资情况来看，这些言论都是不符合实际的。从全国的情况来看，实际也是这样一个趋势，国有投资从上一年同期的增长 11.0%，下降到了 2018 年前三季度的 1.2%，幅度不可谓不大。所以说，任何观点都要以扎实的数据为基础，不然难以服众。

表5　全国及吉林国有投资与民间投资增速*

单位：%

地区	2018 年前三季度		2017 年前三季度	
	吉林省	全国	吉林省	全国
投资	0.9	5.4	0.0	7.5
国有投资	−7.8	1.2	3.3	11.0
民间投资	1.1	8.7	−0.5	6.0

* 本表数据来源于国家统计局网站、吉林省统计局网站。

与此同时，民间投资却有了显著的增长。吉林省前三季度民间投资增长了 1.1%，不仅与 2017 年同期的负增长 0.5% 相比有所改观，而且与同期国有投资 −7.8% 的增长存在着显著差异，成为稳定全省投资局势的正面力量。民间投资在吉林省占有重要地位，前三季度所占比重达到了 58.4%，超过了一半还多。民间投资的稳定，左右着全省的投资形势，是一支重要的积极力量，必须努力地推动它的增长。

三　投资趋势展望

前些年，吉林省经济发展主要是投资拉动的，现在投资增速减慢，经济

增速也随之减慢，这种局面是否会进一步持续下去，是人们都非常关心的一件事情。做经济预测是非常难的，要预测吉林省的投资形势当然也不容易，但我们可以通过分析当前的几个主要影响因素，来做一个粗略的判断。

（一）东北的经济困境

2014 年以来，东北经济出现了整体性的增速下滑，东北三省连续几年经济增速都居于全国末位，人均水平的优势完全丧失，2015 年与全国持平，2017 年仅为全国平均水平的 82.9%，已经滑落为国内经济的落后地区了。作为一个典型的老工业基地，资源枯竭、产业衰败在东北的很多地区都出现了，东北地区成为国内资源枯竭型城市分布最密集的地区，再加上重化工业的高沉淀成本、国有企业改革遗留下来的沉重社会负担，都给东北振兴带来了道道难题，设置了步步关卡。解决这些难题，冲破这些关卡，既要有力度，也要花时间。

但是，这些问题不解决，经济就难有起色。经济增速上不去，作为构成经济必要组成部分的投资，也难有伸展的空间。所以，投资与经济发展是互为因果的。不论是哪一个变量的改观，都会给对方带来正面的影响。东北经济陷入低迷已经四年了，黑龙江、辽宁似乎已从最底端反弹上来了，吉林省也正处于探底的过程当中，如果这一趋势延续下去的话，经济前景似乎已露曙光。

（二）全球的贸易争端

2008 年的全球经济危机，对世界经济的影响是深远的。虽然次贷危机发生地美国率先企稳，欧洲的债务危机、新兴市场的货币危机却先后发生，使得全球经济始终没有彻底走出危机的阴影。近两年来，本来已有全面转好的迹象，比如主要工业国家都实现了正增长，部分发展中大国的经济动荡也有所缓和。但自美国特朗普政府发动贸易战以来，世界经济又出现了新的不确定性。特别是贸易战的焦点——中美贸易摩擦的不断激化，对人们信心的打击是巨大的。

贸易战对我国经济的影响是不容低估的。自2010年以来，我国经济增速就进入了下降通道，直至2016年6.7%的低点。2017年我国经济实现了6.9%的增长，是自2010年以来的首次回升，初步显示了止跌企稳的良好走势。而在中美贸易摩擦发生以后，2018年我国的经济增速却逐季下降，第三季度已经降到了6.5%，是自2010年以来的最低季度增速，完全破坏了前期的企稳走势。中美贸易摩擦何时结束，是否结束以后就不再有冲突，都是未解之谜，影响难以判断。

（三）地方的营商环境

投资对营商环境是最敏感的，营商环境不好，投资就难有增长。在营商环境这方面，包括吉林省在内的东北地区，是个短板，与东南沿海地区相比，有很大差距，"投资不过上海关"就是一个很形象的写照。2016年吉林省实际利用外省资金7649亿元，占当年全社会固定资产投资的54.9%，对全省投资增长、经济发展都做出了巨大的贡献。如果环境能够有更大的改善，其发挥的作用就可能会更大。

同时，政策的导向也很重要，这里面就存在着政府发挥作用的空间。在第一轮东北振兴战略实施期间，吉林省抓住机遇，大力实施投资拉动战略，连续两年投资增速居全国第一，连续两年经济增速居全国第二，取得了很好的成绩。当然现在的形势不同了，原来见效的做法也难以再次复制。但新形势下也会有新的投资机会，敢想敢做也是很重要的。

（四）科技创新的突破

改革开放四十年来，我国经济实现了快速增长，其中既有改革带来解放生产力的贡献，同时也有开放带来引进国外先进技术的贡献，这就是所谓的后发优势。时至今日，我国的人均GDP与发达国家相比，依然存在差距，理论上讲后发优势仍旧存在。但由于我国特殊的国情，人口众多，经济规模庞大，已经在很大程度上影响到了发达国家的经济利益，从而有意无意地对我们采取遏制措施，使得我们所具有的后发优势大打折扣。近期针对中国的

贸易摩擦，就充分地表明了这一点，国际环境正在变得严峻。

在日益严峻的国际形势下，在国内严重产能过剩的背景下，新的经济增长点的产生，在很大程度上依赖于科技的创新，从而创造新的需求，发展新的产业。科技创新与技术引进不同，投资更多，成本更高，风险更大，时间更长，所以必须耐得住寂寞。我国已经发展到了这个阶段，在一些科技领域也处在世界的前列，这一条路虽然艰难，但机会也是很多的。而且，自主创新一旦成功，所得的利益也是最大的。因此，把自主创新与技术引进有机地结合起来，其中的投资机会就会越来越多。

四　投资政策建议

如何尽快地改变投资低迷的局面，是吉林省当前经济工作最大的一件事情，搞得好，就可以破解当前的经济困局；搞得不好，要实现经济的企稳回升是不可能的。所以，必须围绕着如何促进全省投资的增长，如何优化投资结构，做一些实实在在的事情。

（一）改善投资环境

民间投资是吉林省投资的主要力量，未来其所占比重将会进一步提高，要调动民间投资的积极性，关键在于改善投资环境，以激发其投资的内在动力。

首先是改善投资的软环境，这是最容易的，很多是不需要成本的，但也是最难的，由于既得利益者的阻挠，传统习惯的顽固性，不花费大的力气还真难以突破。所以，改善投资的软环境，不在于说了什么，而在于做到了什么。

同时要改善投资的硬环境。吉林省的基础设施建设，由于资金的约束，有很多的欠账，所以要尽快弥补这一短板，千方百计地筹措资金，改善全省的基础设施条件，为投资者提供更多的便利。

（二）加强政策引导

在普遍产能过剩的情况下，投资项目难找是困扰投资者的一个大问题。吉林省有自身的资源优势、产业优势，吉林省还有很多短板需要弥补，围绕这些方面，必然有很多的投资机会，我们可以通过规划引导、税费优惠、信息服务等方式，引导民间资金的投向，以形成新的产业优势，推动全省经济的发展。

在这个过程当中，要特别注意发挥企业家的作用。不论是产业优势，还是资源优势，依赖其发展只是一种可能性，而使这种可能性变为现实的，是企业家的眼光和执行力，二者缺一不可。有眼光没有执行力，好项目也做不起来；没眼光有执行力，方向错了损失更大。所以，必须利用市场的力量，给企业家以充分的空间，各种政策都要聚焦到他们身上，才能发挥政策的效力。这件事情做好了，企业家的创造力激发出来了，资源、产业优势都不重要，资金、技术、人才等要素也都不成问题，从无到有、从小到大，是具有无限可能的。

（三）推进制度创新

营商环境有待完善，特别是存在的软环境问题，需要通过进一步加大改革的力度来解决。改革的重点在政府自身，不仅仅是机构的改革，更重要的是职能的转变。如何从过去"管"的思维，真正转到"服务"的自觉，还真得花一番功夫才能实现。要在政府职能设置、行政流程、信息反馈、社会监督等方面不断地规范，才能更好地发挥政府的作用，不断提高政府的工作效率。

要实现创新发展，科技、教育体制的改革迫在眉睫。在我国目前的经济发展阶段上，对科技的依赖程度越来越高，但现有的科技、教育体制与此很不适应，亟待改革。吉林省主要的科技力量，大多集中在公办的科研院所、大专院校里面，但我国特有的事业单位体制，改革四十年来没有太大变化，这些科技人员的作用难以充分发挥，造成了极大的浪费。应当参照发达国家的经验，通过体制的改革，让市场发挥更大的作用，把他们的创新活力充分地激发出来。

（四）完善法规建设

市场经济是法治经济，要让市场在资源配置中起决定性作用，就必须进

一步完善法律制度，给市场以更多的确定性，以弥补市场本身的不确定性。中国人讲人情，东北人人情味更浓，这与市场的契约精神是相悖的，要改变这一状况，必须通过法治的手段，以强制的方式改变人们的行为习惯，让法律在经济活动中起主导作用。

　　不论是营商环境的改善，还是体制上的改革，只要是行之有效的措施，在运行一段时间以后，都要尽可能地实现法治化，以使这项制度、措施固定下来。在加强法治建设的过程中，一定要把产权保护的法规建设放在中心位置上，切实保护个人的财产所有权不受侵犯，保护投资者的企业所有权不受侵犯，只有做到这一点，人们投资才没有后顾之忧，投资的积极性才能够真正地激发出来。

B.6
吉林省消费形势分析与展望

孔静芬 *

摘　要：　2018 年，面对错综复杂的内外部环境，吉林省委省政府深入
学习贯彻党的十九大精神，宏观经济保持平稳运行，稳中有
进、进中向好的态势。前三季度，消费市场增势平稳，全省
实现社会消费品零售总额 5480.86 亿元，同比增长 5.2%，增
速比一季度提高 0.2 个百分点。但也应看到，由于有效供给
不足、传统商业企业面临网络消费分流等问题，未来吉林省
消费增长依然面临较大压力，为此，省委省政府应采取积极
有效措施促进吉林省消费增长。

关键词：　消费　商业企业　吉林省

2018 年以来，吉林省消费市场保持稳中趋缓的发展态势。展望 2019 年，随
着宏观经济的逐步回暖趋稳和国家制定的各项促进消费政策的进一步推进落实，
吉林省消费市场的发展空间将得到进一步释放，消费增长将保持平稳发展态势。

一　基本情况

（一）消费总量的变化

从季度累计走势的情况看，2018 年一季度，吉林省实现社会消费品零

---

* 孔静芬，吉林省社会科学院软科学研究所研究员，主要研究方向为消费经济。

售总额为 1789.21 亿元,较上年增长 5.0%,与上年同期增速相比,回落了 4.5 个百分点,与同期全国平均水平 9.8% 的增速相比较,低了 4.8 个百分点。在全国 31 个省份中,吉林省排在第 30 位,在相邻的东北三省中,比辽宁(7.8%)低 2.8 个百分点,比黑龙江(6.3%)低 1.3 个百分点。2018 年二季度,吉林省实现社会消费品零售总额为 3614.64 亿元,同比增长 5.2%,与上年同期增速相比,回落了 3.6 个百分点,与同期全国平均水平 9.4% 的增速相比较,低了 4.2 个百分点。在全国 31 个省份中,吉林省排在第 28 位,位次较一季度前移 2 位,与上年相比后移了 4 位。在相邻的东三省中,比辽宁(7.9%)低 2.7 个百分点,比黑龙江(6.4%)低 1.2 个百分点。2018 年 1~9 月,吉林省实现社会消费品零售总额为 5480.86 亿元,同比增长 5.2%,与上年同期增速相比,回落了 2.9 个百分点,与同期全国平均水平 9.3% 的增速相比较,低了 4.1 个百分点。在全国 31 个省份中,吉林省排在第 29 位。在相邻的东三省中,比辽宁(7.4%)低 2.2 个百分点,比黑龙江(6.4%)低 1.2 个百分点,排在东三省最后一位。

表 1　吉林省和全国社会消费品零售总额增速及其排位

单位:%

时间	吉林省		全国		在全国的排位	
	2017	2018	2017	2018	2017	2018
1~1 季度	9.5	5.0	10.0	9.8	20	30
1~2 季度	8.8	5.2	10.4	9.4	24	28
1~3 季度	8.1	5.2	10.4	9.3	25	29

资料来源:吉林省统计局网站。

(二)消费构成情况

按销售地区分:2018 年 1~9 月,吉林省城镇实现社会消费品零售总额 4888.80 亿元,同比增长 5.2%;乡村实现社会消费品零售总额 592.06 亿元,同比增长 5.6%。从增速看,乡村增速快于城镇,表明乡村市场比较活跃。

按消费形态分：2018 年 1～9 月，吉林省商品零售业实现社会商品零售总额 4747.71 亿元，同比增长 4.9%，商品零售业平稳增长，商品零售额在全省消费品市场中比重较高，为 87%；餐饮业实现社会消费品零售总额 733.15 亿元，同比增长 7.0%。餐饮业稳步提高，并且餐饮增速快于商品零售。

按规模分：2018 年 1～9 月，吉林省限额以上实现社会商品零售总额 1472.88 亿元，同比下降 2.9%，占全省比重为 26.87%；限额以下实现社会消费品零售总额 4007.98 亿元，同比增长 7.3%，占全省比重为 73.13%，在吉林省，限额以下社会消费品零售总额在全省中占据主导地位。

按行业分：2018 年 1～9 月，吉林省批发和零售、住宿和餐饮单位实现销售额（营业额）10466.64 亿元，比 2017 年同期增长 7.6%，增速回落 4.9 个百分点。批发和零售业、住宿和餐饮业增速都有所回落，批发和零售业回落明显，分别增长 7.7% 和 7.5%，分别回落 5.0 个和 4.5 个百分点；住宿和餐饮业分别增长 5.7% 和 7.4%，分别回落 8.1 个和 4.4 个百分点。

（三）居民消费水平不断攀升

居民消费水平的攀升和提高，一方面表现为消费支出总额和人均消费支出的增加，另一方面表现为恩格尔系数不断下降。据吉林省统计年鉴，2017 年，吉林省城镇居民人均消费水平达到 19552 元，与上年同期相比较增长 7.76%，农村居民人均消费水平达到 9244 元，与上年同期相比较增长 10.18%（见表 2）。目前，吉林省居民的收入与经济增长一样同步增加，居民收入提高了，人们的生活水平也会大幅提高，各种消费性支出也将逐年增多，2018 年 1～9 月，吉林省城镇居民人均消费性支出 16049 元，与上年同期相比增长 14.6%，农村居民的人均消费性支出达 7437.00 元，与上年同期相比增长 8.2%，城乡居民的消费性支出均保持高于 GDP 的增长速度。与此同时，居民的恩格尔系数持续下降，2017 年吉林省城镇居民的恩格尔系数为 25.8%，农村居民的恩格尔系数为 29%，城乡居民的恩格尔系数在 2016 年分别下降 0.3 个和 0.6 个百分点，居民消费水平在不断提高。

表2　2014～2017年吉林省居民消费水平

单位：元

年份	2014	2015	2016	2017
全省	13663	14630	13786	15083
城镇	18549	19358	18144	19552
农村	7810	8837	8390	9244

资料来源：《吉林统计年鉴》。

（四）消费结构变化明显

从消费性支出八大类来看，2017年，城镇居民增速较快的有食品烟酒、衣着、医疗保健和居住类；交通和通信、教育文化娱乐及其他用品和服务类支出保持稳步增长；农村居民增速较快的是交通和通信、医疗保健和食品烟酒类（见表3）。

1. 居民在食品烟酒上的支出份额仍居首位

食品烟酒类支出在吉林省居民消费性支出中是最多的，2017年城镇为5168.68元，农村为2903.16元，在消费性支出额中分别占25.78%和28.24%。食物作为人们生活的必需品仍占据消费性支出的主要份额。

2. 交通和通信、医疗保健类支出增长较快

近年来，国家对公共基础设施的投入逐年增多，城镇公共交通体系也日趋完善，由于商家对汽车销售的各种促销手段，进口汽车税大幅减免，私家车的拥有量不断提高。智能手机、电脑等通信器材更新换代的步伐加快，居民的拥有量大增，吉林省居民交通和通信费用保持平稳增长。2017年，吉林省城镇居民人均交通和通信支出为2785.19元，比上年同期增加了94.18元，增长3.5%；农村居民人均交通和通信支出为1530.97元，比上年同期增加了195.99元，增长14.68%，增幅较大。吉林省目前进入老龄化社会，老龄人口比例大增，同时随着人民生活水平的提高，老百姓更加重视身体健康状况，健康养老意识变得尤为重要，这就使得居民用于医疗保健上的支出大幅增加。2017年，吉林省城镇居民人均医疗保健支出为2164.05元，比

上年增加了 104.81 元，增长了 5.1%。农村居民人均医疗保健支出为 1399.57 元，比上年同期增加了 168.63 元，增长 13.70%，增幅快于城镇居民。

3. 教育文化娱乐服务消费稳步增加

收入水平的提升，居民对自身以及孩子的教育问题更加注重，对生活品质的追求也越来越高，因此，居民用于教育、文化、娱乐上的支出在逐年增加。2017 年，吉林省城镇居民人均教育文化娱乐服务支出为 2445.36 元，比上年同期增加了 77.82 元，增长了 3.3%。农村居民人均教育文化娱乐服务支出为 1302.54 元，比上年同期增加了 70.81 元，增长了 5.75%。

4. 居住类消费逐年增加

2018 年以来，吉林省的房地产市场销售情况好于往年，房价也大幅增加，主要原因是人们改善型需求增加，人们对居住方面的消费支出增加。2017 年，吉林省城镇居民人均居住支出为 3799.97 元，比上年同期增加了 212.9 元，增长了 5.9%。农村居民人均居住支出为 1837.28 元，比上年同期增加了 20.13 元，增长了 1.11%。

表3 吉林省城乡居民平均每人每年消费性支出情况

单位：元

	2016 年		2017 年	
	城镇	农村	城镇	农村
消费性支出	19122.79	9521.40	20051.24	10279.40
食品烟酒	4957.05	2721.90	5168.68	2903.16
衣　着	1818.96	606.20	1954.06	682.50
生活用品及服务	1107.08	375.63	1114.89	409.29
医疗保健	2059.24	1230.94	2164.05	1399.57
交通和通信	2691.01	1334.98	2785.19	1530.97
教育文化娱乐	2367.54	1231.73	2445.36	1302.54
居　住	3587.07	1817.15	3799.97	1837.28
其他用品和服务	534.85	203.87	619.04	214.08

资料来源：《吉林统计年鉴》。

二 消费特征

（一）消费降级的趋势初步呈现

2018 年 1~9 月，从吉林省限额以上单位商品零售额同比增长率变化来看，增速有所加快的依次为石油及制品类，中西药品类，日用品类，服装、鞋帽、针纺织品类，增速分别为 7.9%、4.8%、1.0%、0.8%；增幅回落较大的包括文化办公用品类，书报杂志类，汽车、建筑及装潢材料类，家用电器及音像器材类，体育、娱乐用品类，分别下降 13.8%、10.7%、9.5%、7.5%、3.7%、3.5%。汽车类消费低迷，较二季度回落 1.3 个百分点，而往年增长幅度较大的金银珠宝类、化妆品类都纷纷下滑，出现了负增长。总的来看，消费升级类商品零售额增幅普遍下降较快，而基础类消费的增幅大多上升，消费存在明显的降级趋势。

（二）零售业市场主体数量快速增长

近年来，吉林省零售业创新发展取得积极成效，2017 年，吉林省零售业实现销售额 7571 亿元，同比增长 10.9%，零售企业逐步向多业态、跨行业转型，为"促消费、稳增长、惠民生"做出了重要贡献，吉林省零售企业加强组织创新，不断壮大经营规模。目前，吉林省零售企业经营同质化现象比较严重，针对这一问题，吉林省大批零售企业围绕多样化、个性化的消费需求，改变过去的粗放型发展模式，逐步向多业态、跨行业转型。吉林省相关部门在消费促进、财政资金、工商登记、减税降费等方面给予支持，吉林省市场主体数量快速增长。2017 年末，零售业市场主体超过 130 万户，新增零售业就业人数近 4 万人。长春市商务局出台零售业发展政策，长春新区率先试水"只跑一次"改革，全力打造一流发展软环境。部分零售企业反映，"办事更快了、服务标准更高了、减负力度更大了、企业压力更轻了"。

（三）农村电子商务飞速发展

据统计资料，2018 年 1～5 月，吉林省农村电子商务网络零售额实现近 40 亿元，同比增长 48%。农村电商进一步发展，全省电子商务进农村 18 个示范县项目建设稳步推进，新建村级电子商务服务站 120 多个、培训近 10000 人次、新增个人网店 1000 多个、带动返乡农民工等人员创业就业 700 多人。各类村级电商服务站立足不同特色，针对不同领域提供便民利民服务，不仅大大方便了农民的日常生活，也推进了农村生产生活方式的升级，呈现出三个方面的亮点：一是整合物流打通农村电商配送"最后 100 米"。大安市通过现代信息平台使电商与物流深度融合，探索"连锁超市 + 农村电商 + 物流快递 + 便民服务 + 信息中介"的五站融合、一站多能的"电商小铺"模式，由连锁超市按照"网订店取""网订店送"等方式集中配送。二是村级服务站立足农村服务扩能增效。柳河县按照统一规划、统一建设、统一宣传、统一培训、统一运营的办法，把村级电子商务服务站打造成集商品交易、便民服务、信息获取等功能于一体的便民综合服务场所，积极结合对外劳务输出在村级电商服务站开展"电商 + 外派劳务"建设，实现了惠农、助农增收项目的有效组合推广。

（四）旅游消费渐成热点

据吉林省文化旅游厅公布的资料：2018 年"十一"黄金周期间，吉林省旅游市场繁荣有序，充满活力。截至 2018 年 10 月末，全省共接待游客 1584.87 万人次，全实现旅游总收入 111.39 亿元，再创历史新高，呈现以下特点：一是假日旅游经济总量增幅喜人。旅游、文化、体育等产业联动，激发和释放旅游消费潜能。从市场特点看，自驾游比例日趋提高，周边一日游市场火爆。全省各地争先开展了内容丰富、形式多样的乡村民俗活动，成为"十一"假日旅游的亮点。赴朝、赴俄旅游活跃了边境旅游市场，带动区域假日经济。二是重点景区游客激增。2018 年 9 月 26 日，习近平总书记

赴松原市查干湖视察，登上捕鱼浮桥观看热火朝天的捕鱼画面及潋滟波光、网收鱼跃的场景，激发了全国旅游爱好者的关注。查干湖旅游度假区成为全国和全省旅游焦点。假日期间，查干湖旅游度假区共接待游客31.1万人次，实现旅游收入2.74亿元，同比增长576.09%。

三 存在的问题

（一）社会消费品零售总额减速明显

2013年以来，吉林省社会消费品零售总额增速呈现逐年下降的趋势，从2013年的13.7%下降到2017年的7.5%，四年间减了四成，减速明显。同期，全国的社会消费品零售总额增速也从2013年的13.2%下降到2017年的10.2%，减速幅度不大。从这些年来看，吉林省社会消费品零售总额增速都低于全国平均水平，并且增速下降的幅度快于全国。2018年，吉林省的社会消费品零售总额增速还是落在全国平均水平之后，一季度吉林省的社会消费品零售总额增速5.0%，比同期全国平均水平少了4.8个百分点；二季度吉林省的社会消费品零售总额增速5.2%，比同期全国平均水平少了4.2个百分点；三季度吉林省的社会消费品零售总额增速5.2%，比同期全国平均水平少了4.1个百分点。社会消费品零售总额增速下降，除了受一些政策性和季节性因素影响外还受目前消费降级因素影响。

（二）有效供给不足

吉林省居民消费目前正处于消费升级阶段，但现阶段吉林省百姓需要的改善型、享受型商品和服务的有效供给明显不足，而低端、粗放的商品供给相对过剩，导致大量中高端和新兴服务消费流入外省或国外。2016年，全省服务贸易进出口额仅占全国总额的0.97%，服务贸易发展远滞后于全国；现代服务业基本上集中于长春、延边、吉林，2016年三市服务业进出口额

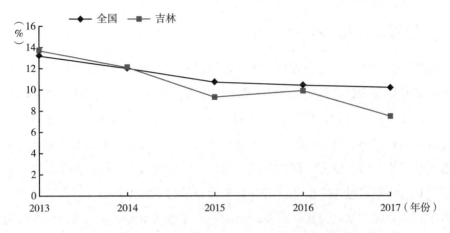

图1 2013～2017吉林省及全国社会商品零售总额增速

在全省占比达91.8%，其他城市的现代服务业发展相对滞后。如旅游业产品的开发与项目建设呈低质化、同质化发展，资源挖掘不够，尤其人文资源开发不足。缺乏针对高端客户需求的旅游定制产品。休闲度假、健康养生、运动体验、自驾车旅游等新兴业态发展缓慢等。

（三）传统商业企业面临消费分流

近年来，随着人们经济条件的提高和消费观念的转变，境外游和海外代购等新兴消费模式日渐普及，高端需求外流现象与日俱增。网上购物模式的互联网经济迅速发展，全国每年都以30%以上的速度增长，加之网络媒体新兴的团购、电视电话购物以及跨境交易模式等，对传统商业造成了较大冲击。吉林省也和全国一样，传统大型商贸企业，如超市、书店等面临市场竞争、资金和成本等多重压力，电子商务的冲击，其销售、利润空间受到挤压，传统限额以上商贸企业经营压力加大。近几年来，虽国家不断出台鼓励政策，企业也不断调整经营策略，但难以改变销售额逐年下滑的颓势，2018年上半年，吉林省实现商品销售额同比下降7.2%。总体来看，市场需求减少、企业成本上涨、利润扁平化等仍然是困扰当前商贸企业经营的主要问题。

（四）消费基础设施存在短板

首先，吉林省目前在旅游、文化教育娱乐、金融、信用体系等方面的服务消费基础设施相对落后，与之相配套的设施也都很薄弱，这些问题对消费者的消费体验产生很大影响。比如在信息基础设施上，2017年吉林省固定宽带人口普及率和移动宽带人口普及率不高，与东部发达省份差距明显。旅游基础设施方面，则存在航空运力不足、成本过高，高速铁路网络尚不完备，高速公路通过速度偏低，公共服务设施供给不足等问题。其次，消费的各个行业之间、基础设施和商业之间的融合互动和衔接不足，城市中在旅游景点、交通枢纽连接不畅，主要商业网点和商圈建设之间由于建设落后，相互脱节的现象较为突出。

（五）农村消费市场开拓不够

当前，吉林省农村人口占比较大，但由于农村居民消费能力较低，消费潜力释放仍面临较多障碍，这对农村居民的消费升级速度影响很大。首先，供应农村的商品零售价格偏高。近年来虽然吉林省居民收入逐年提高，但农村居民收入与城镇居民相比差距还很大，仅为城镇居民收入的37%，由于商品价格偏高，直接影响农村居民的实际购买能力。其次，农村基础设施建设较差。一方面，在吉林省农村，存在商贸流通基础设施落后，营业网点和大型超市布局很少的问题，特别是购物"最后一公里"问题更为突出，这在一定程度上造成了农村商品物价偏高，影响了农村居民的消费；另一方面，吉林省农村的电子商务虽然有了很大发展，但与发达省份相比还很落后。尽管网上购物的普及带动了农村消费，但由于农村信息基础设施匮乏，一定程度上影响了农民线上购物需求的释放，而光纤不入村、网速较慢以及网费依然偏高等问题阻碍了农村市场的开拓。最后，耐用品消费存在掣肘。目前，城镇居民汽车拥有量已经达到饱和，过了汽车消费爆发式增长阶段，而农村居民对汽车的需求仍有很大释放空间，但是农村汽车经销商4S店偏少、消费金融不能准确对接需求，这些问题影响了农村需求的增长。

四　未来展望

（一）宏观经济继续向好

2019 年，国家在促进消费发展方面还将陆续出台一些相关措施，增强市场发展动力，有效释放居民消费潜力，带动消费增长。一是在经济新常态下，居民对生存型消费的满足已经逐步结束，消费逐渐向服务型消费和精细化方向发展，消费升级将成为居民新的消费增长动力。因此，推动消费新变化的改革将逐步推进，挖掘新的消费潜力，加快消费升级。二是在经济新常态下，伴随着国民收入分配体系向居民倾斜，社会公众消费水平的提升将进入快车道。同时，修改后的个人所得税法从 2018 年 10 月 1 日开始实施，居民的收入将稳步提高。

（二）"互联网＋消费"的逐步深入将进一步释放消费潜力

"互联网＋"与消费市场融合，消费方式更加丰富。从 2012 年开始，我国网络零售市场的交易规模逐年扩大，市场占比从 6.3% 一路升到 14.9%，互联网通过对消费方式的改革、消费结构的重塑，成为目前消费市场强有力的推动器，"互联网＋"与传统市场的深度融合，打破了消费的地域限制，重新构建了消费者与商家的信息配对，进一步释放了消费的潜力。2019 年，吉林省仍将大力发展电子商务产业，发展电商村、实施"互联网＋"流通计划、推动多元化消费业态线上线下融合发展、支持跨境电商平台建设等多方面促进电商产业发展，推进实体零售转型，培育经济新动力。

（三）高质量、高品质、个性化、特色化消费渐成趋势

随着居民收入水平的提高和产品供给的多样化，城乡居民的消费模式从传统的消费模式向新型的消费模式转变，城乡居民如今不仅要吃饱而且要吃好，不仅要穿暖而且要穿得时尚。居民消费呈现多样化、个性化趋势，居民

在消费时不仅仅关心产品的质量，还追求时尚、品牌与品质，高质量、高品质、个性化、特色化消费逐渐成趋势。健康、文化、旅游、绿色、信息、品质等消费迈入快速发展期。

（四）旅游消费持续升温

随着居民收入水平的提高以及人们休闲时间的增加，未来人们对旅游方面的花费将持续增加，休闲度假旅游将成为现代人生活的重要组成部分，特别是国家及各省近期出台了一系列的刺激旅游消费的利好政策，例如，降低旅游景点门票、友好省份之间门票互惠等措施，这些对2019年的旅游业发展都将起到一定的推动作用，2019年吉林省旅游收入将有很大提高。

吉林省消费发展仍存在不利因素：一是省内有效供给和中高端供给不足，吉林省的消费品制造业不强，产品结构多集中在上游，消费类产品、高品质产品相对较少，大型超市、百货点的中高端产品难觅吉林制造踪影，难以满足居民对高端商品和优质服务的需求。二是吉林省缺乏辐射全国的有实力的网络购物平台，购买力外流的趋势暂时无法改变。三是消费增长的新支撑点相对匮乏。消费品市场过于依赖汽车、成品油等少数类商品，缺乏新的具有较强带动力的消费热点。

五 对策建议

（一）扩大有效供给

一是大力培育和推动新兴消费产业发展。新形势下，消费出现了一些新的发展趋势，以信息化、智能化、绿色化、高端化、服务化为特征的新趋势发展很快，因此，当前吉林省要深入推动消费产品及服务差异化、个性化，重点培育以健康、美容、体育、旅游等为代表的新兴消费产业，促进产业结构加快调整升级，满足人们的消费需求。教育产业，建设全国高等教育、职业教育基地；文化产业，强化消费平台建设，制定文化消费促进政策；加快旅游和大健康产业发展，建设生态旅游、冰雪旅游、休闲度假避暑旅游基地，打造健康休闲产业目的地。二是促进消费领域创新发展和互动融合。特别是加强商品消费和服务消费间的融合发展，促进新的消费热点发展，在旅游业发展中与文化、购物、娱乐、健康、餐饮等行业集聚一体化联合发展，创新型商业发展模式，建立以长春、延吉为中心的国际化消费中心，提升吉林省消费的创新能力。

（二）大力开拓农村消费市场

在农村，要想推动农村消费升级，当前的首要问题就是要改善农村消费环境，对农村现有危房进行改建，对农村道路进行铺修，村村通公路，加大对农村电网的升级改造，提高农村居民的消费环境。随着农村消费水平的提高，对农民需要的家电、家具、家用轿车等在质量上防止欺诈行为，在产品质量上保证农民需求。大力促进农村电子商务发展。对一些示范项目要在资金上给予落实，发挥其最大使用效益，有力推动示范项目井然有序地发展。针对吉林省特点，发挥优势，充分发挥农产品的特色优势，在农产品精深加工上下功夫，做大做强，加强品牌建设，促进农村经济结构转型，对农村贫困户加以引导和扶持。营造良好的消费环境，在政策、市场、人才、环境等方面加以优化，促进扶贫脱贫，形成集成效应。

（三）引导线上经济向传统企业及农村延伸

目前以"互联网＋"为牵引的新型消费业态亮点纷呈，消费方式更多地从"线下"转到"线上"。引导百货商超、住宿餐饮、批发零售等企业积极适应这种变化，融入"互联网＋"的消费模式中，发挥实体店自身的优势，深度结合互联网的方便、快捷，实现线上线下融合，依托网络交易平台、订餐平台、微信公众号等拓宽消费渠道，吸引更多消费者。进一步完善农村商业设施建设，支持大型零售企业向城乡重要节点镇村延伸网点，发展建设一批镇级商贸中心。推动吉林省农村实体零售网点与电子商务协同发展，培育一批农产品进城和消费品下乡新型农村线上线下双向零售网点。

（四）提升消费设施功能水平

为了满足不同收入居民的消费需求，省委省政府要合理规划，重点打造一批具有较强影响能力的新型消费商圈，培育新型消费发展模式。支持以欧亚集团为代表的一批商贸流企业加快业态创新，促进传统商圈向新型消费模式转变，比如体验中心、休闲娱乐中心、文化时尚创意中心等新型消费模式。注重完善商业设施布局，以长春为全省消费中心城市，以吉林、延吉、松原、通化等城市为区域消费中心，进一步增强中心城市与周边城市、各县（市）消费中心之间的联系，加快建设高水平城市公共交通体系。加大投入力度，在继续完善交通、能源、电信、水、电、气等方面的基础设施建设上，着力推进信息化、互联网及大数据等方面的基础设施建设，加快宽带网络升级改造，尤其是要提高农村宽带网络普及水平和接入能力，推动全省商品流通骨干网络建设和城市物流配送体系建设。

B.7
吉林省对外贸易形势分析与展望

邵 冰 *

摘 要： 当前世界经济增速放缓，贸易保护主义和单边主义抬头，全球贸易规则面临着调整与重塑，使得世界经济发展和贸易增长的不确定性增加。吉林省外贸发展面临着严峻的挑战，也蕴含着新的发展潜力。为进一步促进外贸回暖向好，吉林省应积极落实国家外贸发展政策，深度融入"一带一路"建设，抓好外贸主体培育，努力扩大外贸出口，发展外贸新兴业态，打造外贸竞争新优势，集中力量开拓国际市场，推动国际市场多元化，提升贸易便利化水平，优化外贸发展环境，畅通国际物流大通道，扩大对内对外开放。

关键词： 对外贸易 对外开放 吉林省

一 基本情况

（一）吉林省对外贸易保持良好的增长态势

2018 年以来，虽然联合国对朝制裁导致吉林省对朝贸易全面萎缩，人民币升值对吉林省进出口带来很大的影响，但是吉林省努力促进外贸转动力，调结构，外贸进出口呈现较好的回暖向好态势。据海关统计，2018 年

---

* 邵冰，吉林省社会科学院东北亚研究中心研究员，主要研究方向为区域经济。

前三季度吉林省货物进出口总值 1046 亿元人民币，比上年同期增长 10.1%，比全国平均水平高 0.2 个百分点。其中，出口 239 亿元，同比增长 8.0%；进口 807 亿元，同比增长 10.8%。当前，吉林省外贸进出口运行良好，增速高于全国平均水平，预计全年有望保持良好的增长态势。

（二）各市州外贸运行呈现两极分化，长春市拉动作用明显

2018 年吉林省大部分地区外贸运行向好发展，但各市州进出口发展不平衡现象仍十分突出。前三季度，长春等 5 个地区进出口实现增长且增幅均超过全省平均值。其中，长春市外贸增势良好，同比增长 14.9%，金额净增加 106.8 亿元，进出口额占全省进出口总值的 79%，是拉动全省进出口增长的重要支撑。另外，吉林市、四平市、通化市外贸增幅均超过 25%，而延边、辽源、白山、松原四个地区进出口下降。受联合国对朝制裁的影响，延边朝鲜族自治州对朝贸易大幅萎缩，呈现较大幅度的下降态势，同比下降 20.2%。

（三）大多数重点企业增势较好

2018 年前三季度，吉林省进出口前 100 家企业中，有 72 家企业实现增长，其中增长前 5 家企业金额合计净增加 116.2 亿元，进出口超亿元的企业数量达到 80 家。其中，一汽集团 1~9 月进出口同比增长 12.8%。九三集团、吉林炭素、长客公司、吉林化纤股份有限公司、长吉图物流、吉林化纤集团等一批重点企业进出口增势强劲。吉林紫金铜业、吉林市建龙钢铁、阜康酒精三家企业降幅较大，合计金额同比净减少 14.3 亿元。

（四）大类商品进出口总体良好

出口方面，2018 年前三季度，汽车及零部件、医药产品、石化产品、轨道客车及零部件出口均呈现较好的增长态势，并且增幅超过全省平均水平。其中，轨道客车及零部件出口实现 106.5% 的增长，石化产品、医药产品、汽车及零部件出口增幅分别为 39.9%、16.7% 和 15.8%。冶金产品和

轻纺出口降幅较大。进口方面，2018 年前三季度，吉林省农产品进口保持高速增长态势，增幅达到 216%，主要是大豆进口拉动。此外，汽车及零部件、轻纺产品、石化产品进口也实现较好增长。一汽大众新上全新"探戈"及"ASUV"车系生产线，这对吉林省汽车零配件进口有着相当的促进作用。

（五）对主要贸易伙伴进出口保持良好态势

2018 年上半年，吉林省前五大出口市场分别是美国、韩国、日本、德国和澳大利亚，其中受轨道客车产品出口拉动，对澳大利亚出口增幅达到 649%。2018 年前三季度，吉林省前五大贸易伙伴分别为德国、日本、斯洛伐克、美国和俄罗斯，吉林省与这些国家进出口均保持增长，其中对斯洛伐克、美国和俄罗斯进出口实现较大幅度增长。目前吉林省对美国的贸易增长，很大程度上是由于企业担心关税进一步增长而采取的"突击式"贸易，预计对 2019 年的局势影响较大。此外，"一带一路"倡议提出五年来，为促进贸易畅通，吉林省不断扩大和加深与"一带一路"沿线国家和地区的贸易往来，2018 年前三季度吉林省对"一带一路"沿线国家进出口合计为 282.5 亿元，占吉林省进出口总值的 27%，同比增长 15.1%，比重较上年同期提高 1.1 个百分点。[①]

（六）一般贸易进出口占主导地位，民营企业成为出口主力军

从贸易方式来看，2018 年前三季度，吉林省一般贸易进出口完成 924.2 亿元，占全省进出口总额的 88.4%，同比增长 16.7%；加工贸易进出口完成 81.6 亿元，占全省进出口总额的 7.8%，同比增长 9.2%；通过其他贸易方式实现进出口 40.2 亿元，占全省进出口总额的 3.8%。从进出口企业性质来看，2018 年前三季度，国有企业出口 79.06 亿元，占全省出口总值的

① 《前三季度吉林省外贸进出口增长态势良好》，吉林省商务厅网站，http://swt.jl.gov.cn/swdt/201811/t20181102_5208481.htm，2018 年 11 月 2 日。

33.1%；进口 260.47 亿元，占全省进口总值的 32.3%。外商投资企业进出口总额占全省进出口总额的一半，比重达到 51%，但增速分别低于国有企业、私营企业 26.3 个、12.5 个百分点。吉林省私营企业出口达 88.47 亿元，占全省出口总值的 37%，是吉林省出口的第一主力军。

表1　2018 年前三个季度吉林省进出口贸易方式和企业性质情况

项目		出口			进口		
		金额（万元）	增速（%）	占比（%）	金额（万元）	增速（%）	占比（%）
海关进出口总值		2390051	8.0	100	8070328	10.8	100
贸易方式	一般贸易	1666367	12.2	69.7	7575359	17.0	93.9
	加工贸易	616195	11.6	25.8	200136	−16.9	2.5
	其他贸易	107489	—	4.5	294833	—	3.6
企业类型	国有企业	790637	46.3	33.1	2604716	25.8	32.3
	外商投资企业	691622	4.5	28.9	4642975	3.6	57.5
	集体企业	6748	−11.0	0.3	24055	−13.4	0.3
	私营企业	884704	−11.3	37.0	760532	17.8	9.4
	其他企业	16340	—	0.7	38050	—	0.5

资料来源：根据吉林省统计信息网数据计算。

（七）新业态新模式发展凸显活力

2018 年前三个季度，吉林省跨境电商出口增长 30.2%。服务贸易也呈现较好的增长态势，1～8 月吉林省服务进出口增长 13.1%。2018 年 8 月，珲春跨境电子商务监管中心、跨境电商公共服务平台正式投入使用，开通跨境电商 "9610" 模式，这是继长春市之后，吉林省第二个建成并运营的跨境电商综合服务平台。该项目立足珲春，面向东北亚地区，构建信息共享、智能物流、金融服务、统计监测、电商信用、风险防控六大体系，为跨境电商进出口企业提供物流配送、保税仓储、信息及政务等配套服务，项目开通后，中国商品通过跨境电商平台可经珲春口岸运送至俄罗斯全境。下一步，珲春将加快推进跨境电商 "1239" 模式的开通，进一步发挥保税仓储功能。

二 存在的问题

（一）外贸主体不强，外贸发展不确定性因素增多

吉林省地处东北内陆地区，多年来对外贸易发展一直落后于东部沿海省份。吉林省外贸发展存在的一个突出问题是外贸主体不强，截至2016年，吉林省取得外贸进出口资格的企业有一万多家，但其中只有1800多家企业有进出口实绩。吉林省外贸进出口过度依赖少数企业，进出口总额的90%以上由省内一百多家骨干外贸企业完成，其中，一汽集团的进出口占吉林省进出口总额的一半以上，加上其相关上下游配套企业，汽车及零部件进出口在吉林省外贸中的比重接近70%。由于随着市场需求的变化，一汽集团将对其进出口计划做出相应的调整，那么这种调整所带来的不确定性将会给吉林省外贸进出口带来较大的影响。此外，由于执行联合国安理会对朝制裁决议，2018年以来吉林省对朝贸易全面萎缩，也对吉林省外贸的稳定发展造成较大的压力。

（二）贸易规模小，进出口发展不平衡

吉林省是外经贸小省，经济外向度不足10%，对外贸易总量不仅远远低于东部沿海省份，与东北地区的辽宁省相比也有不小的差距。吉林省在全国对外贸易中所占的比重一直很低，2018年1~9月，吉林省外贸进出口仅占全国外贸进出口的0.44%。一方面，吉林省对外贸易规模较小，贸易总量不高，使得对外贸易对吉林省经济的贡献度不高；另一方面，长期以来吉林省外贸出口总额一直小于进口总额，对外贸易进出口结构呈现严重失衡的状态。2014年至2018年前三季度吉林省进出口统计数据显示，进口额在贸易总额中所占的比重一直维持在70%以上的水平，而出口额在贸易总额所占的比重仅为20%多，出口仅占进口的1/3。2018年前三季度吉林省进出口总额161.1亿美元，其中进口额占77%，出口额仅占23%，这种进出口

结构不平衡的状况，不仅不利于吉林省外贸经济的发展，而且可能会对吉林省经济增长产生负拉动作用。

表2 2014年至2018年1～9月全国和东北三省进出口情况

单位：亿美元

	2014年		2015年		2016年		2017年		2018年1～9月	
	出口	进口	出口	进口	出口	进口	出口	进口	出口	进口
全　国	23422.9	19592.3	22749.5	16819.5	20981.5	15874.2	22635.2	18409.8	18266.4	16052.6
吉林省	57.8	206.0	46.5	142.8	42.1	142.4	44.3	141.1	36.9	124.2
辽宁省	587.6	552.0	507.1	452.5	430.7	434.6	449.0	545.5	366.9	479.9
黑龙江省	173.4	215.6	80.3	129.6	50.4	114.9	51.4	136.7	32.2	156.2

资料来源：商务部网站。

（三）外贸结构不优，对外贸易竞争力不强

吉林省产业结构中资源类和劳动密集型产业占比较大，进口贸易主要以汽车零配件等机电产品为主，出口贸易主要以玉米等农作物和传统工业制成品为主，出口商品和贸易主体的竞争力不强。初加工产品出口占比高，产业链短，出口产品在国际分工价值链中处在中低端水平，且出口途径单一，销售渠道不健全，没能充分发挥吉林省在工业方面的优势，引领国际竞争合作的能力不够强。现代新兴服务贸易在吉林省对外贸易中占比不高，跨境电商等新业态新模式还处于培育阶段。此外，吉林省外贸进出口主要集中在长春市，2018年前三季度长春市进出口累计完成823.7亿元，占全省进出口总额的78.7%。其他地区占比较少，省内各市州外贸发展不平衡现象突出。

三　形势展望

当前世界经济增速放缓，国际政治经济形势错综复杂，贸易保护主义和单边主义抬头，全球贸易规则面临着调整与重塑，使得世界经济发展和贸易增长的不确定性增加。2019年，我国外贸发展所面临的外部环境更加严峻

复杂，但是我国外贸发展基本面良好，政策环境不断优化，吉林省外贸发展面临着严峻的挑战，也蕴含着新的发展潜力。

（一）不利因素

1. 世界经济持续复苏的韧性不足，增长动能放缓

2018 年以来，世界经济延续增长态势，但增长的基础并不稳固。美国在税改等积极财政政策推动下经济表现好于市场预期，日本和欧洲地区经济增速放缓，新兴经济体中，俄罗斯、巴西和印度实现不同程度的复苏，而南非经济形势严峻，亚洲 19 个大型新兴经济体经济增速高于世界其他地区，拉美地区经济增长低于预期。虽然 2018 年以来世界经济延续温和增长，但是增长动能开始削弱，持续复苏的韧性不足，国际经济发展的不稳定性、不确定性仍然突出，下行风险加大。全球资产价格高企，金融风险聚焦，全球劳动力市场尚未恢复到充分就业状态，薪资增长较为疲软，市场需求持续增长的动力尚不稳固。美国、日本股市风险不断积累，美国推进税改和加息缩表的货币政策将对全球范围内产业布局、国际金融市场的稳定和全球资本的流动性带来外溢影响。受人口老龄化、不稳定就业和技术创新尚没形成强大增长动力等因素的影响，世界经济短期内难以重返国际金融危机前的繁荣局面。此外，贸易保护主义兴起，地缘政治矛盾更趋复杂，发达国家收紧货币政策，新兴和发展中经济体面临增长风险，世界经济增长面临的下行风险上升，世界经济增长强于预期的可能性已经下降。国际货币基金组织（IMF）在 10 月的《世界经济展望》报告中，将此前 7 月的预测值下调了 0.2 个百分点，预计 2018 年、2019 年世界经济增速均为 3.7%，预计发达经济体增速为 2.4%，新兴市场和发展中经济体增速为 4.7%。

2. 单边主义和保护主义抬头，威胁全球贸易稳定增长

受西方"逆全球化"思潮影响，贸易保护主义倾向上升，越来越多国家滥用贸易救济措施，对进口产品发起反倾销反补贴调查，征收高额进口关税。中国是全球贸易救济调查的最大目标国，面临着复杂严峻的贸易摩擦形势。2017 年我国产品共遭遇 21 个国家和地区发起的贸易救济调查 75 起，

涉案金额110亿美元。其中，对我国产品立案数量最多、涉案金额最高的国家是美国，其次是印度。立案数量最多的行业是轻工产品和钢铁产品，涉案金额最高的行业是机电产品，涉案金额达54亿美元。2018年以来，美国贸易保护主义和单边主义行为更加突出，对华贸易摩擦不断升级。美国已决定对来自我国的价值500亿美元商品加征惩罚性关税，其中对价值340亿美元的商品已于7月6日起正式实施。这对吉林省轨道客车及光电类企业产生了不利影响，而我国的反制措施也对部分来自美国的商品加征关税，尤其是对美国农产品也加征关税，这对吉林省农产品进口造成较大不利影响。美国政府奉行单边主义，大规模实施贸易保护主义措施，几乎所有与美国存在贸易关系的国家都受到影响，也引发了美国主要贸易伙伴的反制措施，导致国际贸易要素流动减缓和全球贸易政策环境的日益恶化，这将威胁世界贸易的稳定增长，对全球贸易的负面影响将继续加深。

（二）有利因素

1. 中国经济高质量发展，为外贸发展提供坚实基础

改革开放四十年，中国经济进入高质量发展阶段，对外开放水平不断提高。近年来国家出台了一系列促进外贸稳增长调结构的新政策，深入推进"放管服"、社会信用、商事制度及国有企业等改革，有利于进出口企业减负增效，进一步优化市场环境。供给侧结构性改革的持续推进和创新驱动发展战略的深入实施，进一步促进了市场信心的提振，提高了实体经济发展水平，为外贸发展营造了良好的环境。随着"中国制造2025"的大力实施，制造业智能化、网络化、数字化进程加快，新技术、新产品层出不穷，外贸竞争新优势逐步形成，为外贸发展提供新的重要动力。此外，随着"一带一路"建设深入推进，中国与世界各国的互利合作进一步深化，为对外贸易、投资合作开拓了新的广阔空间。

2. 吉林省积极落实国家外贸发展政策，为外贸发展提供动力支持

当前，我国外贸发展正处于结构调整步伐加快、新旧动能接续转换的关键阶段，吉林省积极落实国家一系列促进外贸发展政策，加强省内跨部门会

商协作，突出问题导向，加大支持服务力度，在助力外商企业投资、完善营商环境等方面做出不懈努力，持续推进供给侧结构性改革的红利积极效应加速释放，对外开放水平不断提升。为帮助企业深耕全球市场，不断丰富和拓展吉林省境外营销展示中心功能，与各国经商参处、地方政府和国外商协会等组织，以及300多家跨国公司建立联系。帮助企业降低参加各类展会和投保出口信用保险成本，缓解中小企业的融资难题，进一步促进贸易便利化。一批进出口企业抓住新一轮科技和产业变革的机遇，从供给侧发力，主动探索商业模式创新，跨境电子商务、外贸综合服务、市场采购贸易等外贸新模式新业态蓬勃发展，出口商品结构不断调整和优化升级，自主创新能力有所增强，外贸企业调结构、促生产、拓市场取得了明显成效。国际产能和装备制造合作稳步推进，有力地带动了吉林省大型成套设备及零部件等出口。

3. 朝鲜半岛局势趋于缓和，为吉林省依托地缘优势发展对朝贸易提供机遇

从吉林省所处的东北亚周边环境看，2018年以来朝鲜半岛局势转圜，无核化进程、和平进程取得重要进展。年内朝韩双方领导人实现三次会晤，金正恩三个月内三度访华，朝美领导人实现会晤，朝韩确定举行离散家属见面，朝鲜最高领导人金正恩宣布从2018年4月21日起朝鲜将停止核试验与洲际弹道导弹发射试验并废弃北部核试验场，美国宣布"无限期暂停"部分美韩联合军演，半岛从内到外都在为和平和稳定而努力，半岛局势持续向好。朝鲜最高领导人金正恩宣布朝鲜将集中全部力量发展经济，提高人民生活水平，为营造对发展经济有利的国际环境，维护半岛与世界和平，朝鲜将同周边国家和国际社会积极展开紧密联系和对话。在朝鲜半岛局势趋于稳定，朝鲜发展经济的局势逐渐明朗的前提下，吉林省依托地缘优势开展对朝贸易具有先天优势。

四　对策建议

（一）抓好外贸主体培育，努力扩大外贸出口

一是加大对我省外贸进出口重点企业的政策引导和服务力度，协助解决

中小外贸企业存在的困难和问题，着力改善外贸发展环境，确保吉林省外贸进出口稳定增长。二是实行更加积极的外贸促进政策，鼓励吉林省企业开展境外商标注册、产品国际认证、境外专利申请。引导帮助中小型企业开展外贸业务，鼓励创新型、创业型和劳动密集型中小企业与外贸企业合作开拓国际市场，引导企业外向型发展。三是培育一批具有国际竞争意识、熟悉国际贸易规则、善于开拓国际市场的高新技术出口企业，促进外贸出口由低效益、低附加值的数量型增长，向高效益、高附加值的质量效益型增长转变。四是立足于吉林省的产业优势和结构调整需要，抓住国家推动加工贸易梯度转移和创新发展的机遇，推进吉林省加工贸易向产业链高端延伸。五是面向我国沿海地区与经贸发达城市，开展贸易招商促进活动，吸引更多的外向型企业到吉林来投资落户。

（二）发展外贸新兴业态，打造外贸竞争新优势

落实国家建设经贸强国部署和吉林省打造开放型经济格局要求，发展外贸新兴业态，加快培育外贸竞争新优势，在对外贸易转方式调结构、扩量提质上实现新突破。一是进一步完善各项外贸政策，加快发展外贸新业态，深挖外贸增长点，积极引导和推动吉林省外贸企业向品牌、质量、标准等为核心的综合竞争优势转变，在提高出口商品档次和附加值产品的同时，推动产品、技术、服务的全产业链出口，逐步实现吉林省外贸从量到质的提升。二是鼓励企业利用长春兴隆综合保税区、吉林 B 型保税物流中心等开放平台开展跨境电商业务，建设跨境电商综合服务平台，利用跨境电商开拓国际市场，实现跨境电商进出口业务快速增长。三是立足吉林省区位优势和产业优势，积极融入"一带一路"建设，推动装备制造业"走出去"，推进境外经贸合作园区建设，打造资本和技术密集型产业出口新优势。四是创新发展服务贸易，提高服务贸易比重，实现服务贸易与货物贸易融合发展、相互促进。在稳定和拓展旅游、运输、劳务等传统服务贸易的同时，着重培育金融、通信、会计等新型服务贸易，加快发展新业态、新模式。五是做大做强加工贸易、边境贸易、互市贸易，培育更多的新增长点。

（三）集中力量开拓国际市场，推动国际市场多元化

通过"政府扶持、企业参与、专业机构具体运作"的方式，全力开拓国际市场，进一步实现出口市场多元化，努力扩大进出口规模。一是全面加强对国际市场信息的调研，收集各国有关产业政策、市场需求等方面信息以提高市场开拓的针对性和实效性。二是引导企业利用国家和省里出台的外贸鼓励政策和措施，充分发挥政策的最大效应，进一步降低企业开拓国际市场成本，引导、帮助各类企业参加国内外展会，开拓国际市场。三是全力构建境外营销网络体系，鼓励和引导吉林省重点外贸企业建设境外营销机构、展示中心，通过整体打包宣传推介、延伸配送服务、广泛对接洽谈等营销方式，全面提高产品的国际知名度和影响力，扩大吉林产品的出口规模。四是积极开拓多元化国际市场。深挖对日、韩、俄、朝等传统贸易市场的出口潜力，充分发挥吉林省的比较优势，推动各类加工贸易企业的加快发展；扩大对美国、欧盟等重要贸易市场的覆盖面，推出新商品，寻找新客户，开辟贸易新渠道，争取更大的竞争优势；深入融入"一带一路"建设，采取以多种贸易方式并举的推进模式，全面开拓非洲、中亚、拉美、南亚、中东等贸易市场，提升与新兴贸易市场的比重。

（四）提升贸易便利化水平，优化外贸发展环境

进一步加大"放管服"改革力度，积极转变政府职能。最大限度地减少行政审批事项，减少行政审批许可环节，降低制度性交易成本，减轻企业税费成本压力，出台出口企业分类管理办法，通过差异化的服务，引领出口企业规范经营，以体制机制的改革创新为外贸发展创造良好的环境。鼓励吉林省具有自主品牌的农产品加工企业开展对外合作，对农产品加工企业开展国际认证给予资金扶持。搭建银企平台，为吉林省外贸企业提供融资服务，解决中小企业的融资难题。协调与俄罗斯、朝鲜等边境邻国同步加强口岸基础设施互联互通建设，提高通关效率。进一步简化通关手续，降低通关费用，使越来越多的企业通过使用国际贸易"单一窗口"降

本增效。推进长春、延吉航空口岸智能化通关建设，为外贸企业提供优质、高效的通关服务。

（五）畅通国际物流大通道，扩大对内对外开放

建设国际物流大通道，发展多式联运，是吉林省外贸新旧动能转换的必然要求，对于加强与"一带一路"沿线国家的经贸往来、提高吉林省对外开放的质量效益具有重要的促进作用。因此，吉林省应积极融入"一带一路"建设，积极构建立足吉林省、面向全国、连通世界的国际物流大通道，促进形成铁路、公路、水运、航空高效衔接，互动发展的联运格局。围绕陆空联运体系建设，加快建成"五纵四射三横"高速公路网，实施铁路扩能升级工程，完善"一主多辅"机场群。借助俄罗斯扎鲁比诺港和朝鲜罗津港打通出海口，进一步畅通经俄罗斯至南方城市的内贸货物跨境运输通道。建立与韩国束草、釜山的航线通关协调机制，与中欧班列途经国家的工作联络机制。增加长春航空口岸跨境货物包机航线航次，实现"长满欧"常态化运营，加快"长珲欧"开通进程。

质量提升篇

Quality Improvement

B.8
吉林省制造业高质量发展研究

肖国东*

摘　要： 制造业在吉林省经济发展中具有战略地位，也是吉林省经济高质量发展的关键和重点。推动吉林省制造业高质量发展，是涉及多方面的系统工程，根据工信部制造业高质量发展评价指标体系，本文从产业结构、技术创新、产品质量、体制机制等方面来探析吉林省制造业高质量发展问题。目前，吉林省制造业产业格局业已形成，重点产业地位突出，动能转换持续推进，但创新内生动力不足、高技术产业比重较低、高质量发展承载能力薄弱等问题突出，仍然制约着制造业高质量发展。针对存在的上述问题，应完善技术创新体系，提高园区承载能力，扩大高端要素有效供给，强化行业品牌建

---

* 肖国东，吉林省社会科学院副研究员，主要研究方向为产业经济学、数量经济学。

设，深化供给侧结构性改革，构建高质量发展的体制机制，以推动吉林省制造业高质量发展。

关键词： 产业结构　技术创新　区位熵

一　吉林省制造业基本情况

（一）重点产业地位突出

吉林省制造业门类比较齐全，产业基础良好，经过多年的发展，制造业对吉林省经济的贡献尤为突出，形成了五大重点领域，即三大支柱产业和两大优势产业。三大支柱产业包括汽车制造业、食品产业和石油化工业，两大优势产业包括医药产业和装备制造业，其中装备制造业包括轨道交通装备制造、遥感卫星装备和先进农机准备等。五大重点产业增加值占制造业比重约为83%，占地区生产总值比重约为30%。三大支柱产业占制造业比重约为60%，其中汽车制造业、食品产业、石油化工业比重分别为30%、20%、10%；三大支柱产业占地区生产总值比重约为22%，其中汽车制造业、农产品加工业、石油化工业比重分别为11%、7%、4%。此外，两大优势产业占制造业比重约为23%，占地区生产总值比重约为8%。

（二）重点产品影响力较强

目前，吉林省制造业涌现了一批在国际国内同行业中具有重要影响力的产品。汽车制造业是吉林省的第一大支柱产业，在全国具有重要地位。2017年吉林省汽车产量达到289.77万辆，占全国的比重为9.98%，2017年全国乘用车厂商销量排名中，一汽大众195.01万辆，居第二位；2017年全国轿车品牌销量排名中，大众速腾32.71万辆，居全国第五位。中车长春轨道客车公司是我国知名的轨道客车研发、制造、检修及出口基地，是中国地铁、动车组的摇篮，也是国内行业中出口最早、出口数量最多的企业。产品已经出口到美国、澳大利亚、巴西、泰国、沙特、伊朗、新加坡、阿根廷、埃塞俄比亚等 20 多个国家和地区，出口车辆数量累计超过 8900 辆，签约额超过 120 亿美元。2017 年吉林省中成药产量 25.20 万吨，占全国比重为 6.91%。2017 年工信部中国医药工业百强榜中，修正药业集团居第 3 位、长春高新技术产业（集团）股份公司居第 73 位，吉林敖东药业集团股份公司居第 86 位。

（三）产业分布相对集中

吉林省的制造业主要分布于中部地区，尤其是长吉两市，长吉两市不仅经济基础好，而且工业基础雄厚，全省的支柱优势产业也分布于两市。如长春市的汽车制造业、农产品加工业，吉林市的石油化工业，都是吉林省的支柱产业。从企业数看，长吉两市规模以上工业企业数为 2642 个，占全省比重为 44.03%，其中长春市规模以上工业企业数占全省比重为 26.33%，吉林市规模以上工业企业数占全省比重为 17.70%。从产值情况看，长吉两市规模以上工业总产值 12375.72 亿元，占全省比重为 51.44%，其中长春市工业总产值占全省比重为 38.04%，吉林市工业总产值占全省比重为 13.40%。

表1　各市州规模以上工业企业主要指标（2016 年）

	企业数（个）	比重（%）	总产值（亿元）	比重（%）	从业人员（人）	比重（%）
长春市	1580	26.33	9151.93	38.04	483248	34.68
吉林市	1062	17.70	3223.79	13.40	208096	14.94
四平市	599	9.98	1966.83	8.18	78231	5.61
辽源市	314	5.23	1553.72	6.46	104441	7.50
通化市	618	10.30	2353.13	9.78	159737	11.46
白山市	368	6.13	1436.76	5.97	80226	5.76
松原市	620	10.33	2136.76	8.88	146766	10.53
白城市	335	5.58	737.61	3.07	35630	2.56
延边朝鲜族自治州	504	8.42	1495.11	6.22	96952	6.96

从从业人员情况看，长吉两市规模以上工业从业人员数 69.13 万人，占全省比重为 49.62%，其中长春市规模以上工业从业人员数占全省比重为 34.68%，吉林市规模以上工业从业人员数占全省比重为 14.94%。

二 吉林省制造业高质量发展中取得的成效

（一）运行状况趋于平稳

2017 年吉林省制造业增长 7.1%。分经济类型看，国有及国有控股企业增长 9.9%，集体企业下降 16.0%，外商及港澳台商投资企业增长 6.2%。重点产业发挥支撑作用，其中，汽车制造业增加值同比增长 13.9%，贡献率达到 30.8%，拉动增长 1.7 个百分点。食品、石化和医药产业增加值分别增长 7.4%、5.6% 和 1.9%。主要工业品产量稳步增长。全年全省汽车产量 289.77 万辆，同比增长 11.2%，其中 SUV 产量 56.14 万辆，同比增长 23.2%；乙烯产量 85.43 万吨，同比增长 5.8%；化学纤维产量 35.94 万吨，同比增长 1.6%；城市轨道车辆 2280 辆，同比增长 73.6%。

（二）动能转换有序推进

三大支柱产业转型提速，轨道客车、生物医药和电子信息业快速发展。规模以上工业企业利润稳定在千亿级水平。随着创新驱动发展战略的深入实施，"吉林一号"卫星成功发射，长客公司生产的"复兴号"新一代高铁投入运营。康乃尔 60 万吨甲醇制烯烃一期工程、一汽大众奥迪 Q 工厂一期工程等一批重大产业项目建成投产。吉林中部（长春—吉林—松原）成为全国首批产业转型升级示范区。2017 年，长春市规模以上工业实现总产值 10358 亿元，同比增长 10.7%，这对"长春—吉林—松原"产业转型升级示范区的引领作用增强。其中生物与医药工业完成产值 186.2 亿元，增长 19.3%；光电子信息工业完成产值 160.1 亿元，增长 18%。吉林市工业结构调优持续深入，全市以节能环保、生物医药、电子信息、高端装备制造、新材料、新能源为主的战略性新兴产业完成增加值99.9亿元，增长7.2%。

（三）供给侧改革取得明显效果

吉林省制造业降本增效改革持续推进，已经取得阶段性成果，企业交易成本和税收负担进一步下降，经营效益得到改善。2017年吉林省规模以上工业企业每百元收入中的销售、财务、管理三项费用同比减少0.28元。在国企改革方面，吉林省央企和省属国企改革全面深化，已有重点企业取得良好的效果，例如一汽集团、吉化公司、吉煤集团产值分别增长10.6%、19.5%、35.1%。在产能方面，吉林省制造业中部分过剩产能得到化解，水泥产量下降12.5%，煤炭产能下降266万吨，铁合金产量下降45.1%。

（四）节能减排工作取得新进展

坚持以绿色发展为导向，生态环境进一步优化。2017年全省单位工业增加值能耗降低率为5.3%，在工业经济稳定增长的同时，成绩来之不易。但从各个市州情况看，情况不尽相同，其中延边朝鲜族自治州、白山市和长春市的单位工业增加值能耗降低率分别为9.3%、7.2%和6.7%，高于全省平均水平，而吉林市、四平市、辽源市、通化市、松原市和白城市的单位工业增加值能耗降低率分别为 - 0.3%、1.7%、5.1%、 - 24.7%、0.3%、1.0%，低于全省平均水平，尤其是通化市和吉林市的单位工业增加值能耗降低率为负值，节能减排任务相对艰巨。

三　吉林省制造业高质量发展面临的主要问题

（一）创新内生动力不足

创新驱动是高质量发展的鲜明特征，而吉林省技术创新内生动力不足。从研发投入情况看，2016年吉林省规模以上工业R&D人员全时当量23469

人年、R&D 经费 90.86 亿元，占全国比重分别为 0.87%、0.83%，而吉林省工业增加值为 6067.07 亿元，占全国比重为 2.45%，可见创新驱动发展动力不足。从研发产出情况看，2016 年吉林省规模以上工业 R&D 项目数 2253 项、专利申请数 2655 件、发明专利数 1176 件、有效发明专利数 3395 件，占全国比重分别为 0.62%、0.37%、0.41%、0.44%，远低于吉林省工业增加值占全国比重 2.45%，研发产出也并不活跃。区位熵是衡量比较优势的常用指标，如果指标区位熵小于 1，说明专业化程度低，不具有比较优势，反之，则具备比较优势。规模以上工业 R&D 人员和经费区位熵分别为 0.35、0.34，都小于 1，研发投入人力和财力都不具备比较优势；R&D 项目数、专利申请数、发明专利数和有效发明专利数区位熵分别为 0.25、0.15、0.17、0.18，远小于 1，研发产业也不具备比较优势。从投入产出效率看，R&D 区位熵的投入产出效率小于 1，一个单位的科技投入、科技产出还不及 0.5 个单位，投入产出效率不高。

表 2　吉林省规模以上工业研发活动及专利情况区位熵（2016 年）

主要指标	吉林省	全　国	吉林省占 全国比重(%)	区位熵
R&D 人员全时当量(人年)	23469	2702488	0.87	0.35
R&D 经费(万元)	908602	109446568	0.83	0.34
R&D 项目数(项)	2253	360997	0.62	0.25
专利申请数(件)	2655	715397	0.37	0.15
发明专利数(件)	1176	286987	0.41	0.17
有效发明专利数(件)	3395	769847	0.44	0.18

注：区位熵是指一个地区特定部门指标在该地区总指标中所占的比重与全国该部门指标在全国总指标中所占比重的比率。

（二）高技术产业比重较低

制造业高质量发展首先是产业供给问题，高技术产业知识密集度高、渗透力强，不仅能直接转化为现实生产力，而且还能为其他产业提供发展动力。近年来，吉林省高技术产业虽然得到了较快发展，但比重仍然低于全国水平。高技术产业企业数占制造业比重，吉林省与全国水平相比相差无几，但从业人员比重相差较多，可见企业对科研人才的吸引力有限。2016年吉林省高技术产业企业数共计442个，占全省制造业的8.22%，低于全国0.44个百分点。吉林省高技术产业从业人员15.44万人，占全省制造业的13.77%，低于全国2.49个百分点。高技术产业资产占制造业比重与全国相比吉林省略低，而主营业务收入比重、出口交货值和利润所占制造业比重，与全国相比低幅更大。可见，效率和效益都有待提高。2016年吉林省高技术产业资产1695.9亿元，占全省制造业比重11.14%，低于全国1.42个百分点；吉林省高技术产业主营业务收入2067.8亿元，占全省制造业比重9.69%，低于全国4.99个百分点；吉林省高技术产业出口交货值27.5亿元，占全省制造业比重为6.84%，低于全国37.76个百分点；吉林省高技术产业利润190.0亿元，占全省制造业比重为14.51%。

表3 吉林省高技术产业生产经营情况（2016年）

主要指标	吉林省			全 国		
	高技术产业	制造业	比重（%）	高技术产业	制造业	比重（%）
企业数（个）	442	5379	8.22	30798	355518	8.66
从业人员（人）	154449	1121072	13.77	13418185	82530000	16.26
资产总计（亿元）	1695.9	15219.37	11.14	136337	1085865.94	12.56
主营业务收入（亿元）	2067.8	21339.62	9.69	153796.3	1047711	14.68
出口交货值（亿元）	27.5	402.09	6.84	52444.6	117590	44.60
利润（亿元）	190.0	1309.01	14.51	10301.8	65281	15.78

（三）国有控股企业比重偏高

国有企业曾为吉林工业做出了重要贡献，但目前国有企业比重偏高、历史包袱较重、市场化程度不高、活力不足、体制机制僵化、占用资源效率不高等问题的存在，致使吉林省制造业高质量步伐缓慢。吉林省国有控股工业

从业人员51.4万人，占全省规模以上工业比重35.83%，高于全国17.93个百分点；吉林省国有控股工业资产总计9668.02亿元，占全省规模以上工业比重50.97%，高于全国水平12.5个百分点；吉林省国有控股工业主营业务成本6438.00亿元，占全省规模以上工业比重32.90%，高于全国水平12.97个百分点；从负债合计情况看，吉林省国有控股工业5542.35亿元，占全省规模以上工业比重55.80%，高于全国水平13.40个百分点。

表4　吉林省国有控股工业企业主要生产指标（2016年）

主要指标		吉林省	全国
从业人员（万人）	国有控股	51.4	1695.93
	规模以上工业	143.47	9475.57
	比重(%)	35.83	17.9
资产总计（亿元）	国有控股	9668.02	417704.16
	规模以上工业	18969.47	1085865.94
	比重(%)	50.97	38.47
主营业务成本（亿元）	国有控股	6438.00	196284.81
	规模以上工业	19565.11	984668.37
	比重(%)	32.90	19.93
负债合计（亿元）	国有控股	5542.35	257235.38
	规模以上工业	9932.67	606641.53
	比重(%)	55.80	42.40

（四）高质量发展承载能力薄弱

国家级开发区承载着科技创新、引领发展的作用，而吉林省国家级开发区生产经营主要指标并不具备比较优势，承载产业高质量发展受到限制。吉林省共有5个国家级开发区，即长春高新技术产业开发区、长春净月高新技术产业开发区、吉林高新技术产业开发区、通化国家医药高新技术产业开发区、延吉高新技术产业开发区。五个开发区特点各异，但总体而言并不具备比较优势。从企业数看，吉林省国家级高新区企业共计852个，占全国比重0.94%；从从业人员情况看，吉林省国家级高新区从业人员共计17.15万人，占全国比重 0.95%；从营业收入情况看，吉林省国家级高新区营业收入共计 4717.85 亿元，占全国比重 1.71%；从出口情况看，吉林省国家级高新区出口总额共计 344.98 亿元，占全国比重 1.18%；从技术市场情况看，吉林省国家级高新区技术市场成交额共计 116.42 亿元，占全国比重 1.02%。吉林省制造业营业收入占全国比重为 2.0%，而上述五个指标不仅比重全部低于 2.0%，而且区位熵也都小于 1，表明承载产业高质量发展能力薄弱。

表 5　国家级高新区主要经济指标及技术市场成交额（2016 年）

主要指标	吉林省	全国	吉林省占全国比重（%）	区位熵
企业数（个）	852	91093	0.94	0.38
从业人员（万人）	17.15	1805.93	0.95	0.39
营业收入（亿元）	4717.85	276559.38	1.71	0.70
出口总额（亿元）	344.98	29146.08	1.18	0.48
技术市场成交额（亿元）	116.42	11406.98	1.02	0.42

注：区位熵是指一个地区特定部门指标在该地区总指标中所占的比重与全国该部门指标在全国总指标中所占比重的比率。

四　推动吉林省制造业高质量发展的对策建议

（一）完善技术创新体系，扩大高端要素有效供给

加强高端创新资源集聚，持续引进一批国内外高端科研机构、重点高校院所、新兴产业研发中心和一流企业研发总部等科创平台到吉林省落户或创建分支机构，重点推进中国科学院及相关院所科技创新重大基地、吉林大学科创基地等建设，打通科技创新与产业发展的通道，最大限度地激发创新源头动力。围绕产业链部署创新链，完善以企业为主体、市场为导向、政产学研用相结合的技术创新体系，推进产业创新平台建设，加强产业和科技对

接，进一步加快科技成果产业化步伐，形成支撑产业发展的新动能。聚焦新能源汽车、高端装备制造、生物医药、新能源、智能制造等重点领域，攻克一批带动性强的产业关键技术，建设一批国内领先、具有国际影响力的技术创新平台和技术创新综合服务平台。

（二）提高园区承载能力，促进产业高质量发展

打造专业化、精致化的特色专业园区，汇集各创新要素，完善配套设施，培育提升发展动能。强化大项目带动作用，推动"大项目—产业链—产业集群—产业专业园"的产业链延伸模式，统筹布局生产、加工、物流、研发、服务等功能，更好地发挥技术集成、产业融合、核心辐射作用。有效处置闲置、低效工业用地（厂房），盘活部分企业内部存在的部分征而未用的地块和建而未用的厂房。严格供地管理，适当提高项目准入标准。

（三）深化供给侧结构性改革，构建高质量发展的体制机制

在加大创新人力、物力和财力投入的同时，还应坚持以改革的方式，破除深层次体制机制弊端，让创新的资源能够发挥有效的作用，完善有利于创新的体制机制。大力引进和培育各类科技中介服务机构，集聚专业科技服务人才，加速技术转移和成果转化，提升科技服务业对科技创新和产业发展的支撑能力。为了推动技术创新与生产要素的结合，要加强核心部件配套能力，以掌握核心技术为目标提高产品有效产出，从而巩固医药制造和轨道交通等优势产业在全国的地位。全面落实《中国制造2025》对振兴实体经济的要求，构建吉林省制造业高质量发展的体制机制，在未来的产业结构调整中需要制定高端制造业专项培育计划，通过产业结构调整重点发展绿色制造和服务型制造，深化互联网技术对智能制造发展的推动作用。

（四）强化品牌建设，提升产品附加值

经过多年的发展，吉林省制造业规模不断壮大，但高技术产业发展相对滞后、技术创新内生动力不足问题仍然存在，致使吉林省制造业产业结构高

级化程度不高，长期处于价值链低端环节。因此，应致力于品牌建设，寻求行业价值链的高端环节，使产品实现低附加值向高附加值、粗加工向精加工、普通产品向高新技术产品的转变，实现吉林制造做大做强做优。引导企业加强品牌培育意识，建立健全具有一定影响力的国家级名牌产品、省优质产品、省著名商标。支持汽车做强自主品牌，鼓励医药、食品、轻工、纺织等行业培育优势品牌，打造提升红旗、解放、中车长客、修正等一批具有吉林特色的"名优特新"品牌。依托长春、通化、白山、延边等良好的产业优势，推动本土企业与知名企业开展品牌合作，强化产品的品牌形象。

参考文献

孙韬：《东北地区装备制造业创新现状及对策》，《经济纵横》2011 年第 5 期。

张会文：《构建我国制造业高质量发展的指标体系的几点思考》，《工业经济论坛》2018 年第 7 期。

肖国东：《经济"新常态"下我国产业结构调整趋势分析》，《内蒙古社会科学》2015 年第 4 期。

《2017 吉林统计年鉴》，中国统计出版社，2017。

《吉林省 2017 年国民经济和社会发展统计公报》，吉林省人民政府，2017。

B.9
吉林省推动文化产业高质量
发展的对策建议

纪明辉

摘　要： 文化产业高质量发展是现阶段发展的要求也是目标。吉林省
　　　　　文化产业稳步发展，在文艺演出、影视出版、公共文化服务、
　　　　　对外交流以及载体建设方面取得了较好的成绩，奠定了发展
　　　　　的基础，但对标高质量发展的要求，吉林省文化产业还有一
　　　　　些不足，如精品文化供给不足、文化消费不足、文化融合不
　　　　　足以及数据统计不足。为了解决如上问题，本文从健全文化
　　　　　市场体系、推进文化领域创新发展、推动"文化＋"战略、
　　　　　加强文化消费引导和完善数据统计工作等方面给出了对策
　　　　　建议。

关键词： 文化产业　高质量　创意　融合　文化消费

　　2018 年是文化产业全面贯彻落实党的十九大精神的开局之年，是改革
开放 40 周年，也是实施"十三五"规划承上启下的关键一年。十九大报告
提出："文化兴国运兴，文化强民族强"，文化建设既关系到国运兴衰、民
族兴亡，也关系到经济发展和人民的美好生活，当前，我国经济发展进入了
以追求高质量发展为目标的新阶段，由"高速增长"向"高质量发展"的
转变，要求经济发展要实现一系列的变革，包括质量变革、效率变革和动力
变革。文化产业以生产和提供精神产品为主要活动，具有创新性、低消耗

性、高效性等特征，极其符合我国新时代经济发展要求，不仅可以肩负起为广大群众提供优质文化产品、满足精神需求从而达到实现美好生活愿望的重任，还能肩负起融入国民经济的大格局，成为实现经济高质量发展新动能的重任。在我国经济转入高质量发展阶段的同时，新时期文化发展也亟须由数量型增长向质量型增长转变，这就需要文化产业的发展一定要与社会主要矛盾紧密结合，与社会前进的方向紧密结合，即发展符合人民美好生活需要的文化产业。

一 吉林省文化产业发展状况

（一）产业发展总体平稳

文化投资增长快速。2017 年，吉林省文化、体育和娱乐业固定资产投资额为 156.1 亿元，比上年增长 50.9%，占全社会固定资产投资比重为 1.2%，比上年提高了 0.4 个百分点。文化试点工作推进顺利。长春市、吉林市先后被确定为国家文化消费试点城市，并成功举办文化消费惠民季等活动。2018 年 6 月，长春市获得了由文化和旅游部评出的"国家文化消费试点城市"，奖励城市第一档奖金 20 万元。省博物院、省图书馆、长春伪满洲国皇宫博物院被原文化部确定为文创产品开发试点单位，文创产品开发取得初步成果。通化、白山的松花石（砚）产业快速发展。吉林禹硕影视传媒股份有限公司被评为"2017 年吉林省十大服务业"名牌企业，吉林省建筑装饰集团东北亚文化创意科技园管理中心被评为吉林省名牌生产（服务）企业。

（二）文化产业基地（园区）建设取得新成效

近年来，为了大力发展文化创意产业，吉林省建设了一批文化产业园。截至 2017 年底，共建成以东北亚文化创意科技园、吉林动漫游戏原创产业园等为主的文化产业园区 12 个，为推动文化要素集聚和文化产业的规模发展发挥了重要作用。目前，东北亚文化创意科技园、知合国际动漫产业园、

关东文化园规模效应显现，希派创意城、林田创客公园、巴蜀映象、复华未来世界等新项目陆续落地。位于长春高新区的东北亚文化创意科技园在原文化部主办的国家文化产业示范园区命名评选中，荣获首批国家级文化产业示范园区创建资格，成为全国仅有的15个国家级园区之一，是东北地区唯一获此殊荣的园区。该园区成立8年来，实现了规模战略向品牌战略的转变，实现了平台型园区向经营型园区的过渡，逐步建立起以政府为引导、以企业为主体、以教育为支撑、以研究为突破、以金融为助推、以中介为纽带的成熟发展路径，形成了"政、产、学、研、资、介"六位一体的文化产业园区创新发展模式。

（三）产学研战略合作逐步深入

2014年，吉林动画学院就与国内知名视频网站"爱奇艺"开展了合作，双方不断探索创新，共谋发展路径。2018年，双方缔结了新的战略合作，吉林动画学院师生原创的优质内容将会获得"爱奇艺"个性化推荐、自主分发、多重曝光、多页面展示等多项精选特权。学校优秀的学生作品和文化视频内容通过"爱奇艺"专区在国内国际传播，既为学生优秀作品输出提供了国际化和专业化的渠道，也为学校全面提升国际影响力提供了强有力的平台。同时，也将助推学校动漫产业的内容创新和精品创作，有利于打造具有市场价值、品牌价值的国际化优质产品。此项战略合作也将助推全省动漫产业的繁荣发展。此外，2018年9月，由吉林动画学院发起成立的中共民营文化产业商会动漫游专业委员会成立，意欲打造集动画、漫画、游戏产业发展规划、资源配置和信息共享于一体的国家级文化产业战略合作平台，为汇聚动漫游行业资源、探索发展全新路径搭建了合作交流的平台。

（四）文艺演出精彩纷呈

文艺舞台更加活跃。新年戏曲晚会、春节团拜会、元宵京剧晚会、外交部吉林全球推介活动、"一带一路"国际合作高峰论坛、东北亚博览会等相关演出，受到社会各界好评。围绕"健康生活·悦动吉林"和市民文化节、农民文化节等重要活动，顺利完成"送演出，下基层"省政府年度民生实事项目 3000 场、省级公益和低票价精品惠民演出 400 余场，戏曲进校园活动 100 场。成功举办"中国·四平首届二人转"艺术节、吉林省优秀戏曲剧目晋京展演、百场儿童剧千里边疆行等文艺活动。京剧电影《孙安动本》在长春首映；吉林歌舞连续 20 年参加央视春晚演出；吉林戏曲剧目入选 2018 年新年戏曲晚会；延边歌舞团舞蹈《长鼓行》荣获第十一届中国舞蹈"荷花奖"民族民间舞奖。精选打磨一批优秀剧目入选中国京剧像音像集萃工程、第八届中国京剧艺术节、全国基层院团戏曲会演、辽吉黑蒙四省区地方戏曲展演活动。

舞台艺术影响力不断扩大。以吉剧振兴工程为引领，创作演出了大型现实题材吉剧《宝贝回家》、交响乐《长白音画》和以宣传黄大年先进事迹为主题的舞台艺术作品。大型原创舞剧《人·参》在长公演和晋京演出，得到原文化部和省委、省政府主要领导及各界观众的高度赞扬。省戏曲剧院京剧团复排的《辕门斩子》《三打祝家庄》《赠绨袍》《哭秦廷》《碰碑》5 部高派经典剧目入选"2017 年度中国京剧像音像工程剧目录制任务清单"工程。吉林省歌舞团有限责任公司舞剧《人·参》不仅入围 2018 年度全国舞台艺术重点创作剧目，更是当选了 2018 年度"国家舞台艺术精品创作工程重点扶持剧目"。

艺术基金立项喜获丰收。《国家艺术基金 2018 年度资助项目立项名单》公示，全国立项资助项目共 955 项，立项率 13.7%。吉林省申报 313 项，立项 45 项，立项率 14.4%，高于全国平均水平。其中，大型舞台剧和作品创作资助项目 8 项、小型剧（节）目和作品创作资助项目 7 项、传播交流推广资助项目 8 项、艺术人才培养资助项目 9 项、青年艺术创作人才资助项目 13 项。各项目主体申报能力不断增强、创意水平不断提升、项目辐射范围不断扩大，吉林省 2018 年国家艺术基金立项列全国第六位。

（五）影视出版成绩卓著

影视剧作好评连连。2018 年长影译制片厂陆续完成了 6 部院线外语影

片的译配工作，包括印度电影《嗝嗝老师》、好莱坞科幻片《超能泰坦》、纪录片《帝企鹅日记2：召唤》、动画片《玛雅蜜蜂历险记》、喜剧动画《无敌原始人》、好莱坞科幻动作冒险大片《铁血战士》，这6部电影均在2018年10月上映。在第16届平壤国际电影节上，由长影集团出品的主旋律影片《老阿姨》获得本届电影节重要奖项——最佳影片奖。同时，影片主演李雪健荣获最佳男主角奖。此前，该片已相继荣获长春电影节、北京大学生电影节、澳门国际电影节以及巫山电影周的重要奖项，并入选第十四届精神文明建设"五个一工程"名单。目前，围绕纪念改革开放40周年，长影的《黄大年》《杨靖宇》《虎年虎月》《麦穗黄了》《青春就这么过》等影视作品正在整装待发。围绕庆祝新中国成立70周年、全面建成小康社会和建党100周年等重大时间节点，《南仁东》《中国高铁》《音叉效应》《新冰山上的来客》《七三一》《我和我妈的高考》《谷鼓齐鸣》等影视项目也在筹备之中。"长影出品"的影响力和竞争力逐渐增强。2018年9月，由吉林省与河北省联合摄制和出品的电视剧《远方的家》在央视一套黄金时段播出，收视率在全国网同时段电视剧排名中排第二位。

吉版图书成果丰硕。《理想信念：做坚定的马克思主义信仰者》荣获中宣部"五个一工程"奖；《古代埃及象形文字文献译著》《中国朝鲜族教育研究丛书》两部学术作品荣获第四届中国出版政府奖图书奖；《文化自信》等图书先后入选中宣部、国家总局主题出版重点出版物；《金角鹿》等多种图书入选向全国青少年推荐百种优秀出版物。2018年1月中国文联启动实施了《中国民间文学大系》的出版工程，吉林省入选大系工程的首批示范卷。第25届北京国际图书博览会上，吉林出版集团展出了近千册的图书以及多种电子出版物，此次展会吉林出版集团达成了19项版权输出意向，并与台湾等地的多家出版商直接达成版权输出合同，再创版权贸易佳绩。

（六）公共文化服务水平显著提升

群众精神文化生活更加丰富。围绕"健康生活·悦动吉林"活动，组织开展"百首'中国梦'主题歌曲千家传送万人同唱"、书法美术摄影大赛、长白之声合唱节、广场系列活动、全民艺术普及培训、扶贫公益大讲堂、非物质文化遗产展览展示等系列活动，进一步丰富了群众的精神文化生活。精准扶贫工作取得初步成效。全省国贫县、省贫县和少数民族县建设农村文化小广场 1670 个，基本实现全覆盖。顺利完成扶持建设 200 个农村文化小广场省政府年度民生实事项目、500 个贫困村和 135 个国贫县行政村综合性文化服务中心设备配备工作。

公共文化服务体系逐步完善。组织开展"阳光工程"——中西部农村文化志愿服务计划文化志愿者培训班，共举办各类培训班 27 期，培训 2 万余人次。吉林、四平、白山、辽源、通化国家公共文化服务体系建设示范区、示范项目顺利推进，松原、白城公共文化服务体系不断完善。开展中西部贫困地区公共数字文化服务提档升级项目和数字文化馆建设等试点项目，积极推动省文化厅与省公安边防总队签订"吉林省军民融合发展——公共数字文化进边防"战略合作协议。梅河口市图书馆、公主岭市吉剧团有限公司、敦化市文化市场综合执法大队等单位，荣获第七届全国服务农民、服务基层文化建设先进集体称号。

公共文化服务均等化成效突出。为落实文化部印发的《关于加强流动文化服务工作的意见》，2015 年，吉林省出台《基本公共文化服务实施标准（2015~2020）》，提出了"各级政府应配备车辆，为公共图书馆、文化馆、博物馆、科技馆和国有剧团等文化单位开展流动文化服务提供保障"的发展目标，近年来陆续为全省 57 个国有文艺院团全部配备了流动舞台车。2016 年和 2017 年，吉林省财政厅共安排中央补助地方公共文化服务体系建设专项转移支付资金 2117.5 万元，用于公开招标采购流动文化车和流动图书车，以使流动文化服务成为基层公共文化服务的常态性工作，真正实现公共文化服务的均等化。2018 年 4 月，吉林省实现了流动舞台车、流动图书车和流动文化车县（市、区）全覆盖。开展流动文化服务，是文化服务手段的创新，改变了仅仅依靠固定文化设施开展文化服务的状况，特别是可以有效地解决农村、偏远山区、林区、边境等地广人稀、居住分散的地方公共文化服务的盲区问题，使更多的群众享受到文化惠民的丰硕成果。

（七）文化交流合作密切

"走出去"成果丰硕。赴日本参加由俄罗斯滨海边疆区、韩国江原道、蒙古国中央省、日本鸟取县共同举办的第 19 届东北亚地区美术作品展，受到与会嘉宾及日本民众的一致好评。赴韩国参加 2018 年平昌冬奥会倒计时一周年庆祝活动，赴俄罗斯参加中国春节主题文化活动、"感知中国 – 吉林文化周"活动，受到当地民众的热烈欢迎。成功举办"台湾青少年传统艺术培训计划 – 延边大学舞蹈研习营"。

"引进来"丰富多彩。中国歌剧舞剧院的《小二黑结婚》、广西的《八桂大歌》，英国的《阿卡贝拉的魅力诱惑》，加拿大的《你是演奏家》《北欧之声》小提琴与钢琴音乐会等国内外优秀舞台剧目相继上演。2018"北京故事"优秀小剧场剧目展演精选作品巡演由此亮相吉林省，《奋不顾身的爱情》与《建家小业》两部话剧同时登陆长春，为广大观众开启了一段精彩的戏剧之旅。

二　吉林省文化产业高质量发展的问题

吉林省文化产业一直在平稳的发展进程中，但面临新时代对产业高质量发展的要求，还有多方面的不足。

（一）文化产业发展增速放缓

从全国数据来看，与之前几年相比，2017 年我国文化及相关产业增加值的增速虽然仍保持在 12% 左右的水平，占 GDP 的比重为 4.2%，仅比前一年提高了 0.06 个百分点，这与 2020 年文化产业成为我国国民经济支柱产业的理论值，即占 GDP 的比重达到 5% 来说，还有一定的距离。从国家统计局连续 10 多年发布的数据来看，进入"十三五"以来，文化和相关产业的增速相对放缓，从此前平均增速超 20%，降至这几年的 12% 左右，这主要与我国宏观经济转型有关。随着我国经济从高速增长向高质量发展阶段的转变，传统工业制造业的增速明显放缓，由此也直接影响到文化产业的整体增速。除了全国文化产业发展增速放缓的情况，从区域文化产业看，东北地区文化产业形势更为艰难。根据国家统计局公布的数据，2018 年前三季度，全国规模以上文化及相关产业企业营业收入共计 63590 亿元，分区域看，东部占全国比重 77.6%，中部、西部和东北地区占全国比重分别为 13.1%、8.3% 和 1.1%。从增速上看，西部地区增长 12.8%，东部地区增长 9.2%，中部地区增长 8.6%，东北地区增速则下降了 0.6%。东北文化产业占比全国份额小，增长速度不容乐观。"难则思变"，对于吉林省来说，当前亟须加快推动文化产业转型升级、提质增效，以高质量的发展方式实现文化产业的跨越式发展。

表1　2018 年前三季度规模以上文化及相关产业企业营业收入对比

地区	绝对额（亿元）	比上年同期增长（%）
东部地区	49325	9.2
中部地区	8305	8.6
西部地区	5274	12.8
东北地区	686	−0.6

数据来源：国家统计局网站。

（二）精品文化供给不足

吉林省文化产品体量较大，但缺少具有较强影响力的拳头产品和被大众从内心真正接受并充分消费的文化精品。纵观吉林文化市场，文化产品以对文化资源的简单开发为主，生产方式较为粗放，存在单一化、内容单调、总量过剩的突出问题，缺少体现时代感、科技感的创新创意，缺乏具有原创性、思想性的高端文化产品，高质量文化供给的产品和服务不够充分，存在较为典型的总量过剩与结构性短缺并存的矛盾。另外，吉林省将文化资源转化为文化生产力的能力不足。文化产业发展的核心是创意，将文化资源和文化创意转化成成功的文化产品，需要借助现代化的科技手段。在文化产业发

展的过程中，科技的影响无处不在。事实上，科技创新和文化创意是现代经济增长的双引擎。前者是硬实力产业，后者是软实力产业，真正能发挥巨大能量的是文化因素和科技含量有机融合的综合创意产业。吉林省新兴文化产业比重偏低；吉林省科技具有一定的优势和特色，但缺少科技与文化融合发展的模式和机制，文化产品的科技含量不高，缺乏数字文化科技带来的内容创新、模式创新和业态创新，也就导致吉林文化产业的"亮点难以形成卖点，现象难以形成规模"的矛盾。

（三）文化消费不足

文化产品生产出来的目标是要被消费者消费，那么消费者消费文化产品或者服务的能力也就决定着文化产业的发展质量。文化消费需求是在人们的基本生活需求被满足后产生，是消费的升级，属于较高层次的消费水平。伴随着居民收入的提高，文化消费占居民消费比重上升是趋势，也是必然。从时间发展趋势上看，吉林省居民文化消费水平逐年提高，但与全国平均水平相比，吉林省始终低于全国，并且差距逐渐拉大。2013 年，吉林省与全国城镇居民家庭在教育、文化和娱乐领域的人均消费支出的差是 − 52. 96 元，比值为 0. 97，到 2016 年，这个差扩大到 − 270. 46 元，比值降为 0. 89。可见，吉林省文化消费的绝对水平和相对水平较全国平均水平都是较弱的，且形势在恶化。吉林省居民的文化消费一直是消费中的短板，潜在消费需求大而现实消费行为却受到严重抑制。这与居民收入、消费习惯、文化市场等都有关系。如果文化服务和文化产品能够满足消费者的需求，那么由此带来的消费增长将是爆发式的。从总体上看，吉林省文化消费市场仍处在数量引导的初级阶段，尚未达到质量引导的阶段，当前还缺少激发居民将潜在的文化消费需求转化为现实的文化消费行为的机制。

（四）文化产业与其他产业融合不足

文化产业从传统业态发展为新兴业态有两个显著特征，即文化产品的外在越来越体现内容创意，内在越来越体现文化的融合，也就是文化服务的增强。文化产业通过与其他产业的融合，将文化创意、文化符号、文化理念进行推广，文化软实力也得到提升。吉林省文化的产业化发展起步较晚，在全国范围内属于成熟度较低的地区，与文化产业发达地区相比，吉林省文化产业对其他产业的生产性服务功能差是一个突出问题，主要表现是适应实体经济需求的"中间产品率"较低，产业关联度低、带动性差，不仅文化产业自身升级发展困难较多，而且文化产业对国民经济的转型升级战略支撑也较弱。省内文化产业与工业之间"互渗"的发展态势还没有形成。

（五）文化数据统计不足

随着文化改革发展的不断推进，文化统计工作的地位和作用日益凸显，文化统计数据越发成为我们认识文化现状、研究文化问题、制定文化政策的重要依据。近些年来，吉林省文化统计相关部门紧紧围绕文化发展这个主题，开拓创新，扎实工作，文化产业数据统计与公示取得了明显的成效，为文化的大发展、大繁荣提供有力数据支撑。但同时也应看到，由于统计基础非常薄弱、统计力量明显不足、统计管理比较滞后等因素制约，文化统计工作从数据质量到文化产品，从统计基础到统计制度都存在着一些困难与问题，尤其是统计需求和统计水平不适应，随着文化内涵不断扩展，文化统计调查范围不断扩大，当前部分领域的文化统计数据还存在着范围不全、口径不一、质量不高的问题，难以适应社会各界对统计信息的需求。

三　吉林省推进文化产业高质量发展的对策建议

推动文化产业的高质量发展是不容回避的现实要求，未来吉林省要着眼于从精品化、特色化、网络化等方面用力，坚持发挥文化的社会效益和经济效益，更多地着力于文化产业的竞争力培育和影响力提升。

（一）健全现代文化市场体系

综合用好政府"有形的手"和市场"无形的手"。坚持市场配置资源的

主导作用，发挥政府的理性指导作用。市场方面以激发文化市场活力为主，通过构建公平的文化市场竞争秩序，有效地激发文化创作热情和文化企业的活力，形成"大众创新"的良好局面，实现文化产业规模迅速扩大；鼓励其他领域投资者进入文化领域，促进文化市场竞争的多元化，做强文化产业的实体经济，不断推出打动消费者的产品和服务。政府方面要通过持久的宏观政策推动，不断提升文化市场监管水平，落实深化综合执法改革，营造良好的文化运营环境；积极推行简政放权，减税减费，降低文化企业经营成本；加快建设完善的文化产业投融资体系，搭建文化金融对接平台，对于鼓励和引导社会资本进入文化领域的各项措施，要积极地推动和落实，为文化产业提供持续的发展动力。

（二）推进文化领域创新发展

文化产业的发展一方面要坚持对传统文化资源的继承和发展，另一方面也要借助科技的力量，推进产品形式和传播方式的创新，用创意增强吸引力，培育新热点，释放新动能。结合当代文化发展特点，文化产业的创新一是要把握消费升级的趋势给文化生产、消费带来的深刻影响，运用大数据等手段，及时捕捉人们文化消费的心理、习惯等，推动文化产品从单一向多元、从传统向现代转型升级，提高文化产品的附加值与竞争力，如传统戏剧的表现形式就要与当今消费者的碎片化、快节奏、随时化的消费特点之间找到契合。二是要积极整合文化、创意、科技、资本和管理等要素，推动文化领域在商业模式、产品形态、载体工具、组织形态等方面的大胆创新，探索文化创意内容与传播渠道的整合再造，打造出贯通区域全产业链的现代文化产业体系。三是要积极布局文化新业态，应用数字化高新技术推动传统文化创意产业向高端变革，依托云计算、VR、AI 等新型技术对文化市场进行细化，满足个性化消费人群的需求，加强对互联网平台的运用，使其成为文化企业的发展基础设施，对占据技术前沿并拥有自主知识产权的文化新业态进行战略孵化和产业重组，打造一批特色鲜明、创新能力强的文化科技企业。

（三）推动"文化+"战略

文化的发展早已超越了"就文化论文化"的固有模式，从整个经济发展、社会转型和区域治理的高度审视文化产业的基石作用是当代经济社会发展的应有之义。以"文化+"创造有效供给内容，促进文化与其他领域有机融合，不仅可以提升文化产业的协同性和内外关联性，还可以提升产业链整体的发展水平和创新创意能力，催生一系列新生业态和产业。"文化+"的推进要在更高的维度上进行谋篇布局，融合更多的要素，拓展市场边界，积极借鉴同行业或其他行业已经成形的概念和功能，实现文化产品研发和功能上的跨界。积极推进"文化+制造业"，在制造业的研发和设计中积极融入文化元素，将文化的精神属性和附加价值注入制造业行业和产品中，凸显文化产品的跨界核心能力，形成文化产品与消费者的新链接，丰富用户的消费体验。积极推进"文化+旅游业"，实践中应注重文化项目与旅游项目的同步申报、同步规划、同步建设，实现旅游与文化在全产业链的深度融合。以"文化+"推进乡村振兴，实施"民俗文化+"计划，发展优秀乡风民俗，增强乡村文化驱动力。

（四）加强文化消费引导

文化消费非刚需，要着重深化引导工作。一是要建好综合性文化消费引导服务平台，持续办好吉林省惠民文化活动，通过媒体宣传、线上推广、活动组织、评比表彰、优惠政策、评奖激励等综合性措施，继续激发居民和文化企业对惠民文化活动参与的积极性。二是要创新对文化消费的财政支持方式，继续寻求补贴文化消费者的激励消费措施，借鉴其他省市的成功经验，切实发挥财政资金的杠杆作用。三是要对不同文化行业建立分类引导促进机制，随着文化行业的细化，各个行业的消费群体有一定的差异性，如"90后"的消费群体更关注以"短视频"为主的移动互联文化内容，而40岁左右的人群的文化旅游消费能力较强，所以对文化产品的推广和开发，应在对消费群体特征分析的基础上，有针对性地进行。

（五）完善文化产业发展数据统计工作

进一步加强文化统计工作力量。督促省内各级文化行政部门加强对文化统计工作的领导，健全统计机构，并把统计数据作为规划编制、资金下拨的依据，提高统计数据的权威性，文化行政部门承担统计职能的有关业务机构应当配备相应的统计人员，加强对文化统计人员的培训工作，着重提高统计人员的数据加工能力、数据分析能力和统计报告撰写能力，全面提升各级文化统计人员的综合素质，提升文化统计整体工作水平。进一步改进文化统计工作手段和方法。一是加强调研，对文化统计的功能、组织方式、指标体系、调查方法进行深层次的研究，在此基础上制定形成符合文化发展实际的统计调查制度和方法；二是针对文化领域不同门类的特点，探索运用重点调查、抽样调查、科学测算等多种方式收集数据；三是拓展文化统计数据来源，文化厅、统计局、工商、税务、民政、商务等政府部门以及各文化行业协会、文化咨询机构应加强沟通、协调和合作，实现统计数据的共用共享。进一步加快文化统计信息化建设。还应加大对基层的扶持力度，适当配备信息化设备以改善基层统计人员工作环境。

参考文献

［1］吴尚之：《要推动文化产业高质量发展》，《人民政协报》2018 年 7 月 16 日。

［2］纪明辉：《对吉林省文化产业发展问题的探析》，《环渤海经济瞭望》2017 年第 4 期。

B.10
吉林省养老服务业高质量
发展的问题与对策研究

韩佳均*

摘　要： 吉林省已经初步建立起养老服务质量标准和评价体系，养老服务的供给方式改革扎实开展，养老服务管理日益加强，农村养老服务不断创新，养老服务业向社会化、产业化方向发展。但是在发展过程中，仍旧面临着政策体系还不健全，供需矛盾仍然突出，社会力量主体作用发挥不充分，养老服务行业管理仍需加强等问题。下一步要继续深化公办养老机构改革，大力推进农村养老服务，积极推动医养融合发展，以智慧养老链接养老服务，丰富养老形式，做大做强养老服务产业，支持民营养老机构发展，推动养老服务业高质量发展。

关键词： 养老服务　高质量发展　多领域融合

2017 年，全国开展养老机构服务质量建设专项行动。养老服务业的高质量发展，能够提高老年人的生活和生命质量，影响并加快养老服务产业的发展升级。高质量发展养老服务产业，能够更好地满足老年人养老服务需求。

---

* 韩佳均，吉林省社会科学院社会学研究所，助理研究员，主要研究方向为社会政策、社会保障。

一　吉林省养老服务业发展现状

近年来，吉林省在养老基础设施建设方面加大扶持力度，相继出台鼓励养老机构建设扶持政策。养老服务业发展目标更加准确，政策导向更清晰、服务体系更完善。

（一）完善政策体系，初步建立养老服务质量标准和评价体系

2017年5月由吉林省民政等六部委联合发文，制定了《吉林省开展养老院服务质量建设专项行动实施方案》，开展四年滚动计划全面提升养老机构服务质量。贯彻"五查五改，对标达标"，从运营管理、生活服务、健康服务、社会工作服务和安全管理等方面开展全面整顿和检查。对全省养老院服务质量摸底排查，对普遍性问题统一研究集中解决；对个性化问题，采取"一院一策"，制定有针对性的解决措施。同年《吉林省养老机构服务标准化建设试点工作实施方案》出台，试点工作遵循标准与行业发展实际、规范行业行为、评价持续改进、创建服务品牌相结合的原则，开展省、市、县"三级"养老机构服务标准化建设。2017年11月《吉林省养老机构管理实施办法》从服务协议、医疗服务、队伍建设、运营管理等方面加强养老机构内部规范管理。2017年12月，吉林省全面放开养老服务市场，取消养老机构设立许可，降低了养老机构的准入门槛，倒逼公办养老机构改革，改变现有部分公办养老机构利用政府资源参与市场竞争的现状，为养老服务更快更好的发展提供政策支持。

为切实提高老年人的幸福感和获得感，2018年9月《吉林省民政厅关于推动幸福养老工程建设十二项措施》，进一步深入开展养老院服务质量建设专项行动，加快推进医养结合服务。同时，发布《关于推行养老机构综合责任保险的实施意见》，推行养老机构综合责任保险，化解养老机构的运营风险，为老年人合法权益的维护提供保障。开展养老机构等级评定，评定结果向社会公开，并与相关补贴、评先、奖励政策挂钩，建立提高养老院服

务质量的激励机制。重点针对民办养老机构消防安全进行集中整治，逐步解决民办养老机构存在的消防安全隐患。

（二）加强供给侧改革，提高养老服务管理质量

随着供给侧改革的深入，吉林省大力推进养老机构运营方式的改革，通过公办养老机构与社会组织或企业合作，有效提升了养老服务的质量，实现公办养老机构的公建民营，目前已有 19 家养老机构成功转型，占城市公办养老机构的23% 。[①] 吉林省不断深入推进医养结合的发展，创新养老服务方式，养老机构同时具备养老和医疗服务的资质有 114 家，养老机构与各类医疗机构通过合作方式实现养老与医疗资源共享的有 867 家，改善了养老服务与医疗服务供需间的矛盾。[②] 与此同时，吉林省政府转变合作方式，通过政府购买的形式积极引入社会力量参与到养老服务领域，采取公开招标、竞争性谈判、引入外资的形式壮大养老服务领域。据统计，目前吉林省内各类养老机构总数达到 7244 家，总床位数共计 16.7 万张，实现了每千名老人拥有床位数 32.2 张，较 2016 年每千名老人拥有床位数高 6.6 张，高于全国平均水平 31.6 张。在城市社区的老年人日间照料中心已经实现全覆盖，总数达 1416 个，每年可服务老年人 215 万人次，农村养老服务大院建设总数 3870 家，超过 40% 的建制村拥有养老服务大院，每年可服务老年人 158 万人次。[③]

吉林省通过委托代理的形式，将第三方评估机构引入老年人能力评估工作，对入住公办养老机构的 1 万余位老年人进行评估，确定分级护理等级。在养老服务标准化建设上不断加强，先后制定了《居家养老服务与管理规范》《养老机构养护服务规范》《养老机构心理支持服务规范》等地方标准，

---

① 吉林省民政厅，对省政协十二届一次会议第 11 号委员提案的答复，2018 - 06 - 07，http://mzt. jl. gov. cn/xxgk_ 2643/jytadf/201806/t20180607_ 4574335. html。
② 吉林省民政厅，对省政协十二届一次会议第 11 号委员提案的答复，2018 - 06 - 07，http://mzt. jl. gov. cn/xxgk_ 2643/jytadf/201806/t20180607_ 4574335. html。
③ 吉林省民政厅，对省政协十二届一次会议第 11 号委员提案的答复，2018 - 06 - 07，http://mzt. jl. gov. cn/xxgk_ 2643/jytadf/201806/t20180607_ 4574335. html。

进一步规范了养老服务工作。为提高养老服务从业人员素质，省民政厅采取岗位培训、职业培训和远程培训相结合，开展养老护理员培训工作。367个养老机构的3000名养老护理员参加远程培训。通过集中培训与个人自学、省级培训与市县培训同步实施，吉林省养老服务队伍整体水平进一步提高，养老护理员参加各级各类培训，培训率达到71%，其中，取得岗位培训证的护理员占在岗养老护理员总数的64.6%；取得国家初级以上职业资格的护理员占在岗养老护理员总数的10.5%。

（三）农村养老服务不断创新，质量提升发展势头良好

在市、县两级政府的扶持下，农村社会福利院基础设施进一步改善，成为解决农村困难家庭养老的主要场所。在老龄办的积极推动下，农村依托农家大院发展庭院养老，农村养老服务开始向健康老人延伸，解决留守老人基本生活要求。目前长春市已经建成养老服务大院640个，实现主城区全面覆盖。大型房地产企业开始在奢岭等城市近郊区购置土地，推动农村地区养老地产发展，一些养老服务设施拔地而起；农村精英经过多年打拼积累了发展资本转型养老产业，在城市周边购置土地，进行养老机构建设。双阳区、九台区也准备沿重要交通线构筑养老产业带，带动地方服务业的发展，农村养老呈现出良好的发展势头。

自2017年开始，吉林省对农村社会福利服务中心和农村养老服务大院进行整合。将村委会办公用房、闲置的学校、厂房、村民房屋等设施，改建为农村养老服务大院，进一步完善文体娱乐、日间照料、精神慰藉等养老服务功能，鼓励社会参与养老业，委托农村老年协会运营管理，计划投资2000万元用于建设100个农村养老服务大院。同时，对全省农村福利服务中心进行统筹规划，提升服务功能，在整合基础上，支持农村社会养老福利服务中心建设，鼓励支持农村养老服务机构开展医养结合型养老机构。

（四）养老服务业向社会化、产业化方向综合提升服务质量

养老服务社会化取得积极进展，政府与社会建立起良好的合作关系。为

推动养老服务社会化发展，不断加大政府补贴投入力度，养老机构一次性建设床位补贴（补砖头）和养老机构运营补贴（补人头）比 2008 年都有大幅增长，新建和自有养老机构补贴已经达到 12000 元/床，改建和租用也有相应的补贴，在 15 个副省级城市中排名第四，养老机构运营补贴失能为 2400/床、半自理为 1800 元/床，自理为 1200 元/床，在副省级城市中排名第七。补贴费用由省、市、区三级财政承担，民办养老机构发展出现的资金矛盾初步缓解。对于新建社区照料中心、社区托老中心、农村养老大院，也按照建筑面积给予了财政补贴，建设资金有了基本保障。社区居家养老服务在政府购买的支持下有效启动，城市"三无"、农村"五保"、城乡低保、失独老人享受到了一定额度的居家养老财政补贴和福彩公益金补贴。通过社会福利院迁址的机遇，积极推动 PPP 养老综合项目示范建设，按照 PPP 规范目前正在进行招投标。养老机构的用水、用电、用气、用热开始享受居民使用价格；非营利性养老机构的房地产税、土地使用税，按规定进行了适当减免；对于营利性养老机构建设与经营中的行政事业收费按标准进行了相应比例的减免。这些政策对于养老服务的稳定健康发展正发挥积极的作用。

二 吉林养老服务业发展存在的主要问题

尽管吉林省养老服务业取得了长足的发展，但是与持续增长的养老服务需求相比，仍旧呈现出有效供给不足、结构性矛盾突出、服务水平亟待提高等问题。

（一）政策体系还不健全

从目前的养老服务政策体系来看，基本形成了综合性和多样性的政策体系。但是从发展的角度来看，这些政策仍停留在"创立"的初级阶段。有些扶持政策散见于各部门的文件中，缺少系统性、连续性、衔接性，一定程度上影响了政策的实施效果；有些政策与原有政策、部门政策相悖，亟待梳理调整、重新修订；养老服务与相关领域融合发展、互动发展的政策合力尚

未形成。政策的定位是"调结构、促改革、惠民生",指导性意见较多,实施细则较少,可操作性不强,由于对政策理解存在不同的认知,一些政策的具体落实时会偏离原有的设计初衷,造成执行的偏差。改革的全面深化,是政府、社会、市场共同发力、共同作用的结果,在三者的关系在发展中需要逐步厘清,养老服务业的发展政府不能完全退出,养老服务业正逐步向"市场化""个性化""去机构化""非正式化"方向发展,[①] 老年人的个体异质性决定了老年人需求的个性化特点,而只有市场能够根据需求的变化迅速做出相应和调整。政策制定的专业性、综合性、适应性受到挑战,养老服务业与就业、社会保障、医疗政策、社会政策如何衔接和融合,如何在满足短期需求的基础上,促进养老服务业可持续发展,养老服务政策需要更加精准、标准和细化。

(二)供需矛盾仍然突出

与养老机构快速发展相对应的是出现较高的房屋空置率,目前在长春市养老机构的平均入住率仅为 60.3%。一是养老机构的建设存在一定程度的盲目性,没有充分重视老人的实际支付能力,养老机构建设片面追求高大新,出现购买不足问题;二是社会化养老氛围不足,老年人确实十分关注养老机构发展,但真正主动到养老机构的并不多。养老潜在需求大,但有效需求不足。长期以来,基于学术预测的老年群体潜在需求被作为政府制定养老服务政策的主要依据之一,但受到老年人消费意愿和购买能力的影响,事实上潜在需求与有效需求之间差距巨大,导致以政策为主导的产业发展出现偏差。在政府政策的鼓励下,以行政区划,而非市场和老年人需求为基础对养老机构建设大力投入,养老床位数量在这一时期大幅上升,养老床位空置率也随之增长。

根据吉林大学课题组在省内的调研,拥有养老机构数量排名前三位的地区依次为长春 551 个 (25.5%)、吉林 380 个 (17.6%)、松原 207 个

---

① 钟慧澜:《中国社会养老服务体系建设的理论逻辑与现实因应》,《学术界》2017 年第 6 期。

（9.6%）。在抽样调查的 2165 个养老机构中，公办养老机构和民办养老机构的比例约为 5∶12。医养结合的养老机构为 867 个（40.0%），非医养结合的养老机构 1298 个（60.0%）。长春市、吉林市和松原市拥有的养老机构占吉林省养老机构比例依次为 25.5%、17.6% 和 9.6%，三地养老机构占吉林省养老机构比例超过 50%（52.7%），养老机构集中分布于中部地区，但是处于东西部的辽源、白山、公主岭、梅河口和长白山管委会拥有的养老机构占吉林省养老机构比例均不足 5%。[①] 调研显示，农村养老服务相对滞后，服务设施、对象、项目明显落后于城市养老服务；居家养老服务虽有加强，引入社会力量提供服务，但受益面较窄、服务不规范、质量不高，还不能满足老年人多样化、多层次的需求；医养结合服务机构相对较少，专门为失能失智老人提供专业服务的护理型养老床位不多。

（三）社会力量的主体作用未充分发挥

一些部门和基层单位仍习惯以行政化方式推进养老服务业发展，缺位、越位、错位现象并存。扶持社会力量参与到养老服务业发展中的一系列政策落实困难。例如营利性与非营利性养老机构扶持政策不公平，居家养老服务企业没有相应的优惠政策，影响了社会力量进入养老服务领域的积极性。目前政府对养老机构的政策支持及福利待遇，主要倾向于扶持非营利性机构及民办非企业。前期发展中，两者都会得到政府在场地上的支持，不同的是，企业不会得到建设补贴，也没有在运营中的床位补贴。两者都享受水电气暖实行民用价格，但是由于企业性质，优惠和税收减免待遇难以落实。提供同样的服务，而由于非营利性组织和企业身份属性的不同，进行差别对待，从而使得企业由于硬性支出造成一定程度的亏损。

市场在养老服务资源配置中的决定性作用没有得到充分的发挥，政府公共政策公平性缺失，导致在行业内部的公平竞争缺失，不仅挫伤了企业参与

---

① 张秀敏：《吉林省养老机构资源配置与健康管理服务的现状及对策研究》，吉林大学，2018。

养老服务事业的积极性，扭曲了市场的资源再分配功能，争抢了市场份额。养老产业尚未成形，缺乏应有的态度、力度和深度。目前吉林省养老产业的发展仍处于粗放式发展阶段，在机构建设上投入较大，对于养老服务品牌的建设、养老产品定位与落地、养老机构运营与发展探索缓慢，发展不充分。养老产品开发不够、市场营销不够、吸引外来投资不够，没有形成真正的产业链。

（四）养老服务行业管理仍需加强

在吉林省众多的养老机构中，属于卫生部门主管的老年护理医院和民政部门主管的老年公寓除在老人照料程度上有明显的区别外，吉林省的一般社会福利院、敬老院等与全国多数城市一样，均未对其进行功能划分和定位，养老机构的分类并没有统一标准。现今，吉林省的养老机构只是在机构内部针对收养老人的健康程度及需照料程度，划分为专门护理、一级护理、二级护理、三级护理，还未成立收养需要专门护理和一级护理的养老机构。从养老服务队伍来看，养老护理员素质不高、数量不足，工资待遇相对偏低。从标准化建设来看，养老服务地方标准体系尚未建立，现行标准应用推广力度不够。从安全管理来看，部分民办养老机构由于未达到消防要求而非法运营，严重威胁入住老年人生命安全。

三 推进养老服务业高质量发展的对策建议

养老服务业高质量发展需要树立新思维，运用新方式，积极推动养老服务的改革创新，推动养老服务向多领域融合转变。

（一）深化公办养老机构改革，创新政府购买服务

在全面推进事业单位改革、严格控制事业编制增长的形势下，公建民营、公办民营是公办养老机构发展的大趋势、大方向。应重点解决床位利用率不高、护理人员不足、服务水平较低等问题，探索形式多样、特色鲜明的

公建民营模式，积极稳妥地推进公办养老机构改革。通过委托运营、合资合作、联合运营的方式，进行公办养老机构改革，由社会组织、企业或个人进行运营，实现公办养老机构公建民营。对暂不具备公建（办）民营改革条件的地方，可采取部分承包、项目委托、一院两制等渐进、过渡方式，分项目、分步骤引入社会优质服务资源，待条件成熟后再逐步向公建民营发展。同时，规范公建民营招标过程，严格遴选运营主体，强化合同履行管理，确保国有资产不流失、养老用途不改变、服务水平不降低。

为了使更多数量的居家养老老年人得到优质的政府购买服务，政府和服务机构要同时发力，创新政府购买模式，争取到更多的社会资源支持居家养老服务事业。协调各个部门、整合社区资源、盘活闲置资源；同时社会组织应提高资源整合能力，调集以社区或街道卫生服务站、医院等为代表的事业单位实体，以及以超市、商铺等为代表的企业实体资源的参与支持。

（二）大力推进农村养老服务，提升自治互助养老服务质量

将农村养老工作摆上更加突出的位置，切实提高农村养老服务水平。在稳定提升农村社会福利院硬件设施和服务质量的同时，加快推进农村医疗机构与养老院融合发展，鼓励村医和乡镇卫生院承办养老机构，实现农村养老与医疗的有机结合，确保农民第一时间获得低偿医疗、保健、康复和护理服务。积极推动农村养老服务大院建设，利用农村闲置资源，进行村屯集体"抱团养老"实践。初期要在大的城镇进行试点，在取得经验的基础上逐步推开。为使"抱团养老"健康推进，政府将对机构养老的扶持政策延伸到村屯集体养老。在推进过程中要实行差别战略，不搞"一刀切"，允许农村结合自身特点进行摸索实践。

农村养老服务资源有限，为尽可能满足农村老年人的养老需求，村民自治和互助养老是一种有益的尝试。参与互助养老的老年人，在村委的组织下集中居住，各级政府在基础设施建设和政策上给予支持和指导。老年人可以选择搭伙做饭或者集体伙食，由集体提供基本生活设施和生活用品，这种低成本、微福利的养老服务供给模式在很大程度上缓解了农村养老服务供给压

力，为老年人提供了一种最大限度地保留原有生活方式的养老模式。在紧急情况下能够彼此照应，生活能够实现独立和自给自足，又有固定的社交圈子，老友、老乡、老环境也能够最大限度地增强老年人的社会参与能力，实现抱团互助。

（三）深入推动医养融合发展，提升健康和生活质量

合理统筹养老和卫生资源，在设施布局、服务管理、队伍建设、政策扶持上全面实现医养结合，更好地满足老年人健康养老需求。鼓励支持符合条件的养老机构设置医疗机构，床位数在200张以上的，内设老年病医院、康复医院、中医医院、临终关怀机构、护理院；床位数100～200张的，内设卫生室、医务室、护理站。到2020年，每个市（州）至少要有1所医养结合机构，全省护理型床位达到养老床位总数的30%以上。对于不具备设置医疗机构条件的养老机构，民政部门与卫生计生部门协作，统一组织养老机构与周边医疗机构对接，提供治疗期住院、康复期集中护理、稳定期生活照料相结合的养老服务。支持养老机构和社区居家养老服务场所配备康复设备、开辟康复专区，在医疗康复机构指导下为失能、半失能老年人提供治疗性康复服务。完善医养融合发展支持政策，优化养老机构纳入城乡基本医疗保险定点范围审批手续，切实解决老年人异地就医结算问题。

（四）以智慧养老提升养老服务质量，进一步丰富养老形式

随着物联网技术的发展和普及，智能化的养老模式不再是想象。更多的智能化养老服务产品被投入市场并被老年人接受。智慧养老可以将居家老人、社区老人和养老机构联系起来，应用传感网络系统和信息平台的应用，提供高效、便捷和个性化、低成本、智能化的养老服务。智慧养老可以极大地丰富养老服务的内容，进一步丰富养老服务的供给模式，并不受时间和空间的限制，与居家养老相契合，提高老年人晚年生活质量和安全系数。智慧健康养老产业行动计划自2017年在全国范围内开始实施，智慧养老开始进入快速发展时期。吉林省应当把握这一机遇，以政府购买的形式扶持智慧养

老信息平台的建立和服务的供给。在市场尚未找到成熟的盈利模式和可持续发展的路径时，确保现有的养老服务市场能够正常运营，推动智慧养老进社区、进家庭，对养老家庭适当补贴。通过专用网络建立民政部门、街道办事处和社区服务中心之间的高效联动机制，为老年人提供个性化和自动检测服务，建立起完善的老年人信息服务系统，包括养老服务平台设备、调度系统的开发、老年人需求分配、供应商和服务网点的任务分配以及老年人满意度的评价等系列的管理机制。

（五）做大做强养老服务产业，支持高质量的民营养老机构发展

立足优势，挖掘潜能，吸引省内外社会资本投资养老产业，逐步培育一批产业链长、覆盖面广、具有全国影响力的吉林养老产业品牌，形成养老服务新业态。推进"养老＋互联网"，精准服务老年群体。推进"养老＋旅游"，以生态养生、温泉保健、民族文化、休闲旅游、乡村特色等资源为依托，着力打造精品旅游养老线路和候鸟式养老养生基地，建设与之相匹配的养老产业集聚区和特色养老小镇，增强旅居养老的吸引力。推进"养老＋医疗康复"，发挥吉林省中医药产业和科技优势，将"治未病"理念融入养老全过程，研发老年医疗药品、保健食品等系列产品；开发适合老年人的助行器具、康复辅具、护理器械等产品，加快发展高附加值的生产型服务业。改革养老服务供给的综合决策数据支持，建立业务管理数据，例如医疗卫生、社会保障、老年人身体状况、家庭情况数据。定期对老年人进行民意和需求调查抽样，为决策人员和决策咨询人员提供实际调查研究支持。各地区、各部门实现互通共享，从系统性、关联性上得到技术支持。根据老年人的需求特点，细化养老服务的供给方式和供给类型，打破部门分工的界限，在共同分类和分工的基础上，协同推进，使养老服务工作更加有效。推进"养老＋金融"，加大对民营养老机构的扶持力度，支持民营经济的发展。拓宽信贷抵押担保物范围，帮助养老项目融资，支持扩大发展规模。清除民营养老机构在融资中的障碍，探索解决养老机构轻资产抵押融资问题，保障民营养老机构在扩张中稳健经营。

参考文献

［1］吉林省民政厅：《关于全省养老服务业发展情况的调研报告》，2018。

［2］钟慧澜：《中国社会养老服务体系建设的理论逻辑与现实因应》，《学术界》2017 年第 6 期。

［3］付诚、韩佳均：《医养结合养老服务业发展对策研究》，《经济纵横》2018 年第 1 期。

［4］付诚、韩佳均：《我国养老服务产业化发展的现实困境与改进策略》，《经济纵横》2015 年第 12 期。

［5］甄炳亮：《中国养老服务业未来发展路径的探索与思考》，《中国社会报》2016 年 11 月 17 日。

［6］张秀敏：《吉林省养老机构资源配置与健康管理服务的现状及对策研究》，吉林大学硕士学位论文，2018。

B.11
吉林省提升县域经济发展质量研究

刘 瑶*

摘 要： 十九大以来，省委、省政府认真学习贯彻落实习近平总书记系列重要讲话精神，立足省情制定一系列有效的政策措施，深入推进供给侧结构性改革，统筹东中西三大板块建设，着力推进县域经济社会转型发展，取得了较大的成就，为全省经济社会持续稳定健康发展提供了重要支撑。在全面建成小康社会的决胜时期，加快县域经济发展壮大，对于贯彻落实"五位一体"总体布局和"四个全面"战略布局、充分践行"五大发展理念"、解决"发展不平衡不充分"新矛盾，实现全面建成小康社会和吉林老工业基地全面振兴具有重大意义。

关键词： 县域经济 创新驱动 人才支撑

县域经济作为国民经济的基本单元和组成部分，在国民经济发展中具有重要的地位和作用。吉林省县域经济经过多年的发展，已经成为国民经济发展的重要基础和有力支撑，目前正处于转型升级的关键时期。

一 吉林省县域经济发展的现状

吉林省县域包括42个县（市），其中县级市20个，县16个，自治县3

---

* 刘瑶，吉林省社会科学院软科学研究所，助理研究员，主要研究方向为产业经济、区域经济。

个，行政区 3 个，县域人口占全省的 65%，经济总量超过全省的半壁江山。部分县市竞争力显著增强，在中国中小城市科学发展指数系统工程发布的"2018 年全国综合实力百强县市"，延吉市和梅河口市上榜，分别列第 68 位和第 99 位，这是除延吉市以外，吉林省首次有其他县市进入"全国综合实力百强县市"的榜单。

表 1　吉林省县域划分

市	县	按区域分	
长春	榆树市，德惠市，农安县，九台区，双阳区	东部	集安市，通化县，辉南县，柳河县，临江市，抚松县，靖宇县，长白朝鲜族自治县，江源区，延吉市，图们市，敦化市，龙井市，珲春市，和龙市，汪清县，安图县，桦甸市，磐石市
吉林	桦甸市，蛟河市，磐石市，舒兰市，永吉县		
四平	公主岭市，梨树县，伊通满族自治县，双辽市		
辽源	东丰县，东辽县	中部	榆树市，德惠市，九台区、双阳区、蛟河市、舒兰市，永吉县，公主岭市，梨树县，伊通满族自治县，东丰县，东辽县，梅河口市
通化	梅河口市，集安市，通化县，辉南县，柳河县		
白山	临江市，抚松县，靖宇县，长白朝鲜族自治县，江源区		
松原	长岭县，前郭尔罗斯蒙古族自治县，乾安县，扶余区	西部	农安县，双辽市，洮南市，大安市，镇赉县，通榆县，长岭县，前郭尔罗斯蒙古族自治县，乾安县，扶余区
白城	洮南市，大安市，镇赉县，通榆县		
延边朝鲜族自治州	延吉市，图们市，敦化市，龙井市，珲春市，和龙市，汪清县，安图县		

　　吉林省县域近年来不断推进农业供给侧结构性改革，实现了农业多元化发展。德惠市、磐石市、长岭县等调减籽粒玉米种植面积，转向发展优质水稻、大豆、小麦、杂粮、油料、马铃薯、三辣等特色蔬菜及饲草、中草药等的种植，通过引进和培育农业产业化龙头企业带动种植业结构调整。舒兰大米、集安山葡萄、双阳梅花鹿、农安"三辣"、辉南野山参等重点县特色品牌的知名度和美誉度大幅提升，备受消费者青睐。

　　吉林省各县（市、区）坚持产业立市、产业兴市、产业强市，积极搭建平台，促进实体经济加速发展，特色优势产业和新优势得到不断培育和发展。通化县东宝生物科技园区是研发基因工程产品、蛋白质药物、植物组织细胞培养以及多肽合成等众多项目的综合型园区，达产后可实现销售收入100亿元；快大人参产业园区致力于建设中国最大的人参集散地，打造长白山人参产业领军品牌，年可实现产值30亿元。磐石市大力引进医药行业百强企业，全力打造集生物医药、化学合成制药、中药制剂、医疗器械、医用特殊食品、功能性食品和医药物流于一体的"大健康"产业发展模式，加速发展医药健康产业园区。此外，延吉、公主岭、德惠、抚松、长白等县域以特色产业为中心，也形成了一批具有较大经营规模和市场影响力的园区。

吉林省各县积极支持传统制造业智能制造、品牌提升，淘汰低端、提升中端、发展高端。公主岭、扶余、延吉、东辽等一批汽车零部件产业示范基地积极实施汽车零部件制造的提质工程，持续加大技术改造力度；公主岭、德惠、桦甸、集安等县（市）在现有新材料产业基础上，大力发展钠基膨润土、石墨新材料、超塑性镁合金板、玄武岩棉纤维等高性能复合新材料。通榆、大安、洮南等西部地区利用光能、风能优势，大力发展太阳能利用和光伏发电、风电技术装备、智能电网、生物质能等新能源产业。敦化市、延吉市、通化县、靖宇县等依托生物制药、食品加工、绿色水稻、矿泉水及林下特产等山区农特产加工产业，正在集聚区域和资源优势打造大健康产业。着力推进现代物流、金融保险、文化旅游等重点领域攻坚突破，推进新业态、新技术、新商业模式加快发展，农村电子商务、健康养老、特色旅游等新兴服务业健康发展，成为新的经济增长点。

二　吉林省县域经济发展面临的问题

吉林省县域经济转型升级取得一定的成效，但总体看来，县域经济的总量规模仍旧不大，结构依然不够合理，还面临诸多的制约因素。

（一）县域经济发展质量有待提高

经济总量规模小。吉林省县域地区生产总值对全省经济的支撑能力

逐渐加强，但各县经济规模仍然较小。2016年全省县域平均GDP刚刚接近200亿元，公主岭市地区生产总值为443亿元，居全省县域地区首位。而全国GDP百强县地区生产总值已经全部达到500亿元，其中更有21个县达到1000亿元，GDP最高的县达到3100亿元以上。全省42个县目前只有延吉市和梅河口市跻身全国综合实力百强县市，且排名第69位与第99位（2018年）。由此可见，吉林省各县经济规模普遍偏小，仍有很大提升空间。产业层次整体较低，支柱产业"原"字号、"初"字号产品居多，产业链条短，缺少高端产品、终端产品，缺乏精深加工和生物产业的深加工企业，县域工业园区整体水平和质量不够高，市场竞争力较弱。服务业短板明显，发展业态较为单一，传统服务业特征突出。信息产业发展滞后，高端服务业欠缺，"现代"程度偏低。缺少全省统一部署、差异化发展规划，没有对各县域分类指导，导致各县域出现同质竞争、重复建设，不顾自身基础条件盲目发展热门行业、盲目扩大企业规模等现象，造成资源浪费与行业散乱，为进一步整合与集聚发展造成困难。

（二）县域发展资金紧张

一是财政资金有限。吉林省县域财政收入不高，而社保、增资等方面的刚性支出以及民生发展、环境修复治理等支出的增长速度远快于财政收入的增长速度，依靠财政搞建设始终是捉襟见肘，无法支撑县域经济转型发展的需要。二是可享受的项目政策支持较少。县级经济项目得到优惠政策与资金扶持的难度较大，扶持力度也较小，对于需要大量资金投入的现代化农业建设来说扶持力度十分有限。一些中小企业想得到资金扶持难上加难。三是县域融资困难较多。吉林省县域基础设施建设水平与城镇化水平均较低，综合配套能力较差，招商引资困难，融资渠道狭窄。而银行贷款门槛较高，审批程序烦琐，导致县级中小企业难以获得银行贷款。行业性担保公司发展尚在探索阶段，小额贷款公司刚刚起步，而民间借贷状况频出，融资难问题成为企业发展的突出瓶颈。

（三）创新驱动发展动力不足

农业方面，科技成果转化和应用机制有待完善，真正应用到农业生产实际的科技成果不多、转化速度不快、转化效果不高，新品种、新技术的推广力度不强。工业方面，吉林省县域仍以劳动密集型产业为主，技术密集型产业较为薄弱，产品结构大多属于粗加工产品，技术含量和附加值较低。高新技术产业和战略性新兴产业数量少、产值低，难以形成产业链条。以县域经济实力较强的梅河口市为例，除了医药产业以外，全市从事高新技术的企业不足企业总户数的10%，多数企业仍然集中在食品、机械冶金、化工建材等传统加工领域，处于产业链下游的从属地位。县域企业创新创造能力不足，多数企业处于低级研发阶段，尚不能生产高端产品和终端产品，核心技术和自主品牌不多，很多核心技术依靠从外引进，企业自主创新能力亟待加强，缺乏核心竞争力与发展后劲。

（四）城镇化发展进程缓慢

吉林省县域平均城镇化率与全省城镇化率水平相差较大，发展速度十分缓慢。吉林省县域规模普遍较小，经济实力不强，产业结构过于依赖农业，工业与服务业发展水平不高，这些均对县域城镇化发展形成制约。县域发展存在着工业化落后于城镇化的现象，城镇发展缺乏有效的工业化水平做支撑，这就导致工业发展难以达到适度吸纳过剩人口的水平，提供的就业岗位不足，城镇对农村劳动力缺乏吸引力。工业化与城镇化之间的失衡严重制约了吉林省县域城镇化水平的提高，从而使得吉林省县域形成了城市设施指标低于全国水平，城镇内在功能发展缓步不前的局面。此外，吉林省城市和农村之间的政策差异也限制了城镇化的进程，农村剩余劳动力在城镇流动所涉及的住房、社会保障、子女教育等方面的政策壁垒还没有完全破除，城乡一体化水平仍需努力提高，才能助推吉林省县域城镇化发展。

（五）人才较为匮乏

吉林省县域经济要实现转型升级需要大批人才支撑，而目前县域普遍存在老龄化、青年人才流失严重、外来人才引入困难等难题。首先，各县的优势产业、特色产业缺少专业的科研人才、创新人才与管理人才为其服务，如医药产业、人参产业、矿泉水产业等。其次，政府部门青年骨干少，人才招聘受限于编制，招聘骨干干部的优惠待遇与生活相关配套难以解决，导致县域青年骨干多以县域工作为跳板，难以长期为县域经济发展服务。另外，县级主要领导变动频繁，缺乏相对稳定性，影响工作的连续性，容易诱发短期行为，不利于县域经济的发展。同样的问题也存在于企业招聘中：县域企业规模较小，龙头企业数量少，所提供的就业岗位与待遇有限，难以对就业人员形成吸引力。

三　提升吉林省县域经济发展质量的路径选择

（一）遵循差异化原则，培育区域特色优势

坚持差异化定位，以差异化的思维定位县域经济发展，优化发展空间布局，避免产业同构和同质竞争。根据吉林省各县市的区位特点、资源禀赋等要素，对各县（市、区）的发展定位进行针对性设计，使县情相近的县（市、区）各有侧重，使相同产业有不同的发展方向，最终在产品、资源、链条、市场等方面形成互补，构建互动发展、各具特色的良好局面。

发挥资源优势，打造各具特色的产业集群。以资源促发展，关键要实现资源与资本、市场、科技的有机结合，做大做强产业集群，实现资源利用的效益最大化。在产业上要有侧重，各地区应依托自然条件和资源优势，因地制宜地进行特色产业培育，"宜农则农""宜林则林""宜商则商""宜游则游"，打造各具特色的战略产业，向"一村一品""一镇一业"方向发展；此外，发展县域经济必须跳出县域抓发展，在更广阔的区域内优化资源配

置，以开放的理念合纵连横、靠强联大，培育壮大差异化的优势产业群，催生与之上下游配套的产业圈。

培育特色品牌，增强县域发展的竞争力。以优势特色资源为依托，以市场为导向，以企业为主体，以特色产业示范基地建设为支撑，采取政府引导与市场运作相结合的方式，组织实施县域特色品牌创优工程，扶持培育一批具有竞争优势和示范带动能力强的龙头企业，打造一些特色明显、类型多样、竞争力强、带动力大的知名品牌，增强地区发展的竞争力和影响力。

（二）优化县域产业结构

结合各县实际情况，稳定提高第一产业，调整升级第二产业，大力发展第三产业，同时逐步调整三次产业比例。在今后一段时期内，巩固第一产业的基础地位，实行产业化经营和发展效益农业，着重发展生态农业。在保持较快的发展速度基础上，加快第二产业向质量型、开放型、科技型转变的步伐，并通过第二产业的不断发展壮大推动第三产业的发展。大力发展第三产业，不断提高第三产业在县域经济收入中的比重和地位。在高度重视并继续发挥地方传统产业优势的同时，通过依靠先进的科技，积极培育、发展高新技术产业来调整县域的产业结构。提高产业层次，延伸完善产业链条，打造高端产品、终端产品，培育全株产业、精深加工、生物产业的深加工企业，提高县域工业园区整体水平和质量，增强企业市场竞争力。改善服务业短板明显，发展业态较为单一的现状。着重发展信息产业和高端服务业，提高服务业"现代"程度。

（三）加快转型升级，推进产业增量提质

加快工业结构调整，做大做强主导产业。坚持竞进提质、升级增效，以质为帅、量质兼取，积极构建"领军企业—产业链—产业集群"梯次发展的产业模式，培育壮大市场主体，加快工业强县的建设步伐；遵循绿色、低碳、环保、循环的要求，按照"培育龙头、壮大配套、推进聚集"的思路，充分运用先进适用技术和高新技术改造提升传统产业，不断延伸产品产业链

条，全力发展深加工、精加工，大力实施"产业倍增"计划，重点推动汽车、化工、农产品加工等传统产业向高端化、集群化方向发展，做大做强县域传统产业；加快实施"创新驱动"发展战略，充分运用政策杠杆、奖励扶持等措施，积极培育壮大节能环保、先进装备制造、新能源和电子信息等新兴产业，加快高新技术产业发展，促进信息化与工业化深度融合，增强县域经济发展新动能。

推进农业供给侧结构性改革，率先实现农业现代化。依托县市农业发展基础，大力调整种植业结构，大力发展特色产品、绿色产品、有机产品，打造绿色水稻基地、食用菌基地、专用玉米基地、人参种植基地、优质杂粮杂豆基地等，扩大全国性绿色原材料生产示范基地的数量；以转变农业发展方式为主线，以"高端化、特色化、规模化、生态化"为方向，集聚优势资源，优化要素配置，加强开放合作，拓展发展空间，大力发展都市农业、科技农业、节水农业、高效农业、有机农业，建成一批具有科技示范、休闲观光、生态屏障和安全优质农产品供应等功能的现代农业示范区。加快三次产业融合发展，调整优化农业产业结构，构建"农业＋工业""农业＋旅游""农业＋健康养生""农业＋商贸物流"等发展模式，着力推进农业种养加一体、三次产业深度融合，提升现代特色农业发展水平。

加速服务业的升级，扩大服务业总量规模。大力发展现代服务业，加快提升第三产业在产业结构中的比重。围绕为县域农业、制造业，注重发展与产业延伸密切相关的生产性服务业，重点发展电子商务、商贸物流、互联网信息服务、金融保险、咨询中介等现代服务业。依托吉林省东、中、西部的绿色生态资源以及丰富的文化底蕴，重点突出生态旅游、健康养老和文化创意等服务业的发展，将服务经济打造成为县域经济的重要增长极。

（四）促进园区建设和发展，发挥集聚效应

加快园区发展，引导产业集聚。努力建成企业聚集、环境优雅、功能完备的产业园区和城镇新形象的展示区，使产业园区成为加快县域新型工业化和推进新型城镇化发展的主要平台。努力抓好项目聚集，引导上下游

项目协同聚集、同类项目规模聚集，发展产业链条，培育产业龙头，打造产业集群。

创新园区发展方式，发挥集聚效应。积极探索政府推动、企业联动、项目拉动的多元化园区建设投入机制，鼓励和吸引国内外、县域内外的企业进入园区，加速结构转型升级、产业升级、技术升级，降低成本，提高资源利用效率。积极支持和引导民营企业依托行业协会资源，组团进入，打造一批市场前景广阔、规模效益明显、行业领先的特色集聚区。

（五）加大招商引资力度，实现县域经济开放发展

加强项目建设，实现招商引资突破。把项目建设作为县域经济的重要载体和抓手，加强项目谋划，做好项目储备，不断完善项目投资建设管理体制，强化项目落实建设，以项目建设推动县域经济发展的跨越升级。把项目招商引资作为赢得发展先机和动力的第一突破口，树立"大招商、大开放、大发展"的思想，强力推进招商引资工作，创新招商方式，通过举办专题活动、创建专业平台，提高招商引资效果和质量，争取更多的世界500强、全国500强企业等大企业、大财团投资县域，培育和打造县域经济发展新的增长点。

利用发展机遇，承接产业转移。充分利用国家"一带一路"建设机遇，利用东北亚博览会等平台，积极推进优势产业、企业"走出去"，吸引知名企业、先进技术、外来资金"走进来"；夯实县域经济基础，主动承接省会城市、长三角、珠三角、京津冀等地区的产业转移，大力发展"拾遗""补缺"经济。

（六）坚持生态优先，注重绿色环保与经济发展相协调

遵循绿色发展的理念，以生态经济为抓手，大力推进生态文明建设，加快形成节约能源资源和保护生态环境的产业结构、增长方式和消费模式，努力在环境优化发展、构建生态经济体系、打造城乡宜居环境、恢复生态系统功能等方面实现新的突破。开展生态建设示范创建，积极发展生态产业，继

续推进退耕还林，加强自然保护区建设与管理，加大退化生态系统修复治理力度。提升吉林省森林、草地、河湖、湿地等生态系统稳定性和生态服务功能，提供更多优质生态产品。

转化生态优势，将吉林省的绿水青山变成"金山银山"。统筹做好长远规划、科学定位和品牌建设工作，在政策、资金、项目上配套跟进，大力发展休闲养老、生态旅游、生态农业等绿色生态新业态，加快把生态优势转化成发展优势，打造生态发展的增长极。

逐步淘汰落后产能，发展低碳环保新能源产业。实现工业绿色循环低碳发展，对农产品加工、化工、建材等行业进行技术升级或者产业转型替换，降低工业能源消耗和排放。推动能源及废弃物综合循环利用，积极推广减量化技术、废弃物资源化技术、产业共生与衔接技术、再利用再制造技术等。推进服务业生态水平提升，加快培育节能环保服务业，打造绿色现代物流业。支持新能源发展，积极开发太阳能、风能、生物质能、地热能。推进绿色消费与绿色建筑。

四　提升吉林省县域经济发展质量的对策建议

（一）完善相关配套政策体系

一是针对县域产业结构布局进行全省统一规划部署。根据县域的资源禀赋、地理环境、交通条件、产业基础、民风民俗以及县城区位等因素，对于县城性质进行科学定位。走差异化发展路线，对各县域进行分类指导，扭转各县域同质竞争、重复建设的局面，对资源进行整合与集聚发展。在扶持上要有倾斜，可在交通便利的县（市、区）重点发展电子商务和物流业，在生态县（市、区）重点发展旅游业或养老服务业等，在政策、项目、资金的分配上实行"点对点"的精准扶持。保持政策的落实和延续。政策的执行与落实必须一以贯之、坚定不移地去干，不因换届而更改，不因换人而废止，做到继承与创新的统一，形成良性循环机制，为县域经济发展营造良好的政策环境。

二是完善省直管县财政体制。进一步推进强县扩权，加快行政管理体制改革，提高县市配置资源的权利和解决自身问题的能力。要加强和完善县级政府的公共服务权、社会管理权、市场监督权等经济和社会管理权限，使县级政府有更大的发展自主权和决策权，激发县域经济发展活力。

三是积极创建"服务型"政府。在服务领域方面，要由单一搞审批办手续向搞好信息咨询、产业指导和市场体系的健全完善等方面拓展；要不断完善行政效能评估监督制度，从源头治理，从机制入手，坚决扫除一切不利于环境发展的障碍。根据各地情况的不同，对政府部门进行一定程度的精简，加强机关内部建设，重新确定各科室职能，并对承担相似职能的科室进行合并，将多出来的工作人员充实到其他岗位，提高机关内部的工作效率。完善政府监管体系。加强对市场体系的监管。商务、价格、卫生、发改、质检、经信、工商等部门，要加强相互间的沟通和协调，严厉打击各种扰乱市场的行为，确保本地经济健康有序发展。

（二）充实县域发展资金

一是进一步加大财政收入对县域的转移支付力度。要进一步加大一般性转移支付和财力性转移支付力度，逐步加强县市可用财力，在确保工资发放和政权正常运转，确保教育经费和社会保障经费投入的前提下，具有一定的发展经济的实力，变"吃饭型财政"为"建设型财政"，以切实促进县域经济发展。

二是畅通融资渠道。创新建立农村金融机构。按照现代银行管理模式，开展建立"土地银行""粮食银行"，建立新型的金融机构和新兴的农民信用合作组织，解决农民的后顾之忧。加快发展中小担保公司、小额贷款公司，鼓励发展个人理财、证券投资、自助银行服务，规范发展典当业。推进金融合作与创新，以破解"三农"、小微企业融资问题，加快完善现代化支付系统、企业和个人征信系统，积极引进发展金融后台服务中心。开发适宜特色产业发展的金融产品，降低门槛，创新抵押方式，为县域经济发展提供支撑。

三是创新招商引资方式。坚持引资和引技引智并举，聚焦扩大有效投资，不断创新县域招商引资工作的方式、方法，探索招商引资的新路径、新政策、新模式，加快由招商引资向招商选资的转变。加大对战略投资者、重大项目、高科技含量项目的引进力度，以开发区、工业集中区为主体，深度谋划一批大项目，大规模地"走出去"，高水平地"请进来"。坚持招商引资项目事前评估制度，努力提高洽谈签约项目质量。注重对招商引资项目落地、投产、达效等成果的全程考核监督，继续推进不良项目清理工作。

（三）提升科技支撑与自主创新能力

一是加大对县域经济技术创新的财政投入。县域经济技术创新的投入较少，甚至没有，西方发达国家的经验是通过政府的稳定投入来促进技术创新。所以吉林省也应大幅度提高对县域经济技术创新的投入，并确保投入增长比例与县域经济的发展速度相匹配。由于县级财政收入相对较少，省级政府应通过转移支付引导县市财政增加对技术创新的投入。

二是深入推进科技体制改革。制定创新价值充分体现的政策机制，完善政策体系、科研评价体系、协同创新体系、开放创新体系，营造鼓励创新的良好社会氛围，促进科技与经济深度融合。鼓励、支持县域内企业建设企业院士工作站、中试中心和重点实验室。积极推进产学研结合，引导大专院校、科研院所开展技术和和县域的对接与合作，共建大学科技园、产学研合作实验基地。

三是强化企业的创新主体作用。目前县域科技创新主要依靠企业自主完成，今后应进一步引导和鼓励企业加大研发投入。鼓励企业加大对技术创新的投入，健全市场化的技术项目的投融资制度、成果评价机制，注重研究开发和成果转化，提升产品的技术含量，逐步实现由"政府推动技术升级"向"企业自主技术创新"转变，激发企业自主创新的内生动力。加强科技信息流动和公共技术服务，支持企业、科研单位、行业协会等独建或联建科技服务平台，启动县域科技综合服务平台建设，鼓励企业和科研单位共同承担科技课题，促进科技项目和科技成果落地。

（四）强化人才支撑

一是确立良好的用人机制。大力引进优秀行政管理人才、市场经济人才等，充实县域人才队伍，提高整体素质；成立专门部门、专业管理人员为各县的优势产业、特色产业服务，如医药产业、人参产业、矿泉水产业等，明确权力范围与业务范围，并解决人员编制问题。为招聘骨干干部提供有鼓励作用的优惠待遇，并在生活相关配套方面予以帮助。

二是创新引进人才机制。建立引才引智专家平台，积极引进学科带头人、优秀中青年专家等高层次创业创新人才。探索设立人才基金，对高层次专门人才实施特殊奖励政策。鼓励企业通过技术入股和兼职聘用等方式吸引科技创新型人才参与企业研发活动。实施企业家培训计划，培育和引进科技管理人才和创新管理团队，打造现代化的企业家队伍。新理念、新思路是助跑县域经济发展的重要因素，是县（市、区）实现跨越发展的关键推动力，省市层面要进一步加强对县域经济管理者的培训，促进其转变思维、拓宽眼界、提高创新能力，进而引领县域经济走新路、突围升级。

参考文献

[1] 郭庆海：《吉林省县域经济发展的特点及路径》，《经济纵横》2013年第8期。
[2] 王雪丽：《吉林省县域经济可持续发展分析》，《开封教育学院学报》2017年第5期。
[3] 郝百慧：《吉林省县域经济差异及其协调发展研究》，吉林农业大学硕士学位论文，2017。
[4] 蒋天颖、华明浩、张一青：《县域经济差异总体特征与空间格局演化研究—以浙江为实证》，《经济地理》2014年第1期。
[5] 张毅：《中国县域经济差异变化分析》，《中国农村经济》2010年第11期。

B.12
吉林省推进特色城镇"三生空间"
融合发展研究

李　平*

摘　要： 本报告借助"三生空间"的理念，以融合发展为宗旨，客观分析了吉林省特色城镇的发展现状及推进"三生空间"融合发展，虽然吉林省积极推动特色城镇建设，多举措推进特色城镇"三生空间"融合发展，但目前特色城镇在"三生空间"融合发展方面仍然处于起步与探索阶段，依然存在缺乏统一规划，功能布局混乱，"生产空间"不集约高效，"生活空间"建设相对滞后，"生态空间"建设重视不够等一些问题亟待解决。针对吉林省特色城镇"三生空间"融合发展现状及存在问题提出推进吉林省特色城镇"三生空间"融合发展的对策建议，以期将吉林省特色城镇建设成为"生产、生活、生态"高度融合，进而实现健康永续发展。

关键词： 特色城镇　三生空间　融合发展

特色城镇是中小城镇的一种类型，建设特色城镇是推进城乡发展一体化的重要突破口，是我国实施乡村振兴战略的重要着手点，是推动产业结构转型升级的重要平台和载体。自 2015 年全国各地掀起特色城镇、特色小镇建

---

* 李平，吉林省社会科学院城市发展研究所助理研究员，理学硕士，主要研究方向为城市发展与产业经济。

设热潮。为规范特色城镇建设及保障其快速可持续发展，2017年国家发展改革委、环境保护部、国土资源部、住房城乡建设部等多部门联合发布了《关于规范推进特色小镇和特色小城镇建设的若干意见》，提出有效推进特色小镇、特色小城镇"三生空间"融合发展，各地区要科学规划特色城镇的生产、生活、生态空间，促进产城人文融合发展，营造宜居宜业环境。2018年国家发展改革委办公室下发了《关于建立特色小镇和特色小城镇高质量发展机制的通知》，要求各地建立特色城镇高质量发展机制，对于特色不鲜明、产镇不融合、破坏生态环境的问题小镇，将逐年淘汰，旨在推进特色城镇高质量的建设。"三生空间"既是功能空间实体，同时也是一种新的空间发展理念，生产空间、生活空间和生态空间并不是孤立的，而是相互联系、相互影响、功能互补的。特色城镇的建设和发展"三生空间"融合发展是关键，要坚持以人为核心，牢固树立"创新、协调、绿色、开放、共享"的新发展理念，统筹生产、生活、生态空间布局，促进特色城镇生产集约高效，生活宜居便捷，生态环境优美，功能完善互补，进而提高人民群众的获得感和幸福感。

一 吉林省特色城镇建设现状及"三生空间"融合发展

（一）吉林省特色城镇建设现状

目前，吉林省10万人以下的小城镇20余个，建制镇429个，许多重点镇具有独特的区位和资源优势，具备培育和建设特色城镇的条件。从吉林省特色城镇建设实践来看，自推进新型城镇化建设以来，吉林省委省政府提出了"小城镇特色发展"的工作思路，先后开展了"百镇建设""特色示范城镇""扩权强镇""特色小镇"建设工作，积极探索建设模式和路径，取得了显著成绩。此外，伴随着特色小镇的建设热潮，2016年、2017年住房城乡建设部公布了两批国家级特色小镇，吉林省共有9个入选，2018年国家林业局和草原局公布了全国首批50个国家森林小镇建设试点，吉林省的露

水河森林特色小镇、红旗林场森林矿泉文旅特色小镇两地被列入，同年吉林省延边朝鲜族自治州安图县明月镇九龙社区运动休闲特色小镇、梅河口市进化镇中医药健康旅游特色小镇列入国家体育局运动休闲特色小镇建设试点。可见，吉林省不同级别、不同类型的特色城镇数量较多，具体详见表1。为推进特色城镇建设，吉林省深入贯彻落实创新、协调、绿色、开放、共享的发展理念，先后在财政、土地、税收、人才引进等方面制定相应的政策，并在重点项目以及城镇建设等多方面予以扶持，积极推动特色城镇持续快速发展。

表1　吉林省各级各类特色城镇情况

级别	类型	城镇名称
国家级	住房和城乡建设部国家级特色小镇（2016年、2017年两批吉林省共9个）	辽河源镇、金川镇、东盛涌镇、二道白河镇、合心镇、松江河镇、叶赫满族镇、乌拉街满族镇、清河镇
	国家林业局和草原局森林小镇（2018年第一批吉林省2个）	露水河森林特色小镇、红旗林场森林矿泉文旅特色小镇
	国家体育局运动休闲特色小镇（2018年第一批吉林省2个）	延边朝鲜族自治州安图县明月镇九龙社区运动休闲特色小镇、梅河口市进化镇中医药健康旅游特色小镇
省级	吉林省人民政府特色示范城镇（2013年22个）	兰家镇、合心镇、奢岭镇、卡伦镇、合隆镇、劝农山镇、孤店子镇、金珠镇、岔路河镇、北大湖镇、范家屯镇、叶赫镇、金厂镇、金州乡、山城镇、松江河镇、长山镇、林海镇、朝阳川镇、江南镇、英安镇、二道白河镇
	吉林省住房建设厅特色小镇（2017年第一批40个）	鹿乡镇、奢岭镇、波泥河镇、合心镇、玉潭镇、泉眼镇、伏龙泉镇、朱城子镇、岔路河镇、乌拉街镇、小白山乡、旺起镇、前二道乡、孤店子镇、桦皮厂镇、万昌镇、北大壶镇、庆岭镇、红石砬子镇、平安镇、烟筒山镇、叶赫满族镇、石岭镇、蔡家镇、大孤山镇、金厂镇、西江镇、三源浦朝鲜族镇、清河镇、松江河镇、青山镇、莫莫格乡、月晴镇、雁鸣湖镇、西城镇、百草沟镇、松江镇、漫江镇、进化镇、范家屯镇

（二）吉林省推进特色城镇建设"三生空间"融合发展探索

推进特色城镇"三生空间"融合发展是一个不断摸索前进的过程。吉林省早在 2013 年推进吉林省特色示范城镇建设时就提出：要积极探索示范城镇产城融合发展的路径，鼓励各特色示范城镇发展特色产业园区，支持特色示范城镇完善基础设施和公共服务设施，为特色产业发展提供有力支撑。此外，随着特色城镇建设的推进，叶赫镇、清河镇等特色城镇启动特色城镇设计规划及产业发展策划，对"三生空间"发展进行科学设计，以期在规划上引导特色城镇"三生空间"融合发展。同时，不同特色城镇围绕自身基础和条件，积极探索和推进特色城镇"三生空间"融合发展。

1. 以特色农业为主导的特色城镇"三生空间"融合发展探索

以农业为主导的特色城镇是指依赖农业特色产业发展起来的，奢岭镇、辽河源镇、清河镇等都是典型的农业特色城镇。以长春市近郊的奢岭镇为例，奢岭镇位于长春市半小时经济圈以内，是国家环境优美乡镇、省级"十强镇"、省级特色示范镇，全市城乡双向一体化试点镇，镇域面积 264 平方公里。近年来，奢岭镇以"品质生活、高端服务"为目标，以"慢生活"为主基调，以发展生产性、生活性、生态性服务业为主导方向，充分体现"休闲性、山水型、都市化"特点，积极打造都市周边承担绿色居住、舒适居住职能的卫星城。奢岭镇根据镇域的自然条件、社会经济发展状况、发展潜力等因素的差异性，将全镇按行政单元划分为三个发展类型区，北部区重点发展高等教育、文化特色产业、商贸、饮食服务和旅游业，中部区重点发展文化印刷产业、机械装备制造等洁净工业，同时发展养殖业和旅游业，东部区依托绿色水稻示范基地，发展成为饮马河优质绿色大米带。在产业发展方面，全力打造以现代高效为品牌的都市农业，把现代高效农业作为农业发展的主攻方向，以现代农业发展园区为载体，以团结君友蔬菜基地项目、大屯君子兰基地项目等为龙头，大力发展有机蔬菜、苗木花卉等特色产业。在城镇建设方面，注重城镇宜居配套功能建设，域内高等教育资源丰富，长春建筑学院、长春大学旅游学院等均在镇内，积极鼓励民办普通高等学校到奢岭办学。在生态建设方面，奢岭镇的生态环境良好，镇内生态景观绿化较好，努力营造宜居的绿色生态环境。可见，未来奢岭镇通过"特色农业＋城镇＋休闲旅游"，构建农旅双链融合，特色农业、城

镇、生态发展空间充分融合。

2. 以特色工业为主导的特色城镇"三生空间"融合发展探索

以特色工业为主导的特色城镇主要是依托城镇原有工业基础，瞄准特色主导产业做精做强。以绿园区合心镇为例，合心镇是吉林省特色示范城镇、省级特色小镇、国家级特色小镇，镇域面积 80.02 平方公里，常住人口近 4 万人。合心镇在"三生空间"融合发展方面进行了积极的探索和实践，在产业方面，充分发挥轨道交通装备制造业的优势，加速核心零部件产业生产及研发检测等配套服务产业集聚，提升轨道交通产业发展能级，同时优化产业发展空间，进一步升华和延伸原有的块状经济，改变传统的产业园区、镇区孤立发展的局面，提高区域带动能力，全面提升城镇综合配套功能及产业服务配套功能，优化城镇生态宜居功能、创新城镇轨道文化表现形式，使产业、社会功能齐全，吸引轨道交通产业园区员工在镇区居住、消费，改变产镇分离的状态。此外，镇区环境打造将轨道交通文化逐渐渗透到城镇人文之美中，将田园的自然之美与城镇文化有机融合，通过河流、道路、绿廊等生态廊道，将城镇、田园和文化有机串联起来。在政策保障方面，除了吉林省制定的相关扶持政策，长春市以及绿园区都制定了相应的政策支持特色城镇的发展。长春市绿园区人民政府印发《关于加快合心镇特色小镇建设的若干扶持政策的通知》（长绿府发〔2017〕11 号），在城镇建设用地保障、基础公共服务设施建设投融资机制、环境保护方面制定了具体的扶持政策。

3. 以生态旅游为主导的特色城镇"三生空间"融合发展探索

以生态旅游为主导的特色城镇主要位于吉林省东部长白山区以及西部科尔沁草原生态区，依托良好的生态环境和旅游资源，重点发展生态旅游，如二道白河镇、松江河镇、莫莫格乡、金川镇等。以森林旅游小镇金川镇为例，金川镇位于长白山系龙岗山脉，镇域森林茂密，全镇森林覆盖率达到83%，依托优质的旅游资源，大力发展生态旅游业，先后获得了全国特色景观旅游名镇、国家级重点镇、国家级特色小镇等美誉，在发展中积极探索城镇建设、产业发展与生态环境融合发展的道路。近年来，金川镇提出建设"龙湾森林旅游度假区"的理念，突出生态绿色文化和旅游服务功能地位，重点打造集森林体验、户外休闲、养生度假、商务会议于一体的森林旅游特色城镇。在镇区城镇建设方面规划建设人与自然主题博物馆、温泉酒店、大泉眼水源地展示基地以及会议中心等项目，完善旅游配套服务设施，提升城市综合服务能力。金川镇不断加强基础设施建设，推进美丽乡村、危房改造和城乡环境整治，努力营造良好的生活空间。在大力发展旅游产业，加强配套服务设施建设的同时，在"生态空间"保护与建设方面也进行了积极的探索，金川镇的建设和发展秉持生态优先的原则，利用空地、农家小院进行美化，对镇内主要街路进行全面改造，此外，生态作为金川立镇的本底，还建立了严格的生态保护制度。

二 吉林省特色城镇"三生空间"融合发展存在的问题

吉林省的特色城镇在积极推进"三生空间"融合发展方面取得了一定的成绩，但仍然处于起步阶段。吉林省特色城镇大多是在原有镇域的基础上建设，依然存在空间规划缺乏，功能布局混乱，"三生空间"功能不明确、"三生空间"不协调等一些问题亟待解决。

（一）特色城镇空间规划缺乏，功能布局混乱

吉林省特色城镇在建设过程中，由于大部分城镇没有编制相应的镇域总体规划，产业发展等专项规划，多数特色城镇是在原有基础上自发建设的，总体定位不明确，造成特色城镇镇区功能分区混乱，挖掘特色资源要素不到位，空间利用效率不高。普遍存在"三生空间"不明确，生产生活用地空间盲目扩张，产业发展无序，产业布局不合理，土地资源利用率低；居住空间布局分散，生活配套设施建设布局不合理，生活空间品质不高；生态保护意识不强，存在开发无序破坏生态环境、生态空间建设薄弱等问题。

（二）特色产业不明确，"生产空间"发展不集约

吉林省的特色城镇多数是依托原有产业基础、独特的文化和生态发展起

来的，产业发展水平低，低端化、资源化特征明显，特色主导产业不明确，产业发展方式粗放，生产不集约高效。此外，大多数特色城镇在发展初期更多关注的是经济效益，比如一些以工业产业为主导的特色城镇在过去的发展中片面追求产业的快速发展和经济效益，在一定程度上忽视了城镇应有的生态以及人文空间特色，造成过度开发以及生态环境的破坏。特色城镇与经济园区或产业园区的区别在于，经济或产业园区只是工作场地，缺乏生活配套，而特色城镇不仅是产业，还涵盖生活以及优美的生态环境。因此，以工业产业为主导的特色城镇未来的发展，既需要发挥特色优势主导产业对特色城镇发展的支撑带动作用，还要解决特色城镇在发展中存在的生活功能、生态功能不协调的问题，以实现产业型特色城镇的"三生空间"融合发展。

（三）"生活空间"建设滞后，制约特色产业发展

吉林省特色城镇在教育、医疗、卫生等公共服务领域不平衡不充分的问题较为突出，镇域的医疗卫生条件和水平以及教育水平不高，对一些创新人才的吸引力弱，在一定程度上制约特色产业的发展，因此，在新居民服务管理领域还有待深度破题。此外，特色城镇的排水、供热、通信、环卫设施的建设还远远满足不了经济发展与城镇居民的生活需要，建设项目的投资成本变高，对招商引资形成制约。"生活空间"建设的滞后，妨碍了特色城镇产业发展，以生态类特色城镇为例，生态旅游城镇大多位于吉林省东部和西部地区，由于地理位置偏远，基础设施和公共服务设施不完善，不利于特色城镇生态旅游产业发展。

（四）发展理念落后，"生态空间"建设重视不够

吉林省是国家重点建设的生态示范省，省内许多特色城镇拥有良好的自然生态资源，比如东部的长白山生态资源、西部的科尔沁草原生态资源，大部分城镇具备借助其优越的生态资源发展生态休闲旅游、生态种植和循环绿色经济的有利条件。但由于发展理念落后，长期以来各城镇对生态环境的保护重视不够，良好的生态环境受到了不同程度的破坏，生态景观服务功能没

有充分发挥。此外，吉林省特色城镇在城镇绿化、休闲空间、生态配套建设方面相对滞后，生产空间生态网络建设不足，特色城镇环境面貌较差，既影响居民的生活品质，也不利于特色城镇的持续发展。

三 推进吉林省特色城镇"三生空间"
融合发展的对策建议

特色城镇建设的理想形态应该是以人为本，生产、生活、生态三种功能高度融合，在特色城镇中既有相应特色主导产业作为其经济发展的动力支撑，又有居民关切的品质生活，还有宜居生态环境。推进吉林省特色城镇的"三生空间"融合共同发展，就是要建设集约高效的生产空间、宜居舒适的生活空间、环境优美的生态空间，进而达到生产、生活、生态三者的有机融合，把"三生空间"融为一体，打造新型发展平台，承载百姓的幸福生活和工作。本报告针对吉林省特色城镇在推进"三生空间"融合发展中尚存在的问题，提出如下几方面的对策建议。

（一）注重规划先行，科学规划特色城镇的"三生空间"

特色城镇的"三生融合"发展是其未来持续健康有序发展的必然选择，推动特色城镇通过科学的规划与城镇更新重新梳理产业、生活、生态空间及功能，对于改变传统的单一的产业功能具有很大的意义。特色城镇的发展离不开合理的规划和布局，在吉林省特色城镇建设过程中，要转变发展理念，促进吉林省传统专业特色镇转型升级，重点打造"产、城、人、文"四位一体的功能平台，由传统"特色产业"镇向"生产生活生态"融合的特色城镇发展。注重规划先行，立足特色城镇发展现状，围绕特色城镇特色定位，加快编制总体规划，要制定明确的规划，坚守生态保护、永久基本农田、城镇开发三条红线，总领特色城镇未来发展。配套编制专项规划，在特色产业发展、基础配套设施、景观绿化以及生态环境保护之间做到有机衔接。使得特色城镇的建设从设计、推进到政策环境的保障等，都有统一明确

的方向和周密的安排。同时，做好特色城镇的形象设计，根据城镇特色定位以及所处地形地貌确定建筑风格，形成可识别的独特韵味。

（二）坚持特色产业立镇，以产业先行引导"三生空间"融合发展

生产空间是根本，其布局和发展在一定程度上决定着生活空间、生态空间的状况。特色产业是立镇之本，特色城镇首先是产业之镇，是产业的空间载体。吉林省的各类特色城镇，无论是现代农业型、生态文化型、旅游休闲型，还是新型工业型城镇，在其未来发展中，都应聚焦自身特色产业做精做强，谋划重点项目。特色产业的发展离不开创新驱动，由于城镇创新能力和水平有限，因此，吉林省特色城镇要加强同具有较强创新能力的吉林省长春、吉林等大城市以及省外发达地区的城市及相关的大企业建立合作与联系，将一些企业管理的新理念、研发的新产品、前沿新技术积极引进到特色城镇的特色优势产业发展中来。在特色城镇产业布局上，围绕特色主导产业，大力发展生态经济和循环经济，产业链上下游不同企业建立合作机制，促进副产品及相应废弃物的循环再利用，进而实现"生产空间"的集约高效。此外，特色城镇在确保核心产业"特"的同时，通过多产业跨界融合进而确保特色城镇产业链的内生活力，多举措促进产业、文化、旅游、社区等功能融合发展，追求产业空间与生活、生态空间的格局关系。

（三）增强特色城镇生活服务功能，为特色城镇产业发展留住人才

在特色城镇建设过程中，坚持以人为本的原则，完善城镇生活功能，城镇建设要与特色产业发展步调一致。贯彻共享发展的理念，建立特色城镇生活服务设施的长期投入机制，不断提升特色城镇居民的幸福感和获得感。由于吉林省的特色城镇均是在原有城镇基础上建设，因此要注意留存已有原住民的生活空间，加强危旧房屋的改造，同时结合特色城镇的棚户区改造，融入城镇特有的文化元素，打造一些有活力的娱乐街区、商业街区，配套建设便利的生活服务设施。此外，特色城镇的建设，势必吸引外来人才以及农村

转移人口，因此在生活空间方面增加优质居住建筑建设，营造有特色的品质社区，完善道路、广场、给排水、供暖等基础设施，健全城镇教育、医疗等配套设施，高标准配套公益性设施，提升公共服务层次和水平，构建较为便捷的"生活圈"、功能完善"服务圈"和繁荣兴旺"商业圈"，增强特色城镇的生活服务功能，提高特色城镇的生活舒适度，打造宜居"生活空间"，为特色城镇产业发展留住人才和集聚人才。

（四）保护特色城镇生态特色景观资源，为生产、生活功能提供基础保障

在特色城镇中生态空间作为生产空间和生活空间的基础保障，生态环境的恶化将不同程度地制约生产空间和生活空间的发展。吉林省特色城镇的建设，要突出生态环境优势，很多特色城镇都具有良好的生态本底，强化生态和绿色的发展主题，当下要深化规划建设运营全过程的生态保护理念，划定生态红线，研究城镇的生态承载能力，强化对特色城镇的生态指标的考核。在特色城镇培育、规划、建设以及实施的各个阶段，根据特色城镇所在地的生态资源环境承载能力和生态环境特征，在特色城镇的主导产业项目、配套基础设施、社区配套服务设施、各类功能布局等各个领域、各个要素都需坚持绿色发展、循环发展、低碳发展。同时，在特色城镇建设过程中，生态空间的建设应与生产空间的重构相结合，只有紧紧抓住产业的绿色化、生态化这个龙头，才能真正实现小镇的生态环境优美和可持续发展。此外，在生态空间的布局和建设上，要以特色城镇的原有生态环境为本底，合理规划和布局城镇生态廊道、绿化小品、公园等美化措施，营造良好的生活和工作环境，吸引更多人才到特色城镇生活和创业，推动特色城镇的持续发展，最终达到经济社会与生态环境的相得益彰。

（五）制定引导政策，构建有利于特色城镇"三生空间"融合发展的体制机制

鼓励特色城镇先行先试建立健全"三生空间"融合发展的体制机制，

提升管理效能，营造良好的发展环境。在资金方面，安排特色城镇建设专项资金，支持特色城镇更新及功能布局调整，明确财政专项资金用于特色城镇空间规划编制、特色主导产业培育和重大项目的谋划建设、提升城镇生活品质的基础设施和公共服务设施建设，镇域生态环境的保护与建设等。根据各类产业、行业规划、法规及政策准入文件，探索编制特色城镇产业准入负面清单，加强对产业的规划引导，严格做好新建项目的土地、能耗、生态、环保以及社会稳定风险评估和审核。实施监测评估"三生融合"发展的统计工作，建立健全特色城镇"三生空间"融合发展综合考评指标体系以及统计监测指标体系，实施动态监测和跟踪分析，适时对特色城镇推进"三生空间"融合发展情况进行评估和专项考核评估，推动特色城镇"三生空间"融合顺利发展。同时，根据监测和评估的情况，及时调整和完善方案，建立长效机制。

参考文献

扈万泰、王力国、舒沐晖：《城乡规划编制中的"三生空间"划定思考》，《城市规划》2016 年第 5 期。

方创琳、贾克敬、李广东等：《土地生态—生产—生活承载力测度指标体系及核算模型解析》，《生态学报》2017 年第 15 期。

马海涛、赵西梅：《基于"三生空间"理念的中国特色小镇发展模式认知与策略探讨》，《发展研究》2017 年第 12 期。

周文：《特色发展背景下小城镇三生空间划定与管理研究》，《江苏城市规划》2017 年第 8 期。

唐德淼：《"特色小镇"定位于产业融合发展研究》，《产业经济》2017。

国家发展改革委、国土资源部、环境保护部、住房城乡建设部：《关于规范推进特色小镇和特色小城镇建设的若干意见》，2017。

B.13
吉林省农业结构调整问题研究

倪锦丽

摘　要： 随着我国农业生产力水平的提升，农产品的供求关系开始逐步从卖方市场向买方市场转变。农业发展的主要制约因素已由过去单一的资源约束转变为需求和资源的双重约束，农产品的质量和结构问题已成为当前农业发展的突出矛盾。本文立足吉林省实际，从吉林省农业结构的特征，农业结构调整的制约因素，农业结构调整的重点及空间布局，以及农业结构调整的对策建议等几方面，论述了对吉林省农业结构调整应该调什么，在哪调和怎样调的问题。

关键词： 农业结构　农产品质量　吉林省

吉林省是农业大省，却不是农业强省，面临着农业结构调整和农产品质量提升等问题。科学技术的进步、农村人口的变化、社会的发展、农产品市场需求的变化等诸多因素直接影响着农业结构调整的速度和效率。从一定意义上讲，农业结构调整正是这些因素综合作用的结果。

一　吉林省农业结构的特征

改革开放以来，吉林省农业结构中种植业、林业、牧业、渔业所占比重发生了很大的变化。1978 年，全省农林牧渔业的构成比例为 85.3∶2.3∶12.2∶0.2，1998 年调整为 59.3∶1.2∶38.1∶1.4。到 2017 年全省实现农林牧

渔业增加值 1482.12 亿元，其中实现种植业增加值 769.91 亿元，林业增加值 62.01 亿元，牧业增加值 570.06 亿元，渔业增加值 27.23 亿元，农业服务业增加值 52.91 亿元。农林牧渔业及农业服务业的构成比例为 51.9:4.2:38.5:1.8:3.6。可以看出，吉林省农林牧渔业产值构成大体呈现种植业比重下降、畜牧业比重上升的态势，这在一定程度上反映了吉林省种植业和畜牧业的优势。而林业和渔业发展却相对滞后，弱势凸显。总的来看，吉林省农业结构存在一定的不合理性和不协调性，某些矛盾比较突出。

1. 种植业结构中，粮经饲比例不协调

吉林省是一个以种植业为主的农业省份。在种植业结构中按农产品种类可划分为粮食作物、经济作物和饲料作物。粮食作物主要有玉米、水稻、大豆、马铃薯、小麦、高粱、谷子、杂豆等，经济作物主要有油料（花生、葵花、芝麻）、甜菜、烟叶、麻类等。从播种面积和产量来看，在种植业结构中吉林省粮食作物的播种面积和产量始终处于统治地位。1998 年，吉林省粮食作物的播种面积为 356.72 千公顷，占农作物总播种面积的 87.8%；粮食产量为 2506 万吨，占农作物总产量的 74.34%。2017 年，吉林省粮食作物播种面积为 502.33 万公顷，占农作物总播种面积的 89.06%；粮食产量为 3720 万吨，占农作物总产量的 79.65%。而经济作物播种面积占比不到 10%，饲料作物播种面积的比例更小。从吉林省的地理位置和自然禀赋来看，东西部具备种植经济作物和饲料作物的条件，但由于受制于粮食生产，其产量始终没有明显的提高。由此可见，吉林省种植业结构中，粮经饲的比例不协调。粮食生产始终处于领衔担纲地位，经济作物等正在不同程度地萎缩。

2. 畜牧业相对滞后，种养业发展协调性不足

吉林省具有良好的发展畜牧业的自然资源条件。1998 年全省猪、牛、羊肉类总产量为 148.1 万吨。其中，猪肉产量 117.2 万吨，牛肉产量 28.3 万吨，羊肉产量 2.6 万吨。2017 年全省猪、牛、羊、禽肉类总产量 254.25 万吨。其中，猪肉产量 136.14 万吨，牛肉产量 38.03 万吨，羊肉产量 4.86 万吨，禽肉产量 75.22 万吨。可以看出，随着全省肉类产量的整体增长，相

应地引起了内部结构的变化。猪肉虽然绝对产量增幅较大，但其占全省肉类总产量比重的增幅没有牛肉、羊肉和其他肉（如禽肉、兔肉等）占比增幅大。这说明，人们对猪肉的需求趋向减弱，对牛、羊、禽乃至其他肉类的需求趋向明显增强。虽然，目前吉林省人均肉类占有量位居全国前列，畜牧业已成为全省农业农村经济的支柱产业。但其发展的态势与农业大省的资源优势并不匹配。从总量上看，肉类产品特别是牛羊肉在全国所占的比重依然比较小，规模化、产业化经营水平还不高，良种率和深加工产品、"名优特"产品尚不适应市场的需求，外埠市场占有率较低，距离建成全国畜牧业大省、强省还有很大差距。

3. 林业发展势头良好，产业规模和总量较小

吉林省森林资源非常丰富，是全国六大林区之一。由于长期沿袭传统生产经营方式，其发展始终处于传统林业阶段。在20世纪90年代，吉林省林业开始陷入资源危机和经济危困的局面。进入21世纪后，国家开始实施以天然林保护为主的六大工程，森林资源才得以休养生息，同时林业的经营方式也发生了显著的变化，林业产业和产品结构单一的状况得到了改善。林业经济开始进入了一个相对较快的增长期，其经济总量连续跃上100亿元、200亿元、300亿元和500亿元几个大台阶。全省林业呈现出向现代林业转变的新趋势，如经营方式由粗放型向集约型转变，产业结构由初级化向精深化方向转变。但吉林省林业仍然存在开发利用不足的问题，全省适宜开展特色资源种植和养殖的森林面积达6000万亩以上，目前只开发和利用了不到1/5。而且，传统林业所占比重仍然很大。因此，林业产业的小规模、分散化和低水平依然是吉林省林业产业的基本特征。

4. 渔业相对弱势，还有很大的开发潜力

吉林省拥有丰富的淡水资源，水质良好，可养鱼水面达到500多万亩，河湖连通工程的实施，又可新增近200万亩，还有近400万亩的稻田可供渔业利用。吉林省渔业生产经历了由天然鱼捕捞类逐步向湖泊、水库和池塘养鱼转变的过程，并形成了以池塘养殖为主体、湖库水面轮放轮捕、网箱高密度集约养殖和稻田养鱼等多种形式相结合的格局。20世纪70年代中期开

始，吉林省水产品的养殖产量已经超过捕捞产量。80年代以后，养殖产量已占全省水产品总产量的70%以上。1998年，全省水产品总产量是14.2万吨，到2017年已增至22.4万吨，有了较大提高。虽然近年来渔业发展速度较快，产值有所上升，展现出很大的潜力和后劲，但其产值占农业总产值的比重仍然很小。并且吉林省人工养鱼起步较晚，水资源尚未被充分利用，渔业至今仍然是吉林省农业生产的薄弱环节之一，仍然是相对弱势的产业。

二　吉林省农业结构调整的制约因素

近年来，吉林省根据市场需求、地理位置和自然条件优势不断进行农业结构调整，但始终存在一些因素制约着农业结构调整的有效推进。

1. 市场效益的制约

当长期从事某种农业生产的农民，从事另一项农业生产时，必然会造成生产成本的增加，加之开拓市场等因素的限制，必然会导致收益的不确定性增加，从而制约农业结构调整。就吉林省而言，从生产成本看。目前农民种植玉米的技术比较成熟，操作简单、省时省力，而且农机具配套完备。对他们来说，特别是种植大户、合作社等，种植玉米已经完成了农机具机械化的成本投入，基本已形成了专业化的生产模式。此时调整结构，改种大豆或水稻等其他农作物，势必要重新添置其他农业机械，造成生产成本的增加和比较效益的下降。如果当年改种其他农作物的收益加上补贴，低于种植玉米的收益，农民是不可能进行农业结构调整的。2017年桦甸地区种植大豆的补贴已高达400元/亩，而公主岭地区则达到了580元/亩。再从开拓市场角度看，绝大多数农户并不了解农产品市场，缺乏经销渠道，缺少开拓市场的能力，改种其他农作物销售给谁，没有预期。因此，生产成本和市场销售等因素在不同程度上影响了农民进行农业结构调整的积极性。

2. 资金瓶颈

合作社、家庭农场和农产品加工企业等农业新型经营主体贷款难、融资难的问题仍然普遍存在。农业结构调整的过程中必然伴随着巨大的资金需求，特别是发展园艺特产业和畜禽养殖业等。造成资金瓶颈的原因主要有：一是目前国家用于结构调整的补贴有限，农民自身又缺乏资金，而种养大户、家庭农场、农民合作社等新型农业主体所经营的土地多为农业用地或租赁土地，不具备担保和抵押功能；二是农村的金融服务滞后。在广大农村，金融服务机构普遍不足，而且贷款的门槛很高，手续也很烦琐。农民从事规模种植和养殖经营的信贷、抵押、保险和资产评估等金融服务严重缺乏。

3. 科技瓶颈

农业结构调整不仅仅是简单的量的加减，更应是质的提高和飞跃。应积极发挥科技在农业结构调整上的驱动作用，突破科技应用和创新的瓶颈。目前，发达国家科技对农业的贡献率已达到75%，而吉林省只有57%，存在很大的差距。主要原因：一是农业科技投入严重不足。吉林省用于农业科技的投入约占农业总产值的0.14%，是全国平均水平的70%、世界平均水平的15%、发达国家的2.8%。这些有限的资金还被分散到吉林省农科院、各地区农科院等全省各个涉农科研单位。并且基本投向传统领域，资金的有效利用率很低。二是科技创新不足。特别是一些关键领域的技术研发进展缓慢，如农作物育种方面的技术与发达国家有30年以上的差距。三是农业科技推广体系发挥的作用有限。目前吉林省的农业科技推广主要靠的还是公益性的农业技术推广服务机构，这些部门普遍缺少专业技术型人才，乡、村两级的农技人员知识结构老化，不具备对新技术和新品种的推广应用能力。

吉林省农村劳动力普遍素质不高和农村务农劳动力老龄化问题较为严重，影响了作为生产力第一要素作用的发挥。突出表现在以下三个方面：一是从业人员老化。由于东北地区的季节特点，加之农业劳动生产效率的提高，农村剩余劳动力开始逐渐向其他产业和城市转移。2016年全省农业劳动力从业人员比2003年减少了40多万人，并且转移出去的劳动力多为青壮年劳动力。2016年吉林省全职青壮年农业劳动力的比重已降低至10%，直接导致农村中从事农业生产的劳动力年龄偏大，且大多在45岁以上，从业人员老龄化问题突出。其承担风险能力较弱，缺乏激情，很满足于已有生产

生活方式，不愿意接受新技术，不愿意尝试新的产业。二是劳动力文化程度偏低。2016年吉林省中小学及以下文化程度的农村劳动力比例高达90.5%，高中及以上文化程度的仅占9.5%。三是科技素养不高，不具备运用现代农业科学技术进行生产的能力。在吉林省务农的农村劳动力中，接受过农业技术方面专业培训的人数只占11.1%，多数劳动者仍然停留在传统的农业生产方式上，对农业新技术和农产品市场从不关注。农村劳动力较低的文化程度和科技素养使他们无论是进行农业生产、经营还是向其他领域转移都带来了不小的难度，在一定程度上制约了农业结构调整。

5. 第二、三产业对结构调整的拉动作用不强

从农产品加工业看，吉林省的农产品加工业长期低位运行，对农业结构调整的拉动作用不强。其原因在于：一是农产品加工业结构不合理，初级产品加工业比重大。以稻谷、鲜食玉米、杂粮、淀粉、人参、食用菌和冷鲜肉等初加工居多，产品的初级加工比例高达76%，仅有24%转化增值较高，低于全国平均水平18个百分点。并且酒精、淀粉和氨基酸等行业的产能一半过剩。二是产业园区特色不明显。园区内的加工企业还只是空间上的地理聚集和数量上的简单汇合，产业链衔接不足，产业链短，产业规模小，企业间协作能力不强，没有形成真正的产业集群。三是创新能力弱小，知名品牌少。吉林省的农产品加工业多数为初级加工企业，不具备产品研发和生产科技含量高、高附加值大的精深加工产品的能力。同时，农产品加工企业普遍面临着原材料品质一致性差、专用原料供应难以得到保障等问题。因而缺乏具有一定知名度和竞争力的农产品品牌。从农村服务业看，农村服务业发展迟缓，为农村服务的能力不足。吉林省是农业大省，但农业服务业的比重却很低。2017年，农业服务业产值仅占农业总产值的2.9%，美国是13%。在美国农业人口仅占全国人口的2%，而为农业服务的人口却占总人口的17%~20%，一个农民身边平均有八九个人在为他服务。相比较而言，吉林省社会化、专业化的农业服务机构严重缺失，制约了农业生产经营由粗放化、细碎化和经验化向规模化、标准化和集约化的转变，不利于农业结构调整。

6. 落后思想观念的制约

农村普遍存在着"小富即安"的传统文化氛围。长久以来，农户只要能获得最基本的生计收入，解决了温饱问题，并且稍有积蓄，日子安稳了，他们宁愿让这些小积蓄压箱底，也不会拿出来搞经营、"闯"市场和再发展。这些落后的思想观念是阻碍农民搞经营的一道藩篱，严重约束着农民的经商行为。加之，近年来国家实施了一系列惠农政策，特别是玉米临储价格等激励政策，使得农民从粮食生产中获得了超额利润，理所应当地放弃了产后经营的追求和努力，从而失去了积累市场经验的机会。

三 吉林省农业结构调整的重点及布局

吉林省东中西部资源禀赋等各方面差异较大，应按照分类指导与分区施策相结合的办法，有重点地进行调整。

1. 种植业结构调整的重点及布局

调整重点。要以玉米为中心进行结构调整，主要就是调减籽粒玉米的播种面积，改种大豆、青贮玉米、鲜食玉米、饲草、杂粮杂豆、蔬菜和食用菌等作物，提高经济作物和特色农产品的比例。

区域布局。一是在中部的玉米主产区，应以稳步推进玉米和大豆轮作为主，各县、乡可交叉进行，即可稳定粮食生产又可改善地力。同时，畜牧业发展基础好的地区可因需推进改种青贮玉米。二是在西部调减籽粒玉米播种面积，有计划地改种饲草和青贮玉米等饲料作物，以及改种杂粮杂豆、辣椒等具有西部地区特色的经济作物和优势农产品，从而构建西部地区粮饲兼顾、农牧结合的新型农业结构。三是在东部调减籽粒玉米播种面积，改种甜玉米及鲜食玉米。

2. 畜牧业结构调整的重点及布局

调整重点。一是以肉牛等草食畜牧业为重点推进畜牧业结构调整；二是实施生猪、肉牛、肉羊、奶牛和梅花鹿等优势产业的精品化，培育发展吉林延边黄牛和草原红牛等地理标志产品。

区域布局。生猪以中部地区的公主岭、农安等县（市）为重点；肉牛以中部地区的榆树、梨树等县（市）为重点；奶牛以西部地区的洮南、前郭等县（市）为重点；肉羊以西部地区长岭、通榆等县（市）为重点，鹿以双阳、东丰等县（市）为重点，逐步形成中部农区猪和牛产品产业带，东部山区半山区牛和鹿产品产业带，西部半农半牧区羊和牛产品产业带。

3. 林业结构调整的重点及布局

调整重点。结构调整应突出发展长白山地区林产品精深加工业、园艺特产业、花卉苗木业和森林生态旅游业。

区域布局。一是东部地区以长白山林业产业为主；二是中部平原地区以林农牧循环经济为主；三是西部地区以复合型林业产业为主。

4. 渔业结构调整的重点及布局

调整重点。一是对需求量大、出口创汇多的品种扩大养殖规模；二是将服务业引入传统渔业之中，融入娱乐和休闲等功能，发展休闲渔业，推动传统渔业向着附加值更高的现代渔业转型。

区域布局。一是在长春、吉林、四平和辽源等中部地区发展池塘名优渔业；二是在白城和松原等西部地区发展湖库养殖业；三是在通化、白山和延边等东部地区发展冷水渔业。同时突出查干湖有机鱼、月亮湖绿色鱼、东部冷水鱼和鸭绿江网箱鱼养殖等特色和亮点。

四　吉林省农业结构调整的对策建议

吉林省农业结构调整应按照农业资源的地域分布规律，发挥区位优势，构建不同地域与不同资源相匹配的现代农业生产结构和区域产业布局。以产业融合、质量提升和绿色环保为重点，对农业结构进行调整。

1. 深入推进制度改革，发挥改革创新对结构调整的引领作用

围绕农业结构调整，推进相关领域改革，扫除结构调整在制度方面的羁绊。一是继续深化粮食流通体制的改革，解决好收储、储藏和交易等方面的困难，进一步建立和健全农产品期货市场，降低农产品交易的成本和市场风

险。二是扩大土地收益保证贷款和直补资金担保贷款试点范围，进一步推进和完善土地承包经营权抵押贷款的相关政策。三是加快发展农业保险，健全农业再保险体系，完善农业保险保费补贴政策，进一步探索和完善农业大灾风险分散机制；四是积极开展"土地银行""粮食银行""林业银行""土地流转收益保证贷款"等农业金融创新试点。

2. 积极推动产业协调发展，发挥产业融合对结构调整的拉动作用

农业结构调整已不单单是农业本身的问题，也不能仅仅就农业自身做文章，应跳出农业的圈子抓农业，大力促进农业的生产、加工、流通与其他产业和行业有机融合，实现农村第一、二、三产业互促互动与协同发展，发挥产业融合对结构调整的拉动作用。就吉林省而言，一是要加快发展精品畜牧业。依托吉林省粮食资源和自然资源优势，通过大力发展精品畜牧业，从而带动种植业结构的调整。目前，从市场需求看，普通畜产品已没有太大的上升空间，而精品畜产品的市场需求则处于不断上升的势头，优质牛羊肉等得不到有效供给。吉林省应继续实施精品战略，突出抓好肉牛、肉羊、生猪、奶牛、肉鸡和梅花鹿六大优势产业，通过全产业链建设和构建现代畜牧产业集群，不断提高核心竞争力，打造精品畜牧业。二是要加快农产品加工业的转型升级。吉林省具有发展农产品加工业的资源数量优势、资源质量优势，和资源开发广度和深度优势，可以通过农产品加工业的转型升级带动农业结构调整。农产品加工业的转型升级，要着重解决好两个问题，一方面要延长产业链条，提升农产品的深加工能力。要通过新技术的研发和利用，改变吉林省农产品加工企业如玉米加工企业，只能生产初级产品，然后这些初级产品被大量销到外省做精深加工，再返销回吉林省的现象。另一方面要做强产业集群，对农产品的加工企业的上下游企业进行集中布局，走规模化、集群化发展的道路，逐步形成横向积聚成群、纵向延伸成链的集群化产业发展格局。三是促进农业与服务业的融合发展。应充分发挥资源优势，因地制宜地挖掘乡村历史、文化价值，发展形式多样、特色鲜明的观光农业、休闲农业和创意农业，满足人们的多样化需求，从而实现农业产业功能的拓展和农业结构的调整。

3. 大力推动绿色农业发展，发挥生态品质对结构调整的提升作用

农业结构调整不仅仅是简单的加减法，更应是农业品质的提升。农产品分绿色、有机、生态三个等级，等级越高的农产品附加值更大，市场前景更广阔。应通过转变农业的发展方式，实现方式转变和结构调整的协同联动，从而达到调整和优化农产品结构的目的。就吉林省而言，农业结构调整应立足绿色、生态环境资源优势，做强绿色、有机、生态农产品。加快形成资源利用高效、产地环境良好、生态系统稳定和产品质量安全的农业发展新格局。一是要加强农产品产地的环境保护和源头治理。开展化肥农药零增长行动，普及精准施药和高效施药器械，推广减量化、清洁化农业生产模式和高效生态循环的种养模式。二是要推行农业标准化生产。通过政策支持和资金助力，加快各地区农业标准化示范区、标准化规模养殖场（小区）、园艺作物标准园和水产健康养殖场建设。要重点依托新型农业经营主体，如农业产业化龙头企业、农民合作社、家庭农场和种养殖大户，扶持他们率先实行标准化生产。三是要加强农业品牌的培育和塑造。农业结构调整要以市场、需求为导向。目前，绿色、有机农产品已成为市场新宠，农业品牌建设必然成为农业结构调整的重要切入点。首先要加强农业品牌的顶层设计和制度安排，围绕具有资源特色和产业优势的水稻、玉米、大豆、肉牛、梅花鹿、肉猪、人参和长白山特产品等，积极进行规划、申报和认证工作。其次是要发挥好政府政策的引导作用，以及行业协会的协调功能，共同推进区域公共品牌的整合和创建。重点推出和打造一批"吉林健康米"和"吉林放心肉"等省域公共品牌，以及具有显著地域特色的"长白山人参"、"双阳梅花鹿"和"延边黄牛"等地方公共品牌。最后要做好品牌的宣传推介和市场开发。利用博览会和淘宝、美团等电商平台进行宣传和推广，打造一批具有吉林特色、竞争力强、市场覆盖广、国内国际市场认可度高的农产品品牌。

4. 增强科技创新与应用能力，发挥科技对结构调整的驱动作用

科技是农业转方式和调结构的驱动器。目前农业科技的驱动力不足，主要因为科技创新能力不足，以及科技成果转化与推广的机制缺失。一是要加

快农业科技创新平台建设，提高科技创新能力。以吉林省国家级、省级重点实验室和涉农高等院校基础研究平台为依托，加强研发能力条件建设，如加强基础资源数据库建设，配备农业微生物资源利用、农作物基因改良等仪器设备。二是引导农业科研方向向全省重大农业科技需求调整，如生物育种、智慧农业、农机装备、生态环保领域等。三是创新科技成果转化与应用机制。建立省级的农业科技成果转化交易服务平台，并完善科技咨询、价值评估、成果供需发布、技术熟化以及交易等服务。同时，建立健全知识产权保护机制，制定相关开发利用规则。

5. 加快农村金融创新步伐，发挥金融对农业结构调整的支撑作用

农业结构调整伴随着巨大的资金需求，应根据农业特点、农村实际和农民需求，全面建设支撑有力、结构完整、功能完善的农村金融服务体系，有力破解农业结构调整的资金瓶颈问题。就吉林省而言，一是加快推进大中型金融机构的支农改革。农业银行要积极发展涉农企业贷款，邮政储蓄银行县级以下机构网点要积极发展小额信贷。同时，扶持农村小微型金融组织的发展，鼓励和引导民间资本参与组建村镇银行。如以区域性综合型的农民专业合作经济组织为依托，发展农民合作金融机构，开展农村的存贷业务。二是创新农村金融产品和服务。成立全省的农业投资担保机构，探索农业补贴资金质押贷款模式，以各类规模化的新型农业经营主体的农业资金补贴为质押发放贷款。三是完善农业保险体系。逐步扩大财政保险保费补贴险种的覆盖面，提高抗风险能力和保障水平，如尽快实现水稻和玉米等保险品种应保尽保。鼓励保险机构探索开展适合特色农产品的保险服务，为农业结构调整保驾护航。

6. 加快培育新型职业农民，发挥教育对农业结构调整的人才保障作用

农民是农业生产经营的主体，也是农业结构调整的主体。培育一大批以种养大户、家庭农场主和农民合作社骨干为主的，有文化、懂技术、会经营的新型职业农民，是农业结构调整得以有效、顺利进行的人才保障。一是要建立和完善职业农民培训体系。建立以农民教育专门培训机构为主体（如农业广播电视学校或农民科技教育培训中心），农业科研院所、农技推广服

务机构、农民合作社和农业企业广泛参与的新型职业农民教育培训体系。扶持和认定一批农民专业合作社、农业企业、农业园区建立实训基地，开展实用性和便捷性培训。二是开展农村实用人才培养计划。对种植业、林业、畜牧、渔业、兽医、农机、农业经营管理等人员开展农业生产技术、经营管理等方面的职业技能培训。三是实施青年农场主培养计划，鼓励农职院校毕业生和进城农民工返乡创业。

B.14
发展吉林省冰雪旅游的对策研究

刘 慧*

摘 要： 吉林省的冰雪旅游产业已经成为工业、农业、文创等行业发展的平台和纽带，在区域振兴中的作用日益凸显。吉林省的冰雪旅游产业仍存在很大的上升空间。应充分利用冰雪旅游产业发展的黄金增长期，尽快释放冰雪旅游产业发展的空间与潜力，发展"白色经济"，推进"白雪换白银"的战略目标，促进吉林省冰雪旅游产业健康有序地发展。

关键词： 冰雪旅游 区域振兴 文创产业

一 吉林省冰雪旅游产业发展现状

（一）吉林省冰雪旅游持续快速发展

打造冰雪旅游强省效果初显。近年来，吉林省的旅游基础设施及重大旅游项目相继列入规划，旅游专项管理与资金扶持力度持续加大、交通旅游运输能力显著增强，这些举措都为吉林省冰雪旅游的发展开启了绿色通道，使得冰雪旅游的承载环境实现了质的飞跃，得到了游客的充分肯定。全省范围内大众体验和休闲度假并举的冰雪旅游发展模式初步形成，在国内冰雪旅游市场占有相当市场份额。2017～2018 年吉林省旅游部门在产品供给、服务

---

* 刘慧，吉林省社会科学院经济研究所，副研究员，主要研究方向为产业经济。

创新等领域开展冰雪旅游的供给侧结构性改革，冰雪旅游业迎来开门红。

旅游发展总量持续增加，内容更加丰富，冰雪旅游产品更加深入人心。吉林省旅游发展委员会的《2017～2018年雪季吉林省冰雪旅游调查报告》显示，2017年11月1日至2018年3月30日，吉林省冰雪季共接待游客7263.89万人次，同比增长17.18%；共实现旅游收入1421.81亿元，同比增长22.57%，游客流量与旅游收入继续大幅增加，冰雪旅游产业发展迈上新高度。其中12月中旬在吉林市郊区隆重举办的第二届雪博会创下了首日游客突破6万人次的纪录。展出内容有令人难忘的攀冰、VR滑雪、零度模拟滑雪等互动活动，是"冰雪＋旅游＋其他业态（体育、文化、美食等）"多业态融合的典型。通过继续挖掘冰雪资源，打造"精彩吉林·温暖相约——冬季到吉林来玩雪"等品牌，全省范围内共有37个大项、140个冰雪旅游节事活动同时举行。"吉林旅游新体验——冬季体验营"活动，在国内各主流媒介隆重推出，取得了显著效果。已经举办多年的两大冰雪旅游节庆活动——2018中国长春冰雪旅游节暨净月潭瓦萨国际滑雪节及第十二届长白山学文化旅游节作为成熟品牌继续引来众多游客。

（二）冰雪旅游的品牌吸引力持续提升

吉林省的冰雪旅游产业一直走品牌发展之路。冰雪旅游市场上涌现出一批高品质的旅游产品，为全面评估各地冰雪旅游目的地品牌影响力，人民网舆情监测室旅游大数据中心发布了2017年度冰雪旅游目的地品牌影响力排行榜Top30。在排行榜的30强中，吉林省冰雪旅游目的地占9席。其中万达长白山国际旅游度假区游客期待指数、品牌美誉度两项指标分别为93.02和88.75，其中游客期待指数位列单项第一。长春净月潭国家森林公园新媒体运维能力总分66.08，位列榜单第一。此外，该景区活跃度86.72，也为单项第一。吉林省的"滑雪、温泉、雾凇、民俗"已经成为游客消费热点。"吉地吉品"十佳冰雪旅游产品聚集游客效益凸显。吉林万科松花湖旅游度假区和长白山万达国际度假区接待人次分别达到45.5万人次和40.0万人次，稳居全国第一梯队。

全省冰雪旅游在结构上形成了运动、养生、观光及民俗四大产品体系。冰雪旅游格局初见规模。东部的冰雪体验、西部的渔猎文化、南部的康体养生各具特色。享誉中外的冰雪旅游城市有吉林市、长春市、延吉市等。长白山的冰雪度假以及吉林市、长春市的冰雪运动集聚效应初显。冰雪旅游品牌效应显著。滑雪、温泉、雾凇、民俗等旅游产品的吸引力不断增强。全省近70万学生参与了"百万青少年上冰雪"活动及"未来之星"冬季体育活动。全新打造的《梦回乌拉》及《长白风情》等50多部优秀剧目的上演受到热烈欢迎。

知名的望天鹅景区、长白山景区、北大壶滑雪场、净月潭等景区继续展开宣传攻势，进一步提升了市场占有率。六鼎山、神农温泉、圣德泉、鹭鹭湖、御龙温泉等知名旅游企业积极参与冬季旅游活动，所提供的产品与服务与冰雪旅游形成互补，有效增加了游客停留天数。据统计，一日游游客的收入增长较为明显，涨幅为27.26%，过夜游客的收入涨幅为21.63%。

（三）乡村冰雪旅游发展迅速

乡村冰雪旅游产品的内涵得以扩展，知名度进一步提高。一季度全省各地开展的节庆活动重视体验，取得良好成效。以往的冬季乡村旅游主要内容为赏冰、玩雪、年俗体验等活动，现在新增了滑雪溜冰、雪地越野、赏雪雕冰灯、雪地摩托、观看冬捕、雪原摄影、雪季住农家等内容，同时为游客提供优质的服务，这些努力使得乡村旅游收入增长迅速。2018年一季度游客人数为686.01万人次，同比增长21.6%；收入为33.60亿元，同比增长28.4%。乡村旅游在"冰天雪地变金山银山""冷资源变热经济"中的作用开始显现。

各地按照十九大报告中的"实施乡村振兴战略"要求，以全域旅游为发展理念，助推乡村旅游项目的落地和建设。以冬捕为代表的渔业发展规划以及"林海雪原木帮文化与雪文化"林业发展规划，让乡村不再有"农闲"时节。吉林市的温泉项目迅速兴起，形成"温泉＋"企业发展模式，典型代表有神农温泉、圣德泉。著名的雾凇岛旅游人数继续呈爆发式增长，游人

如织,带动了周边农民参与冰雪旅游的接待和服务。延边朝鲜族自治州积极引进社会投资,培育了一批特色冰雪旅游项目,敦化的老白山雪村成为延边冬季乡村旅游的新热点。四平市的伊通马鞍山生态农业冬钓旅游项目、双辽市的西辽河雪立方冰雪大世界项目、天元润土农业有限公司乐葆园果蔬采摘基地项目都成为本季新亮点。

(四)冰雪旅游的规范化发展效果显著

继续增加和完善各类旅游服务设施,建立和健全旅游管理体制,持续净化旅游市场环境。明确规定全省在目前环境下旅游业要创意引领统筹全局、全时、全要素,注意创新体制、完善机制。冰雪旅游开始从粗放式发展向规范化、标准化发展转变。冰雪旅游产品的质量和品质均有所提高。同时为适应冰雪旅游消费转向平民化、大众化旅游的趋势,产品价格以亲民的标准来制定。

在"雪乡"事件发生后,针对网上铺天盖地的"东北雪白心黑""去了东北看雪没有几万块钱出不来"等负面舆论,吉林省出台了很多政策防止"欺客宰客"现象,有选择地加大了吉林省冰雪旅游的宣传力度,例如一般旅游投诉24小时内受理,7个工作日内处理完毕,防止在利益驱使下商家的欺诈行为,全力打造诚信旅游形象。以长白山景区为例,景区未雨绸缪,早已打造了长白山旅游咨询投诉处理平台、长白山旅游诚信商家星评管理系统、长白山全域旅游智慧公共服务平台,三个平台同时上线运营。相关旅游部门牵头制定了《长白山旅游投诉快速受理处理机制的工作方案》,依托国家旅游"12301"公共服务平台,建立了"吉林长白山旅游咨询投诉处理平台""长白山旅游诚信商家星评管理系统"。邀请国家旅游"12301"公共服务平台负责人对两个平台操作使用进行培训,13个相关部门以及长白山景区、旅游餐饮、旅行社、星级饭店等百余人参加培训。

在各方努力下,吉林省冰雪旅游没有出现影响本省旅游形象的宰客欺客行为,保持并维护了自身良好的旅游形象。

二 吉林省冰雪旅游发展存在的问题

（一）冰雪旅游潜力仍有待挖掘

对冰雪内涵挖掘不够，景观缺乏本土内涵。原始冰雪资源优势的开发和利用仍有很大的上升空间，人文旅游资源也存在被忽视的现象，旅游产品设计的创新性与丰富性有待提高。冰雪旅游产业存在管理粗放问题。如何实现冰雪旅游的全面升级，全方位释放冰雪经济的活力，是目前亟待解决的问题。

冰雪旅游产品中的滑雪、冰灯、雪雕、冬泳等项目相对完善，冰雪娱乐项目开发尚不完善。许多受欢迎的产品很少，例如冰上马拉松、雪地足球、冰上芭蕾、冰上龙舟、冰上自行车、雪地风筝赛、冰雪摄影大赛等。冰雪旅游体验产品开发不够，可以开发冬令营，让孩子们体验野外踏雪、增加在林海雪原过冬的经历；全家老少顶风冒雪体验一个不一样的农历新年等。

大部分景区将关注点放在硬件设施的投入上，忽略了整体环境的治理与美化，忽略了特色经营及服务质量，大部分景区缺乏特色、娱乐项目雷同，娱乐氛围不浓。另外，部分景区自助导游和自助服务功能不够完善，景区全景图、指示标牌和各种引导标识不健全，不利于冰雪旅游的顺利开展。冰雪旅游过程中交通、住宿、游玩、饮食、娱乐、购物等环节的价值链效应没有形成。北方冬季漫长寒冷的夜晚如果有电影院、咖啡馆、图书馆乃至多功能厅、购物中心等来消磨时间，会极大地增加游客的满意度，同时景区增加了收入。

（二）乡村冰雪旅游开发缺乏统一规划

由于缺乏详细、系统的冰雪旅游发展规划，一些地方的冰雪旅游尤其是偏远一点的乡村，冰雪旅游仍然处在自发性的发展阶段。部分景区、部分环节缺乏足够的人文关怀。冬季的冰雪使得游客出行消耗更多的时间和精力，

容易导致旅游线路的单调、延长行程。交通网络缺乏整体通达性。乡村冰雪旅游作为一种专项旅游产品，必须进行综合项目设计。如果缺乏总体规划的指导，极易出现低层次重复建设现象。自发发展的乡村冰雪旅游大多局限在初级的观光层次，不重视内涵的挖掘，造成产品的吸引力低、游客的回头率低。同时，缺乏规划还导致各个旅游景点的分布范围随机，景点之间缺乏联系，共生性低。那些距离城市稍远的旅游资源极佳的乡村，其丰富的旅游资源如果没有政府的政策支持、财政支撑，很难开展旅游经营活动，某些地区政府的宣传组织和支持工作不到位，农民对参与旅游景区的开发热情不够。目前开发和经营存在各自为政的现象，一旦某地有冰雪旅游资源可以利用，大家立即仿效，盲目投资，其经营管理多为粗放式经营，冰雪产品也存在雷同和模仿现象，缺乏创新性和特色，不同冰雪景区的旅游内容几乎一模一样。降低了冰雪旅游的吸引力，游客去过一个景区后没有兴趣前往其他景区。另外乡村冰雪旅游的从业人员多为当地人，没有经过相关的专业技能训练，没有服务意识，缺乏专业的旅游管理人员，往往很难满足游客的需求。乡村冰雪旅游过程的不规范、不系统、不合理导致接待水平降低，影响游客旅游质量。

（三）冰雪旅游形象传播缺乏整合

旅游形象传播理念没能做到与时俱进。传播理念先进与否直接关系到传播的效果。国内优秀旅游推广城市的传播观念与时俱进，根据需求不断变化，其旅游形象传播真正做到了全方位、多层次及立体化。根据其旅游产品、市场变化及游客需求、大环境等方面的变化及时进行调整。

吉林省一直重视对冰雪旅游的宣传，逐年加大宣传力度，取得了很大成效。但传播方式缺乏整合。传播内容也缺乏彼此的协调。省内景区的旅游信息呈各自为政的零散化、分散化状态，不能完整介绍全省范围冰雪旅游概况，限制了游客的整体认知。另外，传播方式与内容对各地独特的自然与民俗等表现元素和形象符号的体现力度不够深入，流于形式，无法表达深刻的文化内涵。具体来说，旅游广告投放时间少、频率低，缺乏创意。传播手段分散、无序，没能形成合力，导致传播辐射面小，传播效果不理想。同时，冰雪旅游传播只是将信息传达出去，忽略了游客的反馈环节，缺乏双向的沟通与互动，不能对传播效果进行总结和评价，无法及时纠正不足与失误，影响了吉林省冰雪旅游知名度、美誉度的提高。

（四）冰雪旅游产业所需人才缺乏

人才开发滞后于旅游业发展。旅游业作为服务行业，人才在其运营及发展中占据重要地位。各地旅游行政部门已经加大了对人才培养的资金及人力投入，但多是没有长期规划。除部分星级饭店、规模经营的旅行社、知名旅游景区外，旅游企业普遍重使用、轻培训。旅游业高端人才更加稀少。旅游人才规划缺乏重视，对人力资源的发展缺乏实质性和可操作性的内容。对旅游人才的认识未形成尊重人才、尊重创造的氛围，导致旅游业从业人员年龄结构年轻化、员工流失率高，社会普遍认为旅游业用工以年轻人为主，流动性大，员工没有稳定感和归属感。尤其是从事冰雪旅游，需要在极端寒冷的气候下工作，工作时间长、强度大，冬季白昼短，这些直接限制了女性从业人员的工作热情。冰雪旅游具有季节性，淡季工作人员的薪金待遇和福利下降显著。

从事冰雪旅游管理与服务的人员中，本科毕业生稀缺，硕士毕业生更加罕见。参加工作的人员后续掌握专业知识的机会较少，掌握外语、懂得冰雪旅游管理、能带领运动训练等专业理论与技能的人才寥寥无几。一些旅行社、旅游饭店在旅游旺季临时招聘大量员工或延长劳动时间，影响了服务质量及旅游业的有序发展。

目前，强身健体、休闲娱乐、减肥塑形在吉林省冰雪体育运动消费动机中位于前三位。而令游客不满意的是，在实际消费过程中，专业的冰雪体育运动指导员数量少，游客的运动规则、运动技巧、运动方法、安全注意事项等不能得到及时的、专业的指导。另外，冬季冰雪运动的工作人员中有相当部分的临时志愿者，他们的素质高低代表了冰雪运动的整体形象及服务质量。

三 深入发展吉林省冰雪旅游的对策

（一）提升冰雪旅游的发展空间

实施冰雪旅游产品升级策略。应进一步优化吉林冰雪旅游产品结构，在继续扩大市场占有率的同时，开始寻求和开拓新的市场。对冰雪旅游产品结构进行调整。提升产品质量和服务水平，做到"人无我有，人有我优"。产品定位可向高端和低端市场两个方向延伸，这样可以增加游客可选择余地，提高市场占有率。可尝试个性化及品质化定制服务，吸引各个层次的游客。

对营销策略进行适当调整，通过打折促销等多种手段吸引新老游客。适时开发旅游产品，满足新需求，吸收回头客。

吉林省现有的冰雪旅游产品已有一定的群众基础和影响力。可根据市场发展趋势及游客的具体需要，选择适合的产品进行调整或者升级等策略，达到挖掘吉林省冰雪旅游产品潜力的目的。提高现有冰雪旅游产品的质量，使其更完善、更受欢迎。完善现有旅游产品，改善管理和服务。根据不同层次游客的需要，充分利用冰雪旅游资源对现有产品进行深度的整合、开发，丰富冰雪旅游产品的内容。例如，增设适合初学者和儿童的坡度柔缓的雪道、增加相关娱乐项目，如雪地摩托、冰上自行车、冰灯制作等，可以满足不同需求的游客亲近大自然的需要。改善管理和服务从小事做起。例如消费支付方式的与时俱进，可以尝试普及一卡通收费及支付宝收费，一张卡可以在景区内所有消费点刷卡消费，减少反复付钱的排队等候等的不便。

增加旅游淡季的收入。淡季旅游景区可以举办活动来吸引游客，如各种展览、音乐节、庙会等。可根据当地资源禀赋开发旅游。比如冬季的知名滑雪景区，夏季可以举办夏令营，可以进行远足、野餐、滑草、骑马等活动。可以以此来平衡全年客流量，增加景区收入，激发人们从事冰雪旅游的积极性。吉林省有些景区的旅游资源适合反季旅游，具备开发其他旅游产品的条件。以开发博物馆、民俗等人文景点旅游为例。博物馆、民俗等项目受季节影响较小，在门票上可以实行季节折扣优惠。依托东北地域特色的民俗活动、节日庆典、宗教活动、传统集市、特色餐饮、文化体验等都可以丰富旅游产品的内容，解决客流量因季节而苦乐不均问题。商务旅游、会议旅游、美食旅游等产品，也受季节影响较小，可以用来调节淡旺季。还可以进行民俗节事与演艺节目的结合。细化客源市场，开发针对不同年龄段的旅游产品，如银发一族的夕阳红旅游、青少年的寒暑假修学旅游等。

（二）实现乡村冰雪旅游的规范化发展

乡村旅游市场如果制定了统一行业标准，就有了经营管理和服务的参照标准，使经营者不再困惑，部门也有了监管参照，同时，在政府调节下，各类乡村旅游社团组织和中介机构可以形成行业发展合力和行业自律。因此加强规范化管理，是发展乡村旅游的保障。执行规范制度，能更好地提高乡村旅游效益。有了制度的规范可以引导、鼓励和调动旅游企业参与乡村旅游的积极性，提高规模和档次。树立典型能够进一步推动乡村旅游发展。政府通过政策推进和资金扶持，加强乡村旅游景点的建设，为乡村旅游发展树立典范。通过政府引导、政府部门提供相应配套的服务。旅游系统应设立专门管理机构，负责乡村旅游发展的协调、管理、服务、指导及监督。帮助乡村旅游各相关主体加强联系，实现行业自律。政府职能部门可推动乡村旅游协会的成立，并指导和监督，由政府联合相关主体制定和完善统一行业规范，提升行业整体发展水平。

项目开发必须符合乡村旅游的发展规划，实行资格申请、职能部门审合批准，以防止出现随意和违规发展，申请开办时要经过经营许可、卫生许可、从业人员上岗前培训等。具体可以从基础设施、卫生标准、环保、综合管理等方面对项目实施综合考评，其经营场所要环境整洁、饮食安全卫生，从业人员身体健康、具备基本礼仪知识，能给游客提供一定水准的服务。

（三）将旅游形象进行整体宣传

旅游形象直接作用于现实游客和潜在游客，影响游客的购买行为。旅游

形象整体宣传应统一认识,明确特定时期内的宣传主题及目标,宣传方式、途径、内容可能不同,但表达的主题只有一个,即塑造吉林省冰雪旅游整体形象,提升知名度和美誉度,让游客了解、喜爱并最终选择来吉林旅游。

旅游形象传播是多种传播方式、内容的综合运用。应充分利用报纸、杂志、广播、电视等传统媒体和网络、手机等新兴媒体,还包括交通广告、户外广告媒体,充分发挥不同媒体的传播优势,达到最佳效果。例如报纸可以在特定的时间如节假日、黄金周,适时开辟旅游专栏,平时设置适当版块对于冰雪旅游产品进行宣传和推介。邀请并接待旅游专家、作家、评论家、摄影师参加冰雪旅游推介活动和冰雪体验及学术研讨会,并将活动内容及照片发布到微博等新型媒体上,供冰雪旅游爱好者随时查阅。

选择合适的旅游类杂志,做长期的旅游形象宣传。广播是老年听众及开车一族喜爱的传播媒体,可以利用其来进行相关的宣传。电视由于本身的图像、色彩、声音优势,多数旅游景区选择这一载体进行形象推广。应继续选择中央电视台这样的强势媒体。在吉林卫视中开设旅游频道,定期专门推介冰雪旅游。网络是旅游业宣传推介的重要渠道,应充分利用政府、旅游企业等相关单位和部门的网络进行宣传推介。精心打造和维护吉林政务网和吉林旅游网,同时做好与国内相关大型旅游网站的友情链接。合理利用户外和交通等传播载体,例如火车站、高速公路、机场、高速公路、交叉路口等人流密集的场所设置广告牌或滚动屏幕,利用好城市的路灯广告、车身广告等交通媒介。最后要让旅游形象推广工作有所监督和完善,即做好旅游形象推广的反馈工作,通过调查问卷及座谈等方式,准确地了解游客、民众的意见。

(四)完善冰雪旅游人才的保障、激励机制

高技能人才的社会保障是政府职责中的特殊领域,应建立完备的社会保障体系,形成国家、社会和企业结合的保障机制。应为员工制定职业生涯发展规划,设立一个明确的奋斗目标,包括横向、纵向发展职业生涯规划,激发员工的积极性,增强认同感。

创新激励机制,对有突出贡献的人才,其收入可与经营业绩直接挂钩,

保证高级人才获得较高报酬。激励机制应该考虑各种因素，如年龄、工作条件、教育背景、经验积累等，并建立灵活的薪酬制度。坚持精神激励和物质奖励相结合。制定职业发展规划和提供晋升机会也是重要的激励方式。情感激励是对旅游人才的尊重与肯定，要对在岗位上勤恳努力、工作多年的人设立能工巧匠奖、忠诚员工奖及终身技能成就奖等。

注重培养国际化人才。培养具有国际视野、了解国际国内旅游动态，能够掌握全局运作的高端人才。加快现有人才的升级培养，培养国际型创新型的高级人才。组织中高层管理人才进修与考察，吸引出国人员回国服务，引进专业的职业经理人才。加大景区各类人才的培养。抓好高端旅游产品促销、旅游景区管理、旅游产品设计与开发等人才的培训和储备。

鼓励旅游院校、培训机构，采取订单式培养的模式，培养急需专业人才。发挥旅游部门的作用，开展人才培训、送教上门等工作。培养中应引进体验式教育，创造一定的学习环境，让学生亲自参与实践活动，实现产、学、研的相互渗透与结合，结合冰雪旅游产业发展现状，根据实际需要，明确培养目标。直接面向学生将从事的职业，从人才特征、知能结构、工作范围及职务教育等多方面强调人才的适应性和可操作性。培养目标要把能力放在第一位。根据学生自身的能力特点，创新课程，注重综合素质的培养。根据本地区的人才需求，有针对性地培养市场紧缺人才，强调人才的基层应用。

（五）构建冰雪旅游危机管理体系

冰雪旅游自身带有高敏感性及高风险性。自然的或人为的因素都可能会影响冰雪旅游的发展。尤其在网络时代，一个偶然的个案就会影响整个地区。旅游业面临前所未有的挑战。游客的信任对冰雪旅游的发展至关重要。我们应当未雨绸缪，做好准备应对突发事件的准备。

建立突发事件预防机制，完善舆情监测体系，及时获取和掌握舆情对突发事件或预防或消灭。完善旅游质量监督体系，对景区运营一方进行监管，杜绝虚假宣传、提供详细旅游合同范本（列出具体日程，酒店、餐饮具体

标准及价格，景区价格，娱乐项目以及收费标准，导游服务具体内容）。在景区醒目位置张贴各种投诉方式。提高旅游产品质量，优化省内各景区接待能力。丑闻一旦发生，修复公众的信心便极其艰难。景区必须从根本上杜绝这种情况。从旅游产品、特色、环境、规范旅游管理、配套设施等方面入手，重视游客的反馈和意见，贯彻游客权益至上的理念，一点点增加游客的信任，降低事件发生概率。坚决打击拿回扣、强制购物、以次充好、虚假宣传等乱象，对旅游经营一方和管理人员进行专项培训，快速解决每位游客的投诉。针对突发事件及时采取修复策略。

完善突发事件应对机制，以最快的速度应对危机。一旦出现事件，不作为、不及时处理甚至包庇经营一方会导致景区丑闻不断，游客信任度不断下降。应由旅游管理部门联合媒体及时与有意见的游客一方及失信经营一方进行有效、积极的沟通，调查清楚后及时向公众公布事件真相，根据真相采取或者澄清，或者及时公开处理等方式，如果真有过失，要敢于承认并积极承担后果。这种处理方式可以有效扭转旅游形象的负面效应。同时对游客一方表达歉意，愿意与其和解，承认经营一方或者有意或工作不够专业细致等导致游客不满，并愿意承担相应的责任。这样可以改变公众印象，减轻负面情绪的影响。另外，要对游客一方提供相应补偿，根据情况给予一定经济补偿。修补制度或管理上的不完善，就目前来看，游客最不满意的大多是经营一方的诚信问题，应杜绝此类事件的再次发生，这种策略是景区深具责任感的表现，可以增加游客满意度，扩大景区声望。

改革创新篇

Reform And Innovation

B.15

吉林省"放管服"改革研究

任 晶*

近年来，按照国家的战略安排，吉林省在"放管服"改革领域推出了一系列创新举措。从优化吉林省营商环境入手，重点解决了制约新一轮振兴发展的突出问题，着力为企业松绑、为群众解忧，破解了多年来存在的难题，清除了改革发展中的障碍，取得显著成效。

一 吉林省"放管服"改革经验做法

（一）统一谋划、分层推进

2015 年，吉林省政府组建"省政府推进职能转变协调小组"，统筹谋划

---

* 任晶，吉林省政府发展研究中心综合处处长，主要研究方向为"放管服"改革研究。

全省"放管服"改革。截至目前，已经累计出台 146 项文件，推进八大领域改革，涉及重点改革任务达到 211 项，使区域创业创新更加便利、成本更低，市场活力有了明显提高。特别是 2018 年以来全省上下开展的"只跑一次"改革，在全省建立起跨层级、跨地域、跨系统、跨部门、跨业务的协同管理和服务，实现"一网通办"、力求线下只进一扇门，现场只需跑一次，提高了老百姓生活满意度和获得感。从分层推进情况看，全省各地也在积极探索创新改革新模式，形成了许多好经验。如四平市推进"你跑我不跑"，长春新区"一窗受理，并联审批，全程通办"，"涉企收费进清单，清单之外无收费"等做法，为全省"放管服"改革树立了标杆。

（二）简政放权改革全面破题，行政审批效率显著提高

一是大幅减少行政审批事项。五年来，吉林省政府进行了六轮行政审批制度改革，共取消、下放和调整了 400 多项行政审批事项，比 2013 年削减了 60% 左右；全面取消非行政许可审批权，使非行政许可退出历史舞台。前置审批削减幅度 85.4%。

二是全面推行清单管理。目前，吉林省、市、县（区）三级政府部门权力清单全部完成并向社会公布，比国家要求的时限提前了近两年。其中，47 个省政府部门行政权力由 3675 项调整为 3611 项；市级政府平均保留权力事项 3009 项；县级政府平均保留权力事项 2224 项，权力事项大幅减少。同时，在政务服务部门设立审批办证一次性告知清单、办事服务指南等，方便了企业和群众办事。

三是不断深化商事制度改革。推进简证便民行动，简化行政环节，有效促进市场活力，不断优化全省的营商服务效能和服务质量。省直部门共减少 25 个行业 68 个证明事项，各地区在此基础上，又主动压减 39 个行业 387 个证明事项。同时，全省有 158 个服务事项可以在网上开证明。2017 年 7 月 1 日，吉林省在全国率先推行"多证合一"改革，现已由"32 证合一"升级为"54 证合一"，企业办证时间压减 85%。

四是持续优化投资环节。近两年吉林省企业投资审批的周期明显大幅压

缩，环节和要件得到精简，效率不断提高。对政府投资项目的所有前置审批事项进行了清理，压缩审批时间 20%；报建审批事项的清理规范涉及 16 个省直部门 60 个具体事项，省级投资领域立项后开工前报建手续从 19 项减少到 12 项，大幅优化了审批流程，节约了企业投资成本。

五是扎实推进清费减负。自 2016 年 6 月以来，吉林省先后九次发布《吉林省人民政府关于清费减负优化发展软环境措施的通告》，实施 64 项停征降低涉企收费政策，共减轻企业负担 268.1 亿元。大幅压缩涉企行政事业性收费，取缔 7 类乱收费行为，压减税率 38.5%，切实降低企业制度性成本，优化发展软环境。

六是显著削减职业资格。在取消国务院规定的 434 项职业资格许可和认定事项基础上，省政府对自行设置的 71 个职业资格全部取消，激发了从业者和潜在从业者的活力。

（三）监管体制不断创新，监管体系逐步完善

截至目前，全省统一的综合监管平台已全面建成，累计开展了 1653 次抽查，共检查市场主体 71587 户，出动检查人员 13565 人，抽查结果全部公开。

1. 两个率先领跑全国，彰显"吉林速度"

一是在全国率先完成了"四个全覆盖"。目前，全省 48 个中省直部门，3102 个市、县级政府部门已全部建立了"一单两库一细则一计划"。其中，48 个中省直部门共梳理出检查事项 367 项，全部录入"双随机一公开"综合监管平台；检查对象名录库覆盖了全省 210 万市场主体和 8.5 万非市场主体；检查人员名录库已入库执法人员 53992 人，实现了检查部门、检查事项、检查人员和检查对象"四个全覆盖"。二是在全国率先开展了跨部门联合执法。借鉴巡视工作经验，工商部门在省政府组织协调下，建立了执法联动响应和协作机制，积极推动部门间联合"双随机"抽查，不断探索违法线索互联、监管标准互通、处理结果互认，将吉林"双随机一公开"工作推向深入。目前，按照"名单一次性抽取、人员一次性选派、检查一次性

完成、结果一次性公布"模式,已累计开展跨部门联合检查258次,使各部门间资源共享,降低了执法成本,提高了执法效能。

2. 从"分兵把口"向一体化监管转变

当前,吉林省是全国唯一一个在"双随机一公开"工作中实现上下统筹、统一监管的省份。在落实中央部署的过程中,省政府组织相关执法部门不断探索、大胆创新,打破原有各执法部门依各部委的相关指导意见开展系统内工作的模式,统筹了国家各部委对本系统开展相关工作的要求,率先搭建统一综合监管平台,使所有执法部门统一进入监管平台,形成了监管合力,进而实现了全省各级各部门统筹实施、抽查工作统一调度。这一点迄今为止我国其他省份尚未做到。

3. 打破了监管领域"信息孤岛"和"数据烟囱"

在开展"双随机一公开"工作之初,吉林省在目标制定上就高于国家要求,从一开始就打破了"信息孤岛"和"数据烟囱"问题,实现了"省政府组织协调,工商局一家统管、省市县纵向贯通、各部门横向联合"。利用综合监管平台,归集来自各方面的涉企信用信息,统一归于企业名下,有效解决信息孤岛特别是企业信息的分散化、区域化、碎片化问题,实现数据共享,使过去单一部门的监管"局域网",变成了多部门信息的"联通网",加强了对市场主体的信用监管。

4. 提高了惩戒要求,强化了惩戒力度

在2015年国家38个部门联合签署《失信企业协同监管和联合惩戒备忘录》的基础上,2016年吉林省工商局联合52个部门印发了《吉林省失信企业协同监管和联合惩戒合作备忘录》,增加了部门数量,扩展了惩戒范围,加大了惩戒力度。目前,累计900余户企业被联合惩戒。国家工商总局给予高度评价:这在全国是首个尝试,也是加强商事制度改革事中事后监管实践中的一次破冰。

(四)政务服务不断优化,人民群众获得感不断提高

一是积极推进"多门"变"一门"工作。取消了各地政府部门单独设

立的服务大厅，打造全省各级各类综合性政务大厅集中服务模式，实现"一窗受理、集成服务"，推行"前台综合受理、后台分类审批、统一窗口出件"的政务服务模式，实现了企业和群众到政府办事"只进一扇门"。

二是完善制度保障。几年来，吉林省通过推行"首问负责制""一次性告知""容缺受理""限时办结""延时服务"等一系列制度，实现了对全省政务大厅的统一管理和监督。各地政务大厅也在探索优化服务模式，如有的地区已经提出"中午不间断、周六不休息"服务。

三是推进实体政务大厅向网上办事大厅延伸，吉林省"一张网"信息系统整合了省（中）直50个部门所记录的1.1亿条社会成员信用信息，提供了省、市、县三级同步覆盖的一体化服务，实现让数据多跑腿，让群众少跑腿，目前已经有30项零跑动服务事项。

二 吉林省"放管服"改革存在的问题

（一）简政放权的力度、有效性需进一步提升

1. 市场准入门槛较高

一是地方权力受限，减权合法性上难以保障。很多许可证是国家相关法律法规规定的，地方没有压减的权力，即使个别许可证是地方性法律法规规定，压减相应许可证也缺乏合法性保障。二是部门权力交叉影响"分离"效果。"办照容易办证难"的问题比较明显。压减企业设立后的经营许可证是多部门联合行为，需要明确各部门间责任权属，建立信息联通机制，但是，由于涉及部门众多且不同部门信息平台之间接口不一致等问题，影响了"证照分离"的改革效果。三是"新区"能否代表"全域"值得探讨。如吉林省在推进"证照分离"改革过程中，在长春新区先行先试，整体推进程度及效率进展不错，但长春新区的治理构架和全省其他地区是有差别的，新区经验能否顺利过渡到全省，需要科学的实践与探讨。四是市场准入负面清单制尚未完全建立，存在"准入不准营"的问题。如健康养老、医疗康

复、技术培训、文化体育等领域准入门槛高且互为前置审批。

2. 中介服务缺乏规范化管理

一是中介服务环节多、耗时长、收费乱、垄断性强，政府虽对中介咨询服务项目进行反复清理和规范，但名目繁多的中介服务给投资项目审批带来较高的障碍，较高的隐蔽性又带来监管难、处罚难，中介服务管理面临考验。二是部分中介服务与政府过分"亲密"。有的中介机构与政府部门未真正脱钩，企业负担只是表面化被降减。三是行业垄断依然存在。中介机构服务存在垄断化、指定化，涉及企业的某项评估很多是由相关职能部门指定唯一的中介机构进行业务办理，不利于形成符合市场经济规律的定价定规服务，影响中介市场的公平稳定。

3. 审批环节仍有痛点

一是部分中小企业思维存在"人情定式"。一部分企业在投资项目报建审批过程中，对政策的学习研究不到位，对企业投资"并联审批"平台的运用不到位，依赖于"托关系"思维定式，制约了企业投资审批效率的提升。二是宣传层面的信息不对称。一方面政府宣传推广不到位，对于企业投资项目报建审批方面的政策宣传、平台建设推广等方面培训不到位，企业知晓率低；另一方面，企业主动关注、知晓的自主程度不够，常会出现"热脸冷背"的现象。三是平台建设发展滞后，服务体系有待完善。投资审批平台与大数据、云计算等最新技术应用结合度不够，线上平台过度依赖线下管理。此外，缺乏专业性的第三方培训或者提供审批咨询服务的市场机构，使政府部门充当服务机构的角色，服务作用发挥有限。

（二）监管制度不健全、监管效能不高

"双随机一公开"监管机制，从一定程度上解决了过度监管、利益链条以及无效监管等问题，但在事中事后监管方面仍存在问题。一是"双随机一公开"监管缺乏相应的技术支撑。跨部门的统一信息共享交换平台没有建立，监管对象库和工商登记名录库形不成对接共享，部门间信息共享不畅，大部分部门缺少成熟的抽查系统。此外，由于抽检人员的"随机性"，

一旦遇到其不熟悉领域或专业性较强的领域，会直接影响检查结论的准确性，且异地抽检也会增加相应的行政成本。二是随着"大众创业、万众创新"的铺开，对新兴经济领域，如互联网金融、网络约车、直播平台服务等，缺乏适应市场新业态发展、符合市场规律的新型监管手段，且部分此类行业涉及食品卫生和公共安全等，仅依靠网络监测、书面检查也难以达到监管效果，而"双随机一公开"监管又难以覆盖到。三是没有建立起信用约束机制和惩戒机制。目前对监管对象的信用约束机制和惩戒机制没有上升到法律法规层面，部分失信惩戒仅能在市场监管、法院、银行、民航、高铁等少数政府部门和社会行业间实现，在信息传播和对失信行为的惩戒力度方面还存在着局限性。

（三）政府服务环境有待进一步优化

1. 缺少统一、权威的改革成效信息反馈渠道

各部门、各层级政府的公开电话、领导信箱、"两微一端"等问政平台林立，但是企业和群众跑审批、办事情遭遇障碍时，投诉的信息碎片化、监督压力分散化，干扰了问题的暴露与反映。一方面拖延了改革成效落地，另一方面无法向投诉企业和群众提供令其信服的解决方案，降低了服务的满意度。

2. 企业和群众办事获得感有待提高

一是回应解决企业、群众反映的"痛点"能力有待提高。与浙江、江苏等省份相比，吉林省缺乏利用大数据分析、识别改革"痛点"的办法和途径。科学、动态地摸索改革重点，善"使巧劲儿"提升社会满意度的思路不够开阔。集中表现在：不动产登记、办理商品房产权、过户以及儿童医保卡等业务耗时长、手续多的问题；对于企业反映突出的投资及项目审批、城建资质审批多头跑路、索要不合理证明等问题；技术上缺乏发现和识别的能力，效果上也缺乏显著的改善。二是旨在整合力量、落实政策、协同回应的机制在基层表现得尚不完善。如对于企业、群众反映集中的"痛点"领域，如何通过政务流程的标准化来保障"只跑一次"在不同地区、部门能

够得到落实？如何通过向社会公开承诺办理时限、明确问责机制来倒逼"痛点"的根除？

3. "互联网＋政务服务"作用发挥不充分

一是"一张网"政务服务地区差异较大、网站应用宣传力度不足、业务系统不能高效兼容等问题严重制约政务服务效能。从全省范围来看，网上开证明的事项类型和数量很不均衡。如长春市的大部分区县可在网上开具40类证明、延边朝鲜族自治州延吉市可在网上开具的证明为14项，其他市县可开具证明为5～6项。二是"信息孤岛"现象突出，信息共享机制有待完善。在实施"多证合一"改革中，企业信息在工商、税务、质监等部门间难以实时同步共享共认，导致企业和群众在办理证照过程中，增加了不必要的环节。三是电子材料缺乏法律有效性认证，目前企业在开展各类活动时，仍需要用纸质材料加以证明。如一些企业在招投标时，往往要持着证明原件在同一天辗转于不同的城市，这些对企业的时间和物力都造成了不必要的浪费。四是存在公民信息的泄露现象，网站个人联系方式、身份证号等关键信息都可以随意下载，公众信息安全问题值得关注。

三 加快推进"放管服"改革的对策建议

（一）下好"放"的先手棋，突破简政放权新难题

一是持续推进"证照分离"改革，以长春新区等试点为基准，探索"由点盖面"的改革全覆盖，并做好相应配套措施；健全相关法律法规，建议地方人大加大对清理和修订经营许可证方面法规的推进力度，并积极推动全国人大或相关部门修订相关法规；组建吉林省级行政许可中心，以各相关部门为单位，以"一个机构、一个平台、一个门口"统筹全省各行各业经营许可的压减工作，就省内企业设立后的经营许可事项进行全面整理。

二是加强对中介服务机构的管理。对中介服务项目进行全面清查，没有法律、法规依据的一律取消，对保留的项目要对名称、时限、收费标准等进

行统一规范，形成比较权威的中介咨询服务项目、机构及收费目录清单并向社会公布；规范中介服务市场。对垄断性中介咨询服务机构实行限时服务，并要逐步降低市场准入门槛，打破垄断局面；大力推行承诺服务，对服务的时限、流程、收费依据及标准向全社会公开。建立健全中介咨询服务收费动态监管机制，及时修订定价目录，规范收费行为；对"可研、环评、安评、能评、雷评、震评、水评、图审"等领域的中介咨询服务，要打破垄断，建立竞争机制，鼓励企业通过招标方式自主选择中介组织。

（二）打好"管"的组合拳，着力提升监管效能

一是加强综合监管与分类监管的统筹协调。一方面，大力推进综合行政执法改革，推进各部门联合监管体系，实现违法线索互联、监管标准互通、处理结果互认；另一方面，通过明确市场监督管理责任，强化对不同行业和不同地区的分类监管，双随机抽查与传统监管齐抓共管、同步推进。对互联网时代出现的新业态，要结合实际制定监管手段，确保监管不留空白。

二是推行"互联网＋监管"，积极打造智慧监管。打破部门间的信息壁垒，利用互联网手段，搭建行政执法信息共享平台；利用大数据、人工智能等途径，及时掌握监管信息，提高监管效能。

三是建立健全纵向联通、横向协调、纵横协管的监管体系和监管机制。探索跨部门跨行业联合随机抽查机制，积极推进多元化的监管机制，充分利用社区、行会、民间组织、智库专家的力量，专业化监管与参与式监督协同推进，使监督管理更加有效。

四是完善社会信用监管和联合惩戒机制。公开行政处罚信息、经营异常名录、严重违法企业名单等信息数据，便于各有关部门对违法市场主体采取有针对性的信用约束措施，形成一处违法、处处受限的局面。加强落实信息资源共享工作在人员、技术、服务、经费方面的保障。

（三）按下"服"的快捷键，持续优化政府服务

一是建立统一的政务处理标准体系。"放管服"改革涉及面广、难度

大，需要各地区、各部门统筹推进，建立统一的审批、评价、技术、服务、收费及行业标准体系。同时，建立责任清单、中介服务事项清单、证明事项清单、专项资金管理清单、市场准入（企业投资）负面清单、各类行政许可证件清单、职业资格许可认定清单等，并向社会公布；对于行政审批项目名称、编码、设定依据和电子证照等审批信息与数据，全省应制定并实行统一制式、统一标准，推进"一照一码"营业执照在各领域互认互通。

二是加快推进"互联网＋政务服务"。以"数字吉林"建设为依托，推广政府和社会资本合作模式，建立以云计算为基础的统一政务信息资源共享管理平台。通过省、市、县三级联动的行政审批和政务服务网，打破数据烟囱和技术壁垒，进一步深化网络通、数据通、业务通，提高部门办事效率。同时，推进网上办事服务公开，更多事项网上办理，实现政务服务"一网通办""全省漫游"。

三是优化和再造业务流程。全面梳理涉及群众办事的服务事项，制定并公布规范化、精细化、通俗化的标准办事指南，取消不必要的申报材料和含糊其辞的说明等。涉及政务服务事项的证件数据，相关证明信息等要实现跨部门、跨区域、跨行业互认共享，实现"证件联用、信息联通、服务联动"。

四是创新政务服务新形式。探索利用商务数据平台发展智慧政务。支持网上银行、手机银行、微信、支付宝等多渠道缴税，实现"常规事项不出门、特殊事项跑一次"。

五是建立集中的信息反馈渠道和机制。围绕"放管服"改革进程中的群众诉求，建立统一的信息回馈受理平台，确保平台上的交流内容充分公开，形成有效的外部监督压力。同时，在技术上加以跟进，围绕各环节清晰落实责任，制定"核实—调查—整改—答复"紧密衔接的信息处理流程，构建起严格的内部监督机制。

B.16
吉林省加快培育经济发展
新动能的对策研究[*]

王天新[**]

摘　要： 培育和壮大新动能是新常态下吉林省保持经济水平稳步提升的必然要求，也是"十三五"期间全省统领经济社会各个领域共同聚力发力的重要任务。目前，吉林省处在经济结构调整和动能转换的关键时期，传统产业转型升级加快，新兴产业发展势头良好，新消费的带动作用增强，创新创业的活力持续释放，但在推进新旧动能转换的过程中仍然面临一些亟待解决的问题，需要继续在推动产业升级、促进业态创新、强化"双创"扶持、优化制度供给等方面做出进一步努力。

关键词： 产业升级　消费升级　创新创业　制度供给

随着吉林省深入实施"三个五"发展战略，持续以创新驱动经济发展，吉林省老工业基地的新旧动能转换步伐明显加快，以创新驱动、技术进步、消费升级为牵引，以知识、技术、信息、数据等新生产要素为支撑，以新技术、新产业、新业态、新模式为标志的经济发展新动能正在形成。然而，在培育壮大新动能的过程中，吉林省也面临着一些亟待解决的问题，比如产业

---

* 本文是吉林省社会科学院规划（分院）项目"消费升级推动吉林市老工业基地产业升级路径研究"的阶段性成果。
** 王天新，吉林省社会科学院城市发展研究所助理研究员、博士，主要研究方向为城市发展。

结构性问题依旧突出、新业态新模式发展较慢、制度创新供给不够等。为此，本文综合梳理了吉林省培育经济新动能的阶段性进展，并对其中显现的问题进行深入分析，据此提出吉林省培育壮大经济新动能的施力指向与对策建议，以期为吉林省推动经济高质量发展提供决策参考。

一 吉林省培育经济发展新动能的主要进展

（一）传统产业转型升级加快

近年来，吉林省全力稳固经济增长，积极推动产业结构调整，大力推进传统动能改造提升，经济新旧动能转换步伐有所加快。2017 年，全省实现地区生产总值（GDP）15288.94 亿元，按可比价格计算，同比增长 5.3%，三次产业比重为 9.3∶45.9∶44.8，第一产业比重首次降到 10% 以下；2018 年 1 ~ 9 月，吉林省实现地区生产总值（GDP）9957.68 亿元，按可比价格计算，同比增长 4.0%，第一、二、三产业分别增长 2.3%、4.0%、4.2%。吉林省传统产业比重较大，因此在加速新旧动能转换的过程中，大力推进传统产能改造提升是重中之重。在农业现代化建设方面，2017 年，吉林省大力引导农民发展设施农业，实现种植面积增长 27.9%，建设投资了 3000 万元以上的农业产业化项目 125 个，通化县和舒兰县还入围了首批国家级农业可持续发展试验示范区。在工业转型升级方面，吉林省汽车、石化、食品、医药等八大重点产业的支撑作用有所增强，2017 年增加值增长 6.8%，对规模以上工业增长的贡献率达到 81.4%，一汽、吉化分别累计完成产值增长 10.6%、19.5%，16 款新能源汽车进入国家新产品公告名录，运动型多用途乘用车产量增长 25.7%，汽车轻量化制造智能工厂入选工信部工业转型升级（中国制造 2025）智能制造专项，国内技术领先的康奈尔化工甲醇制烯烃项目一期工程建设进程加快。截至 2018 年 9 月，吉林省规模以上工业增加值同比增长 5.0%，规模以上工业企业实现利润增长 17.1%，明显快于全国平均水平。在提升服务业比重方面，2017 年，全省现代物流、金融、信息等 100 个规模大、引领性强的服务业项目建设得到重点支持，42 个现代服务业集聚区实现营业收入 170.96 亿元，服务业增加值占比提高 2.3 个百分点；2018 年 1～9 月，服务业拉动全省 GDP 增长 1.7 个百分点，对 GDP 增长的贡献率达到 42.8%。在供给侧结构性改革方面，全省"三去一降一补"取得阶段性成果，2017 年，退出煤炭产能 266 万吨，商品房去库存、"地条钢"取缔工作全面完成，规模以上工业企业每百元主营业务收入成本低于全国平均水平，政府债务率也控制在国家确定的风险预警线内。

（二）新兴产业发展势头良好

吉林省大力实施"三个五"发展战略，聚焦创新转换经济动能，在多个领域取得了重大技术突破，新兴产业发展势头良好。2017 年，高技术制造业和装备制造业进一步拉动全省工业增长，高技术制造业增加值占全省规模以上工业增加值的比重为 6.0%，实现利润 153.24 亿元；装备制造业增加值所占比重为 10.6%，实现利润 133.72 亿元。与此同时，符合产业升级和消费升级方向的新产品也有所增多，长客公司生产的"复兴号"新一代高铁投入运营，高速动车组检修基地建成投产，牵引系统、网络控制系统、受流器等实现省内配套；吉林化纤突破碳纤维大丝束关键技术，通鑫公司玄武岩纤维制品在汽车轻量化领域开展应用；肝储备、皮肤 CT 进入临床，眼底相机、红外热像仪等生物医药及高性能医疗器械项目实现工程化；精密加工装备、检验检测装备、高端传感器、仿生 3D 打印装备等取得新突破，高通量测序仪等一批精密仪器与装备研制成功；"吉湾一号" CPU、高密度 LED 显示屏、CMOS 传感器已批量生产；"吉林一号"实现 10 颗卫星在轨运行。截至 2018 年 9 月，吉林省战略性新兴产业增加值同比增长 10.6%，比规模以上工业增长高出 0.8 个百分点，高技术产业增加值同比增长 16.8%，比规模以上工业增长快 11.8 个百分点；新产品产量进一步快速增加，其中，电子元件产量增长 45.5%，动车组产量增长 29.2%，运动型多用途乘用车产量增长 13.2%。

（三）新消费的带动作用增强

当前我国社会的主要矛盾已经转化为人民日益增长的美好生活需要和不平衡不充分的发展之间的矛盾，城乡居民对于提升消费品质与生活品质的需求日趋旺盛，这一矛盾变化势必为培育壮大经济新动能创造巨大空间。从吉林省的消费数据来看，2017年，消费对全省经济增长的贡献率已提高到60%左右，全年社会消费品零售总额为7855.75亿元，比上年增长7.5%，按经营地统计，城镇消费品零售额为7043.77亿元，比上年增长7.5%，乡村消费品零售额为811.99亿元，比上年增长7.4%；2018年1~9月，吉林省实现社会消费品零售总额5480.86亿元，同比增长5.2%，其中，城镇消费品零售额增长5.2%，乡村消费品零售额增长5.6%。特别是随着"互联网+"与更多传统消费领域加速渗透融合，网上购物、网上订餐等新兴消费业态渐成主流。2017年，吉林省电子商务交易额突破4500亿元，农村电商、跨境电商等交易额增长37.0%，电商企业达到8000余家，长春欧亚e购电子商务有限公司、吉林省农业综合信息服务有限公司、吉林云飞鹤舞农牧业科技有限公司成为国家级电子商务示范企业，净月高新区、四平市电子商务产业园成为国家级电子商务示范基地；欧亚跨境通全球商品生活体验中心、砂之船中东奥特莱斯进口商品直营中心也相继建成，电子商务云平台于2018年2月上线运营，全省9个市（州）馆均有企业入驻，以生态、有机、名优特产品为主的首个线下体验店也将在长春市挂牌运营。此外，旅游、文化领域的中高端消费也在快速增长，2017年，全省旅游业总收入和接待游客总人数分别增长21%和16%，冰雪旅游发展尤为强劲，居民文化消费需求也与日俱增，长春和吉林相继入选国家文化消费试点城市。可以说，吉林省需求侧结构正在发生深刻变革和提档升级，新消费新业态日渐涌现，线上线下加速融合，对于新动能的带动作用日益增强。

（四）创新创业活力持续释放

吉林省深入实施创新驱动发展战略，大力推动创新创业发展，市场活力与社会创造力均得到了激发与释放，成为发展经济新动能的重要动力。2017年以来，吉林省加快提升企业创新主体地位，鼓励和引导企业增加研发投入，并对按主营业务5%以上提取研发经费的企业给予优先支持；进一步推进科技成果转化，初步建成了吉林省光电子国家重大科技创新基地、吉林省化工新材料重大科技创新基地，并且已经形成科技成果中试转化能力，集成创新综合体建设也明显加快，已有包括北湖科技园、中科院长春技术转移中心等在内的308家企业及创新平台进驻，省科技大市场还被认定为国家技术转移东北中心，通过稳步推进相关建设工作，初步形成了跨机构、跨行业、跨国家的综合性、复合性技术转移格局；着力推动"双创"基地建设，长春新区、吉林大学、长春光机所、长春国信现代农业公司被认定为国家创业创新示范基地，国家级科技企业孵化器达到40家，还组织认定了3大类21家单位为省级创业创新示范基地，创业辅导、技术转移、金融投资、市场开拓等"双创"相关服务不断完善。通过深入推进"双创"发展，吉林省吸引汇聚了省内外的民智民力，2017年新登记市场主体实现增长8.1%，"双创"带动就业超过18.5万人，对发展新经济、壮大新动能发挥了重要的支撑作用。

二　吉林省培育经济发展新动能存在的问题

（一）产业结构性问题依然突出

当前吉林省经济发展正处在从旧动能向新动能转换的过渡阶段，实现新旧动能转换既是一项系统性的工程，也是一项长期性的任务，特别是目前吉林省的产业结构性问题依然较为突出。一是工业经济增长仍高度依赖传统支柱产业。2017年，吉林省汽车、石化、食品三大产业对规模以上工业增长的贡献率达到60%左右，高技术制造业增加值仅增长0.2%，装备制造业增加值下降0.1%，传统产业动能在相当长一段时间内仍是全省经济增长的重要动力源。二是新动能体量相对较小，尚未发展成为吉林省经济增长的主支

撑。近年来，吉林省新能源、新材料、生物医药等战略性新兴产业发展较快，但创新技术支撑及产业资本要素的配套支持仍不够强，2017年，吉林省企业研发经费支出占主营业务收入比重仅为0.4%，技术获取和技术改造经费所占比重也只有0.26%，在一定程度上制约了企业的研发主体作用发挥，科技投入增长的强制性保障机制也有待完善。可以说，吉林省新动能领域成熟尚需时日，目前还不能对全省经济高质量发展起到强大支撑作用。

（二）新模式新业态发展相对较慢

随着居民生活水平稳步提升以及"互联网＋"加速向各行业渗透，居民消费领域呈现出消费水平开始提速、消费热点逐步转化、消费结构孕育升级等新动态，日益显现出对吉林省经济增长和产业结构优化的带动作用。然而，相较于居民消费升级加快，吉林省消费领域的新模式新业态发展仍相对较慢。一是服务类业态不够丰富。一方面，文化活化、内容创意、跨界融合等方面较为薄弱，导致吉林省冰雪和避暑休闲领域仍缺少具有地方特色的旅游精品，并且与体验消费、特色民宿、康体养生等方面结合得不够紧密，旅游服务的数字化水平也不高，在一定程度上影响了游客体验，不利于吸引外部消费增量；另一方面，全省中心城市的复合式文化消费空间较少，特别是文创园区、文化街区、艺术中心等体验类空间缺位，导致大部分城市的线下零售业态创新程度有限，未能形成类似一线城市中活跃经济的文化消费地标。二是跨境电子商务发展水平有待提升。随着吉林省居民收入和生活水平不断提高，中高端消费需求日趋旺盛，但现阶段吉林省的优质中高端供给仍较为不足，加之境外商品对居民消费的吸引力不断提升，并且正在从高端名品的"价格落差"向日用品的"质量溢价"延伸，致使省内一些中高端消费加速外流。对此，加快发展跨境电子商务既是吸引境外消费回流的有力举措，也是顺应居民消费升级的业态创新，目前吉林省跨境电子商务服务平台和物流体系建设虽然初具规模，但仍处在初级的发展阶段，服务水平和质量均有较大的提升空间，高效满足居民消费升级需求的能力仍有待进一步增强。

（三）"双创"扶持力度仍需加大

近年来，吉林省的创新创业活动蓬勃开展，对促进产业转型升级、推动老工业基地全面振兴发挥了重要作用，但在"双创"扶持及服务方面仍有不足之处，有待做出进一步改进和提升。具体而言，一是当前政策创新仍显不足。尤其是在增加科技支出、促进技术孵化、加快成果市场化等方面，相关政策的创新和落实程度不够。二是平台功能有待强化。近年来，吉林省各类创新平台、众创空间、孵化器等"双创"服务机构数量大幅增长，但整体建设水平参差不齐，呈现出服务内容同质化和运行模式低端化的问题，导致"双创"平台"小空间、大资源"的功能诉求未能充分实现。三是对创新人才的引进和培养不够。人才是影响吉林省"双创"成效和经济新动能培育的核心问题。目前，吉林省重视引进高端人才和海外高层次人才，对本省人才的自主化培养有所忽视，并且企业作为吸纳创新人才的主体，其人才再培养的平台作用也未能充分发挥。

（四）制度创新供给不够

2017年以来，吉林省深入实施"放管服"改革，建成运营政务服务"一张网"，加快为经济新旧动能转换优化制度环境，尽管如此，一些传统的体制机制惯性依然对要素自由流动和优化配置产生着负面影响。具体而言，在破除旧动能方面，全省有的地方和领域还存在体制机制不顺、改革不深入、开放不到位的问题，行政机制安排经济活动决策的现象依然存在；在培育新动能方面，针对新动能产业具有的知识密度高、跨界融合深等特征，吉林省的相关制度和管理创新仍有不足，一些行业的行政审批、涉企收费、监管措施等仍有滞后于甚至是束缚新动能发展的问题。因此，迫切需要政府有关部门对当前管理工作进行改进和创新，进而为新经济主体提供高效便利的管理服务，营造包容传统动能改造提升和新动能发展的制度环境。

三 吉林省加快培育经济发展新动能的对策建议

（一）坚持"双轮驱动"，推进实体经济发展

吉林省应坚持"双轮驱动"，围绕改造提升传统动能和培育壮大新动能持续发力，促进知识、技术、信息、数据等新生产要素有效集聚和优化配置，从而加快推进科技创新和实体经济融合发展。第一，着力做好存量优化，加快对传统动能进行改造提升。一是通过引入新技术、新管理、新模式，推进吉林省特色农产品种植、精深加工、农业观光、乡村旅游等一体化发展。二是以智能制造为重点，加快发展网络化研发、智能化生产、协同化制造和个性化服务，特别是大力推进汽车等重点产业领域向高端化、智能化转型，形成供给与需求精准衔接机制。三是利用新技术推进服务业转型升级，支持传统商贸和实体零售企业借助大数据、移动互联网、物联网等新一代信息技术，加快提升电子商务水平及服务和流通效率，促进线上线下融合发展。第二，做大增量扩容，加快推动新动能产业发展成熟。一是支持新材料、精密仪器与装备产业、先进轨道交通装备、生物医药等产业领域，深度利用大数据、人工智能等创新技术，加强新动能领域的全产业链建设。二是大力发展数字经济，推动电子信息制造业、软件和信息服务业、通信业等快速发展，争取更多的"创新红利"，形成新的增量和发展动能。三是加快推进新动能领域的产业创新园区建设，如长春新能源汽车产业园、松原嘉吉生物化工产业园、白城"光伏"领跑者基地等，并且聚焦一批技术水平高、创新活力足、市场潜力大、带动能力强的骨干企业，专项支持其进行研发创新、上市融资、兼并重组、规模上档等活动，通过打造一批产业创新园区和龙头企业，增强吉林省新动能产业发展的核心竞争力。

（二）推动业态创新，促进居民消费升级

吉林省应采取更加积极有效的措施推动业态创新，更大范围地满足人

民群众日益增长的美好生活需要，并依靠创新性和差异化引领居民扩大消费，加快形成消费升级驱动经济增长的新格局。第一，着力促进服务业与数字经济融合发展。一是促进数字技术与特色旅游活动相结合，利用新技术开发冰雪、避暑休闲旅游项目，建设智慧旅游服务平台和景区管理平台，提升吉林省旅游新业态的智能化和便利化水平。二是充分发挥动漫游戏、影视制作、文化创意等方面的现有优势，推进"互联网＋"文创媒体发展，支持推出数字媒体、数字出版、数字视频等新产品新服务，大力培育数字文旅龙头企业，打造特色数字产业新业态。三是活化利用老旧厂房、废弃仓库、特色民居、传统商业综合体等闲置土地资源，将之改造为文创园区、艺术公园和文化消费空间，支持进行服务内容和商业模式创新，促进形成具有符号价值的城市文化地标，吸引外部消费增量。第二，加快推动电子商务发展，进一步增加中高端优质供给。一是鼓励传统批发和零售企业进行商业模式创新，开展 B2B、C2C、O2O 等电子商务应用，促进线上线下融合发展；二是大力推进欧亚 e 购、吉林市修正电子商务平台等项目加快实施，强化电子商务领先企业的引领带动作用；三是支持开展进口商品经营，加快建设跨境电商消费体验中心、进口商品直销中心等，探索推行"跨境电商＋实体新零售"等新模式，促进居民消费升级，吸引境外消费回流。

（三）强化"双创"扶持，激发经济主体活力

吉林省深入推进"双创"发展，激发和释放经济主体活力，需要进一步加大"双创"扶持力度，从而为培育和壮大经济新动能强化动力支撑。第一，应进一步加强政策创新。通过推行企业研发准备金、重大新产品研发成本补助等措施，引导企业在智能网联汽车、轨道交通、先进材料等重点领域加大科技创新投入，取得重大技术突破；实施创新型领军企业培育计划，支持省内大型企业加快发展为自主研发和技术创新的中坚力量；完善税收优惠、贷款贴息、财政补贴等扶持政策，支持中小型企业向"专精特新"方向发展。第二，强化对科技成果孵化转化的扶持。对科技成果孵化转化的中

试、批量生产、市场推广等环节增加资金支持，并鼓励高校、科研机构等建立科技成果转化平台，加速成果市场化进程；通过政府购买服务等方式加大对科技服务机构的支持力度，推进形成较为完善的科技服务体系。第三，壮大一批特色"双创"基地。支持"双创"基地在项目开发、创业指导、资金融通、跟踪扶持、网络构建等方面完善服务，特别是加强对初创企业发展情况进行跟进，促进新经济市场领域保持"双创"主体增长态势，并且创业活跃度和成功率同步提升；发挥"双创"基地对要素资源的集聚作用，引导基地之间开展互补合作，对科技研发、创业服务、市场开拓、国际合作等方面的资源和信息进行共享；探索在国家级、省级"双创"示范基地中树立发展样板，将其创新模式和发展经验进行有效复制和推广，促进全省其他"双创"基地践行支持创新创业的有效做法。第四，加强对创新人才的引进和培养。一方面，支持企业引进高端人才、海外高层次人才及技术人才，并加强对创新人才进行再培养，使人才数量结构与吉林省经济社会发展诉求相契合；另一方面，重视培养省内创新人才，促进形成人才"引进—培养—升级"的良性发展路径，为壮大吉林省经济发展新动能强化人才根基。

（四）优化制度供给，有力支撑新动能发展

吉林省应进一步在重点领域加大改革创新力度，加快形成有利于"四新经济"发展的制度环境，为培育和壮大新动能提供有力支撑。一是落实支持"四新经济"发展的各项政策，调整优化市场准入标准，取消不必要的行业门槛限制，减少微观管理和直接干预，确保民企民资享受公平待遇，让更多的社会资源涌入吉林省新经济领域。二是进一步深化商事制度改革，针对新经济领域市场主体规模小、业态新、变化快等发展特点，优化审批服务，扩大简易注销试点，提升工商注册便利化水平，全面实现"一网覆盖、一次办好"。三是加快建设"双随机一公开"综合监管平台，推进以信息公示、信用管理为核心的事中事后监管，进一步完善"容错"机制，从而为全省新经济业态健康快速发展创造良好制度环境。

参考文献

1. 2018 吉林省科技统计资料。

2. 《2018 年全省科技工作会议上的报告》，吉林省科技厅网站，http：//www. jlkjt. gov. cn/xxgk/cwgk_ 84282/201807/t20180702_ 4848442. html。

3. 《充分释放数字化发展"红利"推动"数字吉林"建设》，人民网，http：// jl. people. com. cn/n2/2018/0716/c349771 – 31818512. html。

4. 《国务院办公厅关于创新管理优化服务培育壮大经济发展新动能加快新旧动能接续转换的意见》（国办发〔2017〕4 号）。

5. 《吉林省 2017 年国民经济和社会发展计划执行情况与 2018 年国民经济和社会发展计划草案的报告》，吉林省人民政府网站，http：//www. jl. gov. cn/zw/xxgk/ghjh/gzjh/201804/t20180417_ 4518952. html。

6. 《吉林省 2017 年国民经济和社会发展统计公报》，吉林省人民政府网站，http：//www. jl. gov. cn/sj/sjcx/nbcx/tjgb/201803/t20180328_ 4537577. html。

7. 《吉林省 2018 年政府工作报告》，吉林省人民政府网站，http：//www. jl. gov. cn/zw/xxgk/gzbg/szfgzbg/201802/t20180220_ 4364710. html。

8. 《前三季度吉林省经济运行稳中有进》，吉林省统计局网站，http：//tjj. jl. gov. cn/tjsj/qwfb/201811/t20181105_ 5210196. html。

9. 张文、张念明：《供给侧结构性改革导向下我国新旧动能转换的路径选择》，《东岳论丛》2017 年第 12 期。

B.17 吉林省智慧城市发展对策研究*

刘 恋**

摘 要： 智慧城市是利用新一代信息技术对城市进行改造升级，打造出更加智能先进的城市，从而让城镇居民获得更加良好的生活感受。我国目前正在全力推进各地区智慧化城市建设工作，依托国家有利政策，吉林省智慧城市建设工作也在稳步前进，各试点地区结合自身特点制定智慧城市建设发展规划，取得了一定成绩，但同时在发展过程中也存在着不足之处。本文在结合吉林省智慧城市发展现状分析基础之上，指出了几点建设中存在的问题，同时借鉴国内外优秀智慧城市建设经验，总结研究出吉林省智慧城市发展的对策建议。

关键词： 智慧城市 数字经济 吉林省

2008 年美国 IBM 公司第一次将"智慧城市"这个概念放到世人面前，继而在全球范围引发了智慧城市的建设热潮。智慧城市以它先进的城市智慧化管理理念、高效灵活整合城市的智慧技术以及绿色可持续发展的城市规划等强大优势，已经成为未来城市发展的理想模式。吉林省自 2011 年开始推

---

* 本文是长春市社科联（社科院）课题项目"长春市智慧城市信息服务体系建设研究"的阶段性成果。

** 刘恋，吉林省社会科学院城市发展研究所助理研究员、硕士，主要研究方向为智慧城市建设发展。

进智慧城市建设工作，时至今日已取得初步成效，智能化的城市生活已经让吉林省百姓得到了切实的感受。

一 吉林省智慧城市发展现状

（一）吉林省智慧城市发展总体现状

1. 吉林省智慧城市在全国排名情况

中国从 2012 年开始在全国范围开展智慧城市试点活动，截至目前，吉林省长春市、吉林市、辽源市等 13 个市县区列入国家智慧城市试点。2018 年 7 月中国信息化研究与促进网、国衡智慧城市科技研究院联合发布了《2017～2018 中国新型智慧城市建设与发展综合影响力评估结果通报》，在其"2017～2018 中国数字经济和智慧产业综合影响力指数排名"评估系列中，总评 34 个地区，吉林省排名第 28 位（见表 1）；在"2017～2018 年中国新型智慧城市建设与发展综合影响力评估排名及得分"系列的"直辖市、计划单列市及副省级城市得分排名"（见表 2）、"计划单列市及副省级城市所属区县得分排名（前 30 强）"（见表 3）中，长春市与长春市朝阳区均位居末位，辽源市在该系列的"地市得分排名（前 20 强）"中位列 19（见表 4）。

表 1 2017～2018 中国数字经济和智慧产业综合影响力指数排名

排名	地 区	指数	排名	地 区	指数
1	北 京	0.863	9	重 庆	0.678
2	广 东	0.796	10	四 川	0.677
3	江 苏	0.785	11	湖 南	0.672
4	浙 江	0.759	12	山 东	0.662
5	上 海	0.752	13	台 湾	0.655
6	澳 门	0.722	14	天 津	0.653
7	香 港	0.716	15	湖 北	0.648
8	福 建	0.681	16	贵 州	0.639

排名	地区	指数	排名	地区	指数
17	河　南	0.632	26	辽　宁	0.496
18	河　北	0.626	27	云　南	0.492
19	江　西	0.575	28	吉　林	0.491
20	黑龙江	0.563	29	新疆＋新疆兵团	0.489
21	陕　西	0.531	30	海　南	0.482
22	安　徽	0.528	31	宁　夏	0.452
23	内蒙古	0.517	32	甘　肃	0.433
24	山　西	0.509	33	青　海	0.417
25	广　西	0.501	34	西　藏	0.395

资料来源：《2017～2018 中国新型智慧城市建设与发展综合影响力评估结果通报》。

表2　2017～2018 年中国新型智慧城市建设与发展综合影响力评估排名及得分
直辖市、计划单列市及副省级城市得分排名

排名	城市	得分	排名	城市	得分
1	北京市	82.98	11	南京市	73.95
2	深圳市	80.76	12	哈尔滨市	72.78
3	上海市	79.81	13	大连市	72.35
4	杭州市	76.99	14	沈阳市	69.75
5	广州市	76.98	15	青岛市	68.98
6	重庆市	75.55	16	厦门市	68.76
7	宁波市	74.53	17	西安市	67.94
8	武汉市	74.39	18	济南市	66.81
9	成都市	74.18	19	长春市	65.79
10	天津市	73.98			

资料来源：《2017～2018 中国新型智慧城市建设与发展综合影响力评估结果通报》。

表3　2017～2018 年中国新型智慧城市建设与发展综合影响力评估排名及得分
计划单列市及副省级城市所属区县得分排名（前 30 强）

排名	城市	得分	排名	城市	得分
1	深圳南山区	80.26	4	广州天河区	78.76
2	深圳龙岗区	80.11	5	杭州滨江区	78.61
3	杭州萧山区	80.07	6	广州越秀区	78.57

续表

排名	城市	得分	排名	城市	得分
7	青岛西海岸新区	78.49	19	杭州西湖区	72.88
8	宁波北仑区	77.07	20	广州番禺区	69.16
9	成都温江区	76.57	21	青岛市南区	68.75
10	深圳罗湖区	76.49	22	济南历下区	68.68
11	西安雁塔区	75.85	23	厦门湖里区	67.48
12	厦门思明区	75.02	24	宁波宁海县	66.31
13	武汉江岸区	74.98	25	南京江宁区	65.26
14	南京建邺区	74.69	26	成都武侯区	64.97
15	深圳坪山区	74.43	27	哈尔滨松北区	64.18
16	宁波镇海区	73.84	28	大连甘井子区	63.73
17	广州黄埔区	73.66	29	沈阳和平区	59.02
18	武汉洪山区	73.12	30	长春朝阳区	58.85

资料来源:《2017～2018 中国新型智慧城市建设与发展综合影响力评估结果通报》。

表4 2017～2018 年中国新型智慧城市建设与发展综合影响力评估排名及得分地市得分排名（前 20 强）

排名	城市	得分	排名	城市	得分
1	江苏省苏州市	76.88	11	浙江省金华市	74.72
2	广东省东莞市	76.52	12	安徽省芜湖市	73.35
3	浙江省温州市	76.37	13	广东省中山市	72.71
4	江苏省无锡市	76.19	14	福建省泉州市	71.58
5	湖北省宜昌市	76.15	15	广东省汕头市	71.22
6	广东省佛山市	76.13	16	山东省威海市	71.09
7	江苏省常州市	75.74	17	浙江省台州市	70.53
8	广东省珠海市	75.58	18	江苏省南通市	69.34
9	浙江省嘉兴市	75.51	19	吉林省辽源市	68.28
10	湖南省岳阳市	74.97	20	安徽省蚌埠市	68.02

资料来源:《2017～2018 中国新型智慧城市建设与发展综合影响力评估结果通报》。

2. 吉林省智慧城市评价指标分析

我国目前关于智慧城市评价指标体系有 2 个，分别是《新型智慧城市评价指标（2016）》和 2017 年发布的《智慧城市评价模型及基础评价指标

体系》，潘砚娉、于飞在《中国智慧城市发展现状》中结合两个评价指标体系，从智慧保障体系、智慧社会治理、智慧基础设施、智慧产业经济、智慧人群、智慧公共服务和附加评价7方面对中国50个智慧城市建设进行评价排名，长春市作为吉林省省会城市在其中位列第37，处于中下游位置。

表5　长春市智慧城市评价得分情况

	智慧基础设施	智慧社会治理	智慧公共服务	智慧保障体系	智慧产业经济	智慧人群	附加评价	总分
长春市	66.57	64.46	15.65	80.77	55.56	22.03	2.21	54.546
平均分	67.47	67.88	42.96	76.96	59.29	58.69	2.02	64.76

从表5可以看出长春市在智慧城市评价的7个指标中，仅智慧保障体系和附加评价得分高于全国平均分数，其余指标均低于平均分值，其中智慧公共服务与智慧人群两个指标明显低于全国平均水平。由此可以看出，吉林省智慧城市建设工作在总体的规划制定与组织管理等方面重视力度较大，智慧城市建设的保障工作取得了一定成效，但在大数据应用与开放、社会化合作开展与民生服务项目等方面与国内一线城市还存在较大差距，高科技人才的缺失问题也同样是目前制约吉林省智慧城市发展的主要困难。

（二）吉林省试点城市发展现状

自2012年吉林省启动新型智慧城市建设工作以来，各试点地区积极响应，制定发展规划，其中长春市、辽源市、吉林市等地区能够充分利用自身优势，重视智慧城市建设，投资力度大，紧抓建设进度，在部分领域取得了较明显的成绩。

1. 长春市智慧城市——服务民生的智慧政务

长春市于2014年成立了智慧城市推进办公室，发布《智慧长春建设发展规划纲要（2014~2020）》，明确了智慧长春建设方向和目标，提出了17项重点工程，正式开启了智慧城市建设之路。

长春市在智慧城市的建设中，注重民生，服务于民，依托于国家关于促进电子政务发展政策，长春市在全省范围率先启动了政务服务"一门式一张网"建设。通过建立云数据交换与服务调用平台实现跨部门跨系统数据共享，整合了长春市地区街道涉及政务服务项目、行政审批项目，构建"后台分类审批、多级业务联动"的业务办理模式，实现了群众"一号"（居民身份证号）申请，政务"一窗"办理，打造更加方便百姓的"一张网"，市民足不出户便可在网上完成生活缴费、医保社保公积金查询、政务咨询、电子商务等服务。

为了更好地促进智慧信息化产业发展，长春市政府与北科建集团携手打造了全省重点科技园区——北湖科技园，园区建设借鉴了北科建集团在北京中关村科技园的经验，采用高端的运营理念，吸引了大批科技创新型企业和人才的入驻，推进了整个高新北区的产智融合发展，力图打造一个全新的东北科技汇聚地，进而为长春智慧城市的建设推波助澜。

2. 辽源市智慧城市——加速发展的智慧产业园

辽源市在 2011 年率先提出了"数字辽源"的建设理念，2013 年被国家列为首批智慧城市试点城市，时至今日，辽源市在智慧城市的建设上取得了不俗的成绩，入围了"2017～2018 年度信息惠民优秀智慧城市"。

辽源市的智慧城市建设在设计上，创新提出了用市长的视角、企业的视角和百姓的视角作为智慧城市建设的出发点，并以产业发展、城市管理、社会建设、民生服务、现代农业五个领域作为智慧城市建设的主要发展方向。在建设过程中辽源市先后成立了辽源电子商务园与农业物联网产业基地，通过数字化信息发展技术，开创了辽源电子商务发展新趋势，并充分利用现代化网络技术，通过建立农业电子商务系统、农业物联网产业和服务平台以及农业经营支援系统等实现了从农业土地种植到农产品销售全产业链的智慧农业。智慧交通、智慧环保系统的建设与应用也让辽源市的城市管理变得更加有效，人民生活更加便捷。

辽源市的智慧城市建设，注重顶层设计，完善基础环境构建，在不断创新实践过程中逐步探索出具有辽源特色的智慧城市发展路径和推进模式。

3. 吉林市智慧城市建设——产智结合创新发展

吉林市政府高度重视智慧城市建设工作，注重信息化发展，成立了以市委书记和市长为组长的互联网政务信息资源建设管理委员会，推动政务信息资源互联互通和资源共享工作。

2013 年吉林市政府与北斗航天卫星应用科技集团达成合作意向，利用其北斗卫星定位系统，为交通、公共安全、城市服务等多方面城市管理领域提供智能化服务。2017 年吉林市新型智慧城市北斗应用体系规划通过了国家专家组验收评审，该规划在充分结合吉林市智慧城市发展情况基础上，提出了更加完善的高科技应用体系，在一定程度上不仅为吉林智慧城市的发展打开了新局面，更为全国智慧城市的卫星导航科技应用提供了全面的保障。

吉林市在推动智慧城市建设过程中深入贯彻执行习近平总书记关于"建设若干具有强大带动力的创新型城市和区域创新中心"的思想举措，制定了吉林市国家创新型城市建设方案，大力推进智慧城市建设与城市智慧产业同步发展，紧紧围绕产业创新，以产城人融合为目标，打造吉林创新科技城，吸纳了众多国内外知名科技企业。

二　吉林省智慧城市建设存在的问题

（一）部分城市智慧城市建设规划不完善

吉林省 13 个试点城市的建设发展情况并不均衡，发展较好的吉林市、辽源市、长春市、通化市试点城市在整体建设中注重强化科学的构建顶层设计，建立了专属的智慧城市建设领导小组，能够在建设过程中充分体现各自城市特色，做到了注重民生问题、解决百姓实事，建设成果得到了国家权威机构和当地群众的认可，在吉林省智慧城市建设中起到了示范引领作用。同时也有部分试点城市在建设初期没有能较好结合当地社会、经济发展实际，导致创建任务书中承诺完成的创建目标高、重点项目多，在地方财力不足的情况下，造成了实施过程中无法实现创建目标，项目推行缓慢，没有实质性进展。

（二）信息基础设施建设尚不够完善

智慧城市从根本上讲是信息技术的创新和应用，因此在建设中信息基础设施的建设尤为重要，但就吉林省目前大多数试点建设情况来看，信息基础设施建设并不完善。目前全省虽已实现移动网络和4G网络的全覆盖，但仍有部分城乡地区千兆及百兆网络接入能力不尽如人意。此外，试点城市中仅长春、辽源建立了独立的智慧城市信息资源交换共享平台，其他地市均无各部门统一应用的数据平台的规划及建设，因此无法避免各部门之间存在沟通障碍，造成"信息孤岛"现象。吉林省在智能化大数据的开发与应用上也存在启动晚、基础较为薄弱的现象，在首届中国国际智能产业博览会上，中国电子信息产业发展研究院发布了2018年度《中国大数据发展指数报告》，涵盖31个省份，吉林省以21.25的指数，排名第23位；排名首位的是广东省，大数据指数为74.51。

（三）产智、产城协同发展缓慢

产城融合发展是国家为解决城镇之间发展不充分、不平稳而推出的城市发展新方向，运用智慧城市先进技术与工业产业融合发展是大势所趋。然而吉林省目前产业结构仍以传统产业居多，高新技术产业还处于起步阶段，产城融合度尚不够紧密。目前长春市、吉林市、延边州等地区开展了建设高科技创新产业园工作，较好地开创了城市产智融合新局面，其他地区则还须在进行智慧化产业发展融合方面加强推动力度，加快城市新旧动能转换。

（四）发展资源、信息人才、金融资本等方面发展缓慢

受地域位置等方面影响，东北经济一直落后于东部发达地区，发展资源与金融资本投入无法与北上广相提并论，智慧城市的建设需要大量的资金投

入，单纯依靠政府投资是不可能完成的，还需要由政府引导各种形式的社会资本融资投入建设中。同时智慧城市的建设需要大量运用物联网、云计算、大数据等新一代信息技术，但是近几年来，吉林省一直面临着技术人才，特别是高端信息人才紧缺的问题，这些都给吉林省智慧城市的建设发展造成了一定影响。

三 国内外先进智慧城市建设启示

（一）国外智慧城市建设启示

1. 阿姆斯特丹——节能减排的智慧

阿姆斯特丹是荷兰最大的城市，在其城市发展历程中一度深受环境污染和能源衰竭问题的困扰，正是为了解决这些问题，阿姆斯特丹开启了全面建设绿色智慧城市之路。

阿姆斯特丹在智慧城市建设中更多注重的是政府部门、企业、科研机构及用户共同参与协作的模式。在能源减排方面，阿姆斯特丹通过鼓励家庭安装智能电表和能源反馈显示设备，让用户更加直观明了地看到在生活中的能源消耗情况，提升了用户的节能意识，自发地减少自家能源消耗，从而达到了节能减排的目的；在城市交通方面，众所周知阿姆斯特丹被喻为"北方威尼斯"，受其特殊地理环境的影响，运河系统发达，轮船是其重要的交通工具之一，为了能最大限度地减少轮船发动机带来的碳排放污染，阿姆斯特丹政府在各大港口都配备了电源接入口，用清洁能源代替轮船原来的燃气发动机，为轮船提供电力驱动，以此达到降低碳排量的目的。

为了能够让整个城市的发展变得更加绿色环保可持续，阿姆斯特丹政府还推行了可持续发展的智能大厦项目以及气候街道项目，这些项目均是从降低能源消耗方面入手，通过节能智能化技术，降低工作中的能量消耗。公共空间的街道照明路灯会在夜晚无人时自动减弱等节能措施在城市的各个角落都有所体现。

2. 新加坡——先进的数字政府

2006 年 6 月，新加坡启动了"智慧国 2015（i N2015）"计划，时至今日该计划早已提前完成，新加坡继而提出了一个更加大胆的全球首个智慧国家蓝图——新加坡"智慧 2025"。

一直以来新加坡在信息技术领域的发展都处于世界领先水平，资讯通信产业更是新加坡经济的重要支柱，"智慧 2015"的目标便是将新加坡建立成为"一个以资讯通信为驱动力的智能化国度和全球化都市"。为了能够顺利完成目标，新加坡政府在制定"智慧 2015"计划初期便拿出 40 亿新币作为前期投入，建设新一代信息通信基础设施，2016 年 6 月，新加坡宣布了全新的 4G 移动通信网络服务质量标准。新标准规定，从 2016 年 7 月 1 日起，现有电信运营商须确保户外 4G 移动通信网络服务的覆盖率超过 95%，从 2017 年 7 月 1 日始将这一标准提高至 99%。因此在新加坡 Wi－Fi 无处不在。

智慧城市的最终目标都是服务于大众，新加坡的智慧理念也是如此，因此新加坡政府在建设智慧国家的形式中更加注重为民众服务，新加坡政府通过网络在线方式提供的公共服务能够达到 98% 的比例，公民和企业可以足不出户便通过在线方式享受超过 1600 项的一站式服务。新加坡政府在为民众提供便捷服务的同时更加注重听取公众信息反馈，倡导"政府与市民共同创新"的观点，从而大大提升了民众对政府管理的满意度。

（二）国内先进智慧城市建设启示

1. 杭州

一直以来杭州的信息化与数字化建设在全国都处于领先地位，近年来更是在智慧城市的建设发展中取得了骄人的成绩，斩获国际、国内多个智慧城市类别大奖。

杭州因其产业结构特点，在信息产业方面有着天然的优势，拥有阿里巴巴、浙大中控、银江科技等业界领头企业，为杭州打造"国内领先、世界一流"智慧城市的目标献策献力、保驾护航。2018 年 5 月全国第一个城市数据大脑规划《杭州城市数据大脑规划》发布，通过由政府部门主要控制导向，

企业提供技术支撑，将政府数据面向市场主体开发，将数据变成真正服务于民生的价值体现，实现政府数据和社会公共数据共同融合来治理城市的全新模式。

杭州市在智慧城市的建设上更加注重产智融合发展，利用本土企业的竞争优势，带动全市产业发展，形成智慧产业，在全国智慧经济的产业链上占到近1/3的份额，在促进城市产业转型升级的同时更加快了杭州智慧城市建设前进的步伐。

2. 沈阳

沈阳作为东北老工业基地的龙头城市，在城市转型建设中紧紧抓住国家大力推进智慧城市、大数据、"互联网＋"等政策机遇，加快智慧沈阳建设，在东北三省地区处于智慧城市建设领跑位置，获得"2017～2018年度转型升级优秀智慧城市"称号。

沈阳市在智慧城市的建设中更加注重大数据的应用与建设，以大数据发展为主体，并在全国率先组建大数据管理局，建立统一的数据开放平台，有序规范地开放共享政府数据，推动了大数据应用与智慧城市产业相互融合发展。借助推动大数据应用发展的契机，沈阳市与全国多个知名科技型企业签订战略合作，积极培育发展高新技术产业，力图将沈阳引向用智慧产业带动产业转型升级的新路径。

2016年上线的"我的沈阳"APP，实现了包含教育、医疗、交通指挥等多种智能惠民项目的网上通办。

在注重信息化建设的同时，沈阳市智慧城市建设在能源管理，低碳减排，城市可持续化发展发面也加大力度，作为老工业基地和冬季供暖城市，环境污染问题是沈阳市治理的重中之重，通过引进清洁型供暖设备，拆除老旧燃煤锅炉，改善污水处理系统等一系列生态治理方式，沈阳市在打造绿色生态智慧城市的道路上稳步前行。

四 吉林省智慧城市发展对策及建议

纵观国内外先进智慧城市的建设，我们可以看到智慧城市建设不仅依靠硬件设备来对城市进行改造升级，而且将信息化技术应用更深层次地运用到城市的每个角落，坚持以人为本，注重民生，打造可持续发展的和谐城市。从这些成功智慧城市的建设中吸取经验，结合目前全省智慧城市建设中存在的问题，提出如下对策及建议。

（一）借助机构改革，强化顶层设计

智慧城市建设工作不是一朝一夕的工作，需要长期规划，循序推进，因此在建设过程中，政府部门应加强职能管理，科学统筹规划。借助国家机构改革契机，组建数字吉林专管领导小组，结合各地市情与经济发展情况，把握明确的建设方向，构建合理的顶层设计，杜绝盲目规划、浪费资源现象的发生。依托大数据管理局的建立，统筹推进智慧城市建设相关工作。

（二）完善基础设施建设，突出城区引领

智慧城市的建设离不开网络技术的应用支撑，"智慧"的实现更有赖于建设广泛覆盖的信息网络，因此加快传统基础设施网络数字化改造，提升整体网络速度，是使智慧城市建设加速前进的重要方式。吉林省应加大对信息基础设施建设的重视度，特别是偏远地区的网络覆盖，加大资金投入力度，针对目前省内宽带网络设施进行技术升级改造，加快部署窄带物联网（NB－IoT）、5G等新型网络建设，提高全省网络覆盖率，保证信号稳定性，为吉林省智慧城市建设打造更为坚实牢固的信息化基石。

（三）产智协同发展，推进城市转型升级

智慧城市发展与城市产业转型密不可分，吉林省部分矿产型资源城市，由于早期的大量开采，已出现资源枯竭现象，目前省内已有辽源市、白山市等六个地区被国家列为资源枯竭城市，亟待产业转型寻求城市发展新方向，吉林省应加快传统产业智能化转型升级，培育高新技术产业的快速发展，加大建设智能科技产业园的政策支持力度，用智慧城市的先进理念与技术，加快推进产城融合，打造绿色可持续发展的生态智慧城市。

（四）建设数字城市，加速动能转换

2016 年国务院办公厅电子政务办公室发布了《推进"互联网＋政务服务"体系建设工作方案》正式将"互联网＋"上升到国家级战略，宣告着大数据时代已经到来。吉林省应紧跟国家发展大方向，加快构建数字经济、数字政府、数字社会"三位一体"的综合大数据体系。吉林省大数据发展目前属于政用主导型单向发展，政府政策设计已经较为完善，可以充分利用这个优势来推动大数据产业与相关企业的发展，重点发掘大数据的商业价值和社会价值，加快数据开放步伐，建立开放的大数据平台，实现资源共享。

（五）探索多种融资，突破资金瓶颈

智慧城市的建设发展需要大量资金投入，单纯由政府出资无法实现智慧城市建设快速发展，应积极探索多种融资方式，完善金融市场，支持科技金融、产业金融等，拓宽企业融资渠道，针对不同项目搭配相应融资方式，通过建立完善的风险评估、绩效评价等机制，吸引社会资本参与到产业发展和城市建设之中，来解决在智慧城市建设中面临的融资问题。

（六）打造专业化人才，营造优良环境

人才匮乏与流失是吉林省近几年来一直面临的难题，而智慧城市的建设需要大量信息技术创新型人才来推动建设步伐，应制定出台相应的人才吸纳政策，尽快吸纳一批在信息领域专业型人才及团队加入吉林省智慧城市的建设。与此同时，还应积极推进建立自己的人才培养机制，大力支持省内科研院所加快培育数字领域创新创业型、技术技能型人才的步伐，引导省内相关企业加强对职工的专业技能培训，积极鼓励高校和职业院校加快数字技术、数字经济、信息安全相关学科建设，培育基础型、应用型数字人才为吉林省智慧城市的建设储备力量。

参考文献

1. 宋娜、杨秀丹：《阿姆斯特丹智慧城市建设及启示》，《现代工业经济和信息化》2017 年第 5 期。
2. 张宪昌：《信息技术引领智慧未来——新加坡如何建设智慧国》，《理论导报》2016 年第 10 期。
3. 谢俊：《中国特色小镇发展状况》，《特色小镇智慧运营报告》，2018。
4. 《2016 年吉林省新型智慧城市评价工作报告》。
5. 中国信息化研究与促进网、国衡智慧城市科技研究院：《2017～2018 中国新型智慧城市建设与发展综合影响力评估结果通报》。
6. 沈阳建设新型智慧城市统一平台——沈阳国际软件园，www. sisp – china. com。
7. 《吉林省新型智慧城市优秀案例汇编》。
8. 潘砚娉、于飞：《中国智慧城市发展现状》，《特色小镇智慧运营报告》，2018。

B.18
吉林省创建农业高新技术
产业园问题研究

李冬艳*

摘　要： 本报告是在国家确定实施乡村振兴背景下研究吉林省农业高新技术产业园区建设问题。吉林省目前没有农业高新技术产业园，只有5个国家农业科技园区；长期积累的体制机制问题仍很突出，农业高新技术供给与有效需求不足，以及农业高新技术研发推广机制缺失、人才匮乏、产业化组织体系不完善等问题长期制约着农业高新技术发展和吉林省农业高新技术产业园区创建；吉林省创建农业高新技术产业园区，必须首先明确建设主题和主导产业，创新体制机制，强化政策扶持，用足现有资源，完善投融资平台，推进项目建设，提升土地集约利用率，拓展高新技术产业发展空间，夯实基础设施建设，满足一切农业高新技术产业园区创建条件，在条件成熟时期创建吉林省第一家农业高新技术产业园区。

关键词： 农业高新技术　产业园区建设　乡村振兴

实践证明，农业高新技术产业园区建设极大地促进了我国现代农业发展，对全国农业高新技术产业发展起到了巨大的推动作用。全国现有的两家

---

* 李冬艳，吉林省社会科学院农村发展研究所，副研究员，主要研究方向为农业经济。

高新技术产业园区，为我国高新技术在农业产业领域发展找到了突破口，并且形成了现代农业高新技术产业基础和技术源头配置，为我国农业高新技术产业园区建设指明了发展方向。目前是实施十九大关于"实施乡村振兴战略"的重大历史时期，是深化改革开放、全面建成小康社会的攻坚阶段，吉林省正处于全力推进现代农业发展的加速转型期。通过加强农业高新技术产业园区创建工作，推动吉林省农业高新技术及产业发展，有助于全省现代农业发展建设，对实现乡村振兴发展具有重大历史意义、理论意义和现实意义。

一 吉林省农业高新技术及农业高新技术产业园区发展现状

21世纪以来，吉林省高度重视农业高新技术发展及农业科技园区建设。在农业高新技术领域取得了一系列科研成果，这些高新技术成果对推动全省现代农业发展起到了积极促进作用。全省农业科技园区建设也取得了良好的成果，已经建设完成5个国家级农业科技园区。

（一）吉林省农业高新技术产业发展势头良好

吉林省高新技术研究起步早，成果丰硕、水平高，很多成果处于全国领先地位。建成一家省级高新技术产业开发区，开发区运转良好，生产、示范、带动、孵化作用显著。

1. 吉林省农业高新技术成果丰硕

一是吉林省政府组织实施"双十工程"① 重大科技成果转化重大科技攻关项目。在2013年吉林省以省政府名义牵头组织实施了"双十工程"项目

---

① 2009年开始，为加速吉林省创新体系建设，省委、省政府决定实施"双十工程"，主要内容是优化配置科技资源，集中优势力量每年实施10个重大科技成果转化项目、10个重大科技攻关项目，针对全省经济社会发展实际需求，开展重大科技攻关，加快推进重大科技成果转化和产业化。

中，农业占用一席之地。吉林省科技"双十工程"涉农项目主要有农作物优良品种选育及均衡增产关键技术、生物化工关键技术及产品研发、畜禽优良品种（系）选育及优质安全生产关键技术、长白山区优良树种品种（品系）繁育及森林主要虫害生物防控技术等。二是单倍体规模化育种技术提高育种效率到100%。玉米单倍体育种技术是吉林省农业科学院历经近20年的探索和研究，建立全新的单倍体杂交诱导选系育种技术体系，单倍体育种技术在吉林省乃至东北主产区得到规模化实际应用，达到年产玉米DH系1万份以上，育成"吉单441"等DH系杂交种，通过审定并大面积推广应用。获得发明专利1项。该项技术2013年获得吉林省科技进步一等奖，达到国际先进水平。三是"粮食丰产科技工程"① 示范区覆盖全省主要粮食主产区。该工程开始于"十一五"时期，涉及包括吉林省在内的12个粮食主产区的粮食丰产科技工程。通过实施以可持续超高产为核心，以强化技术集成创新为重点的科技攻关，依靠科技创新，为吉林省玉米、水稻持续提高粮食综合生产能力，增加农民收入和保护生态环境提供有效科技支撑。四是全省各科研机构农业高新技术成果不断涌现，并且科技成果就地转化效率不断提高，有效支撑供给侧结构性改革。如：长春市康发动物药品研究所的"动物无抗养殖技术"，国家农业信息化工程技术研究中心的"多功能植保机""农业遥感应用技术""精准航空施药一体化解决方案"，吉林省农科院的"半干旱区玉米可持续生产技术——玉米膜下滴灌水肥一体化技术"，长春农业博览园的"水培蔬菜规模化生产技术"等，促进了吉林省现代农业发展。

---

① "十一五"粮食丰产科技工程是由科技部、农业部、财政部、国家粮食局联合东北、华北、长江中下游三大平原12个粮食主产省人民政府于2006年共同启动实施的。粮食丰产科技工程总体思路是立足我国粮食主产区的三大平原（东北、华北、长江中下游平原），主攻三大粮食作物（水稻、小麦、玉米），主抓"三区"建设（核心区、示范区、辐射区）的"三三三"战略，实施以可持续超高产为核心，以强化技术集成创新为重点的科技攻关部署。工程的总体目标是通过依靠科技创新，持续提高粮食综合生产能力，为保障国家粮食安全、增加农民收入和保护生态环境提供有效科技支撑。

2. 农业高新技术开发区建设成效显著

松原农业高新技术开发区[①]是吉林省唯一省级农业高新技术开发区。"十二五"以来，松原农业开发区集中投入，突出标准化生产、优良品种和实用技术推广、优质农产品品牌培育等发展重点；发展高效生态农业，提高市场竞争力，提升农业科技进步贡献率达60%以上，园区成为农业技术组装集成的载体，市场与农户连接的纽带，现代农业科技的辐射源，人才培养与技术培训的基地。园区的功能定位是，以农业设施工程为主体，通过优质新品种的集中开发、引进和农业高新技术的集中投入，形成融蔬菜、畜禽产品的精品生产、示范、带动、孵化等多功能为一体的集约化生产和企业化经营的组织形式。开发区科技创新体系日臻完善。一是引进和推广优良作物、畜禽品种60多个，应用先进技术20多项，进行常规品种对比试验5大类30多个品系，培训农民和企业负责人2000多人次。二是建成了鸿翔、诺美信种业等一批集种子繁育、生产加工、市场营销为一体的科技创新型企业。特别是建设了具有国内领先水平的智能温室和组培室。不但能够进行玉米、杂粮等品种繁育，而且能够进行蔬菜、花卉、水果等种苗组培扩繁。三是以建设和启动反刍动物快繁中心、应用幼畜超卵细胞发育胚胎技术（JIVET技术）为标志，使开发区的动物育种，由原来的肉鸡（美国双A佳）、肉鹅（吉林白鹅、绒鹅）、肉猪（五元、三元杂交），发展到肉牛、肉羊快繁。四是以北京"三安"集团生命信息调控技术（简称Tech-BIA技术）为依托，进行有机农产品生产的试验示范，并逐步在松原市和周边县市推广。五是采用柱状硅酸盐纳米材料，在扶余、乾安等地进行了中低产田改造试验，效果非常明显。六是建成了集养猪、种菜、生物质能源、高效有机肥生产四位一体的生态能源项目。七是加强与中科院的合作，加快动物快繁技术、蔬菜无土栽培技术、脱毒特色马铃薯种苗繁育技术、草腐菌生产技术等转化达效。

[①] 松原农业高新技术开发区是2001年2月经吉林省人民政府批准成立的开发区，是吉林省唯一的省级农业开发区，2012年被批准为国家级的农业科技园区。开发区地处松嫩平原腹地，位于黑、吉两省四县（扶余、榆树、双城、德惠）的中心地带（102线国道1203公里处），总面积204平方公里，现有耕地1.3万公顷，人口4.1万人。

（二）吉林省国家级农业科技园区为高新技术产业园区创建奠定坚实基础

尽管目前吉林省没有农业高新技术产业园区，但是 5 家国家级农业科技园区的建设均取得明显成效，这为今后吉林省国家级农业高新技术产业园区建设做了较好的铺垫，奠定了坚实基础，必将缩短国家级农业高新技术产业园区建设进程。

1. 公主岭国家农业科技园区[①]率先垂范

在省政府及全省农业部门共同努力下，公主岭国家农业园区 2001 正式获批，成为吉林省第一批国家级农业科技园区。吉林省政府 2013 年对公主岭国家农业科技园区区划进行了调整。公主岭农业科技园区的建立，实现了吉林省国家级农业园区建设零的突破，为进一步确定吉林省在全国农业大省、粮食大省的地位，起到了举足轻重的作用。公主岭市地处世界黄金玉米带，是吉林省现代农业建设及粮食生产核心区，粮食产量在全国县级单位排序名列前茅。公主岭国家农业科技园区将玉米种业及粮食加工业作为园区主导产业，建立了良种产业、玉米产业和生猪产业等三条现代农业科技产业链。公主岭国家农业科技园区的建设，为后来全省农业科技园区建设积累了经验，起到了率先垂范的作用。

2. 延边国家农业科技园区[②]特色突出

延边国家农业科技园区 2013 年被批准为国家级农业科技园区。园区地处长吉图开发开放先导区的前沿，特色突出。一是园区所在延边朝鲜族自治

---

① 公主岭国家农业园区属第一批入选的国家级农业园区，2001 年，园区经过国家综合评价、批准，正式成为国家级的农业园区。为了实现园区更好发展，2013 年 2 月，吉林省政府下发《关于调整公主岭国家农业科技园区区划的批复》，同意公主岭国家农业园区区划调整，将响水镇万山、四合、龙泉三个村规划为新的核心区，新核心区面积为 19.96 平方公里。核心区下辖 20 个行政村、1 个街道、172 个自然屯、9276 户、38160 人，其中城镇人口 3560 人。

② 延边国家农业科技园区核心区坐落于延边朝鲜族自治州龙井市境内，核心区面积为 300 平方公里。园区示范区为除核心区外全部州域，总面积为 4.24 万平方公里。

州共有 12 处对外开放口岸①，是吉林省与东北亚各国交流重要"窗口"。二是延边国家农业科技园区地处长白山脉，拥有独特的资源禀赋，具有良好的建设特色现代农业产业的基础条件。园区主导产业是大米加工、黄牛养殖加工、朝鲜族特色食品加工。三是园区属于国内优惠政策最密集、最叠加的园区。同时拥有西部大开发、东北老工业基地建设、扶贫开发等国家政策。四是园区建立了以延边大学、延边州农业科学院为支撑的农业科技创新体系。

3. 通化国家农业科技园区②具有区位优势和特色产业优势

通化国家农业科技园区核心区位于吉林省集安经济开发区。集安市位于吉林省最东南，是吉林省向南开放窗口，是我国对朝三大口岸之一，拥有得天独厚的区位优势。同时，园区地处长白山腹地，是我国人参和葡萄酒生产基地。集安市作为我国唯一国家级人参产业园，肩负着人参生产、加工以及繁荣中国人参产业的重任。高质量的空气、肥沃的林下土壤和 77% 森林覆盖率使集安市盛产山葡萄，是我国唯一生产冰葡萄的原料基地，通化葡萄酒声名远扬。吉林省人参研究院、长白山大学、通化园艺所坐落通化市，为园区可持续发展提供优越的科技支撑。园区同时与 19 家省级科技型企业建立了仪器共享机制，使园区具有雄厚的科技创新力。

4. 白山国家农业科技园区③成为后起之秀

园区成为国家级农业科技园之后，规划"人参大健康、生态农业观光游、长白山特种经济动植物种养殖及加工、矿泉水保护与开发"为四大主导产业。园区成立以来，重点开展了北五味子、蓝莓种植加工和人参非林地

---

① 延边朝鲜族自治州边境线长 768.5 公里，其中中俄边境线长 246 公里，中朝边境线长 522.5 里。共有 5 个边境县市，12 个对外开放口岸，口岸数量在全国 30 个少数民族自治州中位居第一，占吉林省口岸总数的 60%，其中对俄口岸 2 个，对朝口岸 9 个，航空口岸 1 个。

② 通化国家农业科技园区，2013 年经国家科技部批准为国家级农业科技园区。主导产业是粮食及人参加工、中药材生产、禽畜产品加工。

③ 白山国家农业科技园区 2016 年被正式确立为国家级的农业园区，核心区位于抚松新城、万良镇区域，规划面积 35 平方公里；示范区包括泉阳镇、兴参镇、露水河镇、北岗镇、新屯子镇、仙人桥镇、抽水乡、沿江乡、漫江镇等乡镇的中心发展区域，规划占地面积 110 平方公里；辐射区主要是对白山地区、环长白山区域乃至东北三省的相关特色主导产业进行引导和示范。

栽植实验基地建设；支持抚松医药健康、长白山绿色食品、木加企业等科技攻关、成果转化、基地建设和科技企业孵化。

二 国家高新技术产业园区建设经验借鉴

我国农业高新技术产业化起步较晚，但已经取得了一定的成就，部分技术在国际上处于先进水平。1997 年和 2015 年，国务院分别批准建立杨凌、黄河三角洲农业高新技术产业示范区。两个国家级农业高新技术产业园区建设取得了很好经验，是其他地方开展农业高新技术产业园区建设很好的借鉴。

1. 杨凌高新技术产业园区①建设经验

杨凌现代农业示范园区是我国国家现代农业示范区建设的典范。园区位于杨凌示范区西北部，园区作为干旱半干旱地区现代农业科技创新的中心，按照"现代农业看杨凌"的定位和"高产、优质、高效、生态、安全"的要求，突出"科学化、商品化、集约化、产业化"的现代农业特征，园区根据建设规划，目前主要进行现代农业新品种研发、培育，农业新技术研发、展示和农业产业化示范等方面工作。目前园区已成为具有较强辐射带动功能的国内一流、国际知名的现代农业示范园区。

2. 黄河三角洲农业高新技术产业示范区建设经验

山东省黄河三角洲农业高新技术产业示范区位于山东省东营中心城南部近郊，包含东营农高区、滨海产业区、丁庄镇三大板块，总面积约 350 平方公里。区位优势明显，交通条件便利，生态环境良好，具有发展农业高新技术产业的巨大空间和潜力。国务院批复要求：黄河三角洲农业高新技术产业示范区要在盐碱地综合治理、国际科技交流与合作、体制机制与政策创新、

① 杨凌高新技术产业园区，布局建设"一轴一心八园"。"一轴"是指沿杨扶公路建设产业轴，"一心"是指园区建设管理服务中心，"八园"分别是现代农业创新园、国际科技合作园、农业企业孵化园、种苗产业园、标准化生产示范园、科技探索园、农产品加工园、物流园。

五化同步发展方面当好排头、做出示范。目前示范区产业主要有文化旅游业、农业高端服务业、智能装备制造业、生物产业和功能农业。黄河三角洲国家农业高新技术产业示范区现代农业孵化展示区项目建筑面积约7万平方米，可进行叶菜、果菜、花卉、食药用菌等工厂化生产。该项目定位为具有国际先进的品种、智能装备、技术和生产管理模式，进行从种子到产品全产业链健康种养模式过程的展示示范，是新一代设施农业标准体系的试验基地，新一代设施农业装备、技术、人才和服务的输出平台，承载着解决我国设施农业效益低下、装备技术落后，提升行业竞争力和产品质量效益，支撑引领我国设施农业迭代升级发展的光荣使命。项目建成后，将重新诠释现代农业定义和国家梦寐以求的现代农业新标准，集中体现在九大现代化水平，即设施装备应用集成化、水肥循环利用高效化、采收包装流程自动化、生产管理精准化、能源利用清洁化、流通管理信息化、作物生长环境最优化、人力资源管理系统化、消费环节可溯化。

3. 两个产业园区建设经验对吉林省的启示

杨凌、黄河三角洲国家级农业高新技术产业园区建设成功经验对我国现代农业发展的促进作用是不可估量的。在国家实施乡村振兴战略及出台《关于推进农业高新技术产业示范区建设发展的指导意见》，着力打造农业创新驱动发展的先行区和农业供给侧结构性改革的试验区的背景下，吉林省应当充分利用两个国家级农业高新技术产业园区的建设经验，推动全省农业高新技术产业园区创建。

第一，根据区域现代农业发展定位，探索本地区农业高新技术产业园区创建机制。比如，杨凌园区主要定位是进行现代农业新品种、新技术研发、展示和产业化示范，采取建设与示范相结合的发展机制。吉林省应该充分利用农业高新技术产业园区建设经验，分析国内外农业高新技术产业园区建设及发展历程，总结农业高新技术产业园区建设的成功经验及教训，研究适合吉林省农业高新技术产业园区创建与发展机制，让吉林省的创建过程少走弯路。

第二，充分利用本地农业科技优势，确定本地区农业高新技术产业园区

发展方向、目标。杨凌充分利用了西部农林科技大学①农业科技优势，发展适合本地区的现代农业科技项目，是杨凌园区成为干旱半干旱地区现代农业科技创新的中心、农业科技创业推广服务的龙头、现在农业产业化示范的基地、国际农业科技合作的平台。吉林省同样在创建农业高新技术产业园区过程中，要依靠吉林农业大学、吉林农业科学院、吉林大学农学部、延边大学农学部的农业科技优势，研究发展具有地方特色的农业科技成果，让吉林省农业高新技术产业园区首先具有吉林特色。

第三，强化顶层设计，为农业高新技术产业园区建设保驾护航。黄河三角洲园区，在国家批准创建过程中，山东省非常重视，出台各种政策支持园区建设。吉林省在园区创建过程中，也必须实行顶层设计，在摸清全省现有农业农村及农业各种农业产业园区建设第一手资料，及国家建设农业高新技术产业园区标准的基础上，出台优惠政策，配套资金支持园区创建。

第四，因地制宜，选准农业高新技术产业园区创建的切入点。杨凌园区的切入点是干旱半干旱地区，三角洲园区的切入点是盐碱地改造。吉林省农业高新技术产业园区创建的切入点应当是松嫩平原上创建"吉林省平原区国家级农业高新技术产业园区"。

三 吉林省农业高新技术产业园区建设存在的问题

由于吉林省没有农业高新技术产业园区，缺乏农业高新技术产业园区建设基本经验，在今后农业高新技术产业园区创建过程中，肯定会出现这样那样的问题。根据吉林省农业科技园区建设经验及存在问题，借鉴两个国家级农业高新技术产业示范区建设情况，预计吉林省农业高新技术产业园区创建过程中将遇到如下问题。

1. 长期积累的体制机制问题仍很突出

长期以来，由于发展现代农业高新技术只停留在文件中，农业高新技术

---

① 西北农林科技大学坐落于陕西杨凌，是教育部直属全国重点大学，"985 工程""211 工程"重点建设高校，首批入选国家"世界一流大学和一流学科"建设高校名单。

产业发展没有真正纳入政府决策议事日程，企业研发投入主体作用发挥不够、科技投入增长的强制性保障机制不健全、创新创业环境不优等一系列问题广泛存在。据《中国区域科技创新评价报告（2016~2017）》，吉林省企业 R&D 经费支出占主营业务收入比重居全国第 28 位，科技创新环境指数居全国第 23 位。

2. 农业高新技术供给与有效需求均显不足

从事农业高新技术研究的科研机构与农业高新科技用户缺乏有效衔接机制，致使农业高新技术科技成果转化率低。广大农户以及新型农业经营主体是既得利益者，偏好于现有实用技术，对高新技术缺乏内在需求动力。同时，高新技术本身存在高成本性和高风险性，加之农民和新型农业经营主体自身素质不高，接受高新技术能力不强，有效需求不足等原因，限制了高新技术成果转化落到，制约了高新技术的发展。

3. 缺乏有效的农业高新技术推广机制

缺乏有效的推广机制和必要的推广扶持政策，导致农业高新技术推广环节的缺少；加上农业技术推广体系人员素质参差不齐，大学本科毕业人员很少，人员长期得不到高新技术培训，难以发挥沟通农业技术研究单位与生产单位的高新技术推广作用。农业高新技术其他推广机制几乎没有，更不存在其他推广体系。

4. 农业高新技术产业化组织体系不完善

吉林省政府部门没有单独发展高新技术组织机构，农业高新技术研发及产业发展没有形成组织化体系。吉林省农业高新技术企业，由于规模小，产业牵动力不强，市场拓展能力和抵抗风险能力较差，企业难以同农业经营主体之间形成相对稳定的合作关系，缺乏一体化的利益机制，不利于高新技术成果转化服务于农业经营主体，更不利于全省农业高新技术产业发展。

5. 缺乏农业高新科技人才

一是农业高等院毕业生来吉林省工作的人数少。二是吉林省农业技术人员仅占技术人员的 2.5%，其数量是发达国家农业技术人员的 1/150，相当于平均每个农业技术人员负担耕地面积 1033 公顷，是发达国家农业技术人

员负担的 150 倍。三是吉林省从事农业高新技术研究人才更是少之又少，不能满足全省农业高新技术产业发展对农业高新技术人才的需求。

四 吉林省创建农业高新技术产业园区的对策措施

1. 确定农业高新技术产业园区建设目标

根据吉林省国民经济发展情况及全省现代农业发展实际，借鉴省外建设经验，制定吉林省农业高新技术产业园区创建规划。确定全省农业高新技术产业园区建设目标。到 2025 年打造 1~2 个国家农业高新技术产业示范区；布局建设一批（10 个）具有国内影响力的，在全省拥有带动、孵化、集聚、示范、推广功能的省级示范区。

2. 确定农业高新技术产业园区建设总体思路

分析国内外发达国家和地区建设和发展农业高新技术产业园区的经验教训，对比吉林省发展农业高新技术、建设农业高新技术产业园区的实践，提出吉林省农业高新技术产业园区建设思路。一是明确建设主题和主导产业，围绕各园区农业主题，科学确定主导产业，探索特色产业高效发展模式，扩大品牌价值效应；二是创新体制机制，强化政策扶持，加大农业高科技企业、人才的引进力度，推动农业高新技术、企业、产业集聚和科技水平持续提升；三是用足现有资源，加大职业农民培训力度，充分发挥高校、院所、企业、人才、科技等要素的作用；四是完善投融资平台，积极推进项目建设，提升土地集约利用率，拉长产业链条，提高产业园区示范发展水平。

3. 制定创建农业高新技术产业园区的具体措施

（1）T 成立全省高新技术产业园区建设领导机构。通过加强吉林省农业高新技术产业园区建设的顶层设计，制定全省农业高新技术产业园区建设规划，按照国家要求，布局全省农业高新技术产业园区建设，确定园区建设地点。

（2）制定农业高新技术产业园区建设扶持政策。政策扶持有意创建园区的地方政府及农业高新技术产业园区建设单位，协助其解决自身不能解决和解决起来非常困难的问题，各地要选择好适合本地区建设农业高新技术产业园区的路径。

（3）强化全省农业高新技术研究和成果开发。以特色产业、优势产业发展需求为导向，加快园区调整农业科技创新的方向和重点，抓住农产品供给充裕的有利时机，加强农村资源保护和生态环境修复、农业农村废弃物循环利用、旱区水资源保护与综合利用等关键技术创新，转变农业生产方式和资源利用方式。

（4）强化全省农业科技创新联盟建设。在省级农业高新技术产业领导机构的统领下，以省农科院和各市州农科院为核心，在全省农业高新技术产业企业的大力配合下，聚集农业高新技术研发力量，在全省农业高新技术产业园区建设过程中，组建全省农业科技创新联盟。在创新联盟框架下，以市场为需求导向，确定研发产品，推动吉林省农业高新技术研发水平上新台阶。

（5）大力实施农业科技人才战略。人才需要培养，队伍需要打造。吉林省应当制定农业科研人才发展战略。出台强有力的政策措施，拿出真金白银，实实在在地让农业科技人才无后顾之忧，使其真心实意地为吉林省乡村振兴贡献聪明才智。通过政策吸引、打造一批农业高新技术产业园区科研队伍，保障园区建设高水平发展。

（6）加强园区研发平台建设引导国家政策红利向吉林省倾斜。在农业高新技术产业园区建设过程中，树立和贯彻落实新发展理念，以实施创新驱动发展引领，发挥资源禀赋优势，集聚各类要素资源，引导国家政策红利向吉林省倾斜，实现一区一主题，打造农业创新驱动发展理念和农业制度创新理论试验平台，引导国家政策红利向吉林省倾斜。

参考文献

1. 国务院办公厅：《关于推进农业高新技术产业示范区建设发展的指导意见》，中国新闻网（北京），2018 年 1 月 29 日。
2. 史鹏举：《杨凌农业高新技术示范区参观学习与思考》，《农业经济问题》2016 年

第 16 期。

3. 门玉英等：《湖北现代农业发展进程中农业高新技术产业发展对策研究》，《科技进步与对策》2016 年第 10 期。

4. 葛立群、孙占慧：《沈阳市农业高新技术产业发展研究》，《农业经济》2016 年第 10 期。

5. 王琦等：《延边国家农业科技园区发展对策研究》，《农业经济与科技》2018 年第 7 期。

6. 申秀清、修长柏：《借鉴国外经验发展我国农业科技园区》，《现代经济探讨》2012 年第 11 期。

B.19
吉林省秸秆资源利用对策研究

丁 冬*

摘　要： 吉林省秸秆资源丰富，大力推广吉林省"秸—饲—肥、秸—能—肥、秸—菌—肥"、秸秆炭化、工业化等循环利用技术，挖掘秸秆资源的利用潜力，可以推动吉林省以秸秆为纽带的循环农业发展，夯实粮食生产功能区发展基础，促进吉林省走可持续发展道路。

关键词： 吉林省　循环农业　可持续发展

随着经济的持续快速增长，资源禀赋与经济增长的矛盾日益凸显，吉林省正步入资源消耗加大的阶段。十九大报告指出，要建立健全绿色低碳循环发展的经济体系，对此，我国各地区都提高了农业再生资源的综合利用程度。吉林省的秸秆资源丰富，将这些资源高效回收再利用，是提高资源利用率、建立资源节约型社会的重要途径。充分利用好再生资源的综合开发利用，促进农业、工业等行业生产的可持续发展，具有重要的经济效益、社会效益和生态效益。

一 吉林省秸秆资源分布与利用现状

吉林省素有"黑土地之乡"之称，土地肥沃，土壤表层有机质含量不

* 丁冬，吉林省社科院农发所助理研究员，主要研究方向为"三农"问题与农村经济。

超过 6%，以玉米、水稻以及大豆和各种杂粮为主要种植作物。在大量生产各种农产品的过程中，会产生相关的各种农作物秸秆，数量巨大。吉林省秸秆产生区域主要分布于吉林省长春地区的九台市、榆树市、德惠市、农安县、双阳区；吉林地区的永吉市、舒兰市、磐石市；四平地区的公主岭市、梨树县、伊通县、双辽市；松原地区的扶余县、前郭县、长岭县、乾安县、宁江区；白城地区的通榆县、大安市、洮南市；辽源地区的东辽县、东丰县等 6 市 22 个县（市、区）。稻谷 80.08 万公顷，增加 2.02 万公顷；玉米种植面积 358.97 万公顷，减少 6.72 万公顷；豆类种植面积 36.77 万公顷，增加 3.92 万公顷。2017 年吉林省粮食总产量达到 3720.00 万吨，比上年增产 0.1%。年产秸秆达到 4100 万吨左右，其中以玉米、水稻、大豆三大作物秸秆为主，约占吉林省秸秆总量的 89.35%。三大作物秸秆又以玉米秸秆数量所占比重最大，占三大作物秸秆总量的 83.58%，水稻、大豆秸秆总量所占比重较小。

近几年，吉林省按照"五化"的利用模式，加大对农作物秸秆综合利用的力度。根据调研所获数据，2017 年吉林省综合利用情况如表 1 所示。

表 1　2017 年吉林省秸秆综合利用情况

秸秆产生量	秸秆可收集量	秸秆利用量	秸秆综合利用率(%)	肥料化利用		饲料化利用		原料化利用		能源化利用		基料化利用	
万吨				万吨	%	万吨	%	万吨	%	万吨	%	万吨	%
4100	3600	2600	72.0	816.9	22	465.3	12	50.3	1.9	1300.4	35	15.1	1.1

资料来源：吉林省发改委调研所获数据。

吉林省的气候可以保证秸秆长期存放不易霉变，适宜深加工制成固体燃料，且其整体加工工艺已经日臻成熟。相关的技术在可燃秸秆气、生物秸秆柴油、燃料乙醇等多领域都有出色的实践成果。如表 1 所示，吉林省秸秆能源化利用比例最高，为 35%。近年来，吉林省对生物质能已实现了初步利用，其中沼气利用是吉林省发展秸秆资源的重要成果。目前，吉林省秸秆资源综合利用有如下途径及特征。

（一）家庭直接燃烧比重较高

秸秆直接做燃料多在传统利用地区、经济不发达地区使用。随着农民生活水平的提高，用秸秆作燃料的数量在不断减少。但据调查，吉林省每年约有30%左右的玉米秸秆被用作农村生活和取暖燃料烧掉，比重仍然非常高。导致秸秆资源浪费的同时，未被充分利用的肥料和饲料也会对土壤和空气造成的污染。

（二）秸秆覆盖还田保护性耕作取得突破性进展

秸秆覆盖还田保护性耕作是农业耕作方式的一场革命，是发展资源节约型、环境友好型、生态保育型农业的重要途径，有利于加快改变传统耕作方式，减少土壤风蚀、水蚀，增强耕地保水、保土、保肥和抗旱能力，促进农业节本增效和绿色高质量发展。近年来，吉林省通过政策引导和项目带动，大力推广秸秆覆盖还田保护性耕作技术，不断扩大实施范围和作业面积。截至2017年末，吉林省秸秆覆盖还田保护性耕作由2007年的5个市（州）扩展到9个市（州）全覆盖，由9个县份扩展到46个县份。吉林省从2011年开始连续6年每年安排上千万元专项资金，推广玉米保护性耕作技术，2016年达到270万亩。实践证明，通过秸秆粉碎覆盖、高留茬还田等措施，可实现秸秆还田30%以上。但由于保护性耕作采取平播，春季土壤升温慢，早期不发苗。如多年不进行深松，土壤相对板结，对此农民有一定疑虑，给大面积推广带来阻力。经几年示范推广，吉林省很多新型经营主体已广泛应用该项技术，特别是由于玉米价格下跌，采取成本低的种植技术，是增加收益的最有效途径，这为玉米保护性耕作技术推广创造了条件。

（三）秸秆饲料化利用较为广泛

秸秆用于饲料的使用已经得到较为广泛的推广，借助生物控制中涉及的青贮、微贮、黄贮、氨化、碱化、酸贮、压块、草粉、膨化、颗粒化等一系列技术处理，可以将秸秆进行无公害处理，实现其转化为可用饲料。目前，

吉林省秸秆饲料化已经形成一定的规模，并且借助其自身的开发和应用，促进在农田保护方面实现科学畜牧化，使得圈养畜牧业更加成熟，促进其产业化链条的形成。吉林省各地区饲料加工企业不断扩大秸秆饲料生产的规模，国内外大中型饲料加工企业先后进入吉林省进行战略性布点。但是，鉴于饲料发酵菌种、生产工艺、饲料营养机理和饲喂技术缺乏必要的整体链条式的关注，导致内部环节不够完整，其整体技术很难推广，实际效果难以取得，秸秆饲料的产业化发展依然处于探索阶段。

（四）食用菌基料成为新型途径

秸秆富含食用菌中所必需的糖分、蛋白质等营养物质，同时成本较低。以其为原料生产食用菌，既可提升食用菌的产量，还可以促进其培养基的有机还田。在进行秸秆粉碎化的处置后，一般能够占到食用菌培养基总量的70%以上。而且借助玉米秸秆以及玉米芯，可以培养平菇、香菇食用菌品种，目前效果非常显著。吉林省用于食用菌基料的秸秆主要集中在多山、森林覆盖率高的东部地区——通化、白山和延边地区。

（五）秸秆肥料化利用比重逐渐提升

秸秆含有丰富的有机质、氮磷钾和微量元素，已经被农业专家认可。借助一种全新的"秸秆粉碎+深翻+春耙+浅旋起垄（免耕平坐）"秸秆全量还田的耕作技术，再加上相关技术，可以不断提升整体还田面积的效率，秸秆还田比例也会逐渐提升。借助国家"秸秆腐熟剂"的推动，可以在2018年得到示范效应，从而加快秸秆肥料化的整体进度。

（六）秸秆能源化利用前景可观

2017年，吉林省作物秸秆用于发电、沼气、气化、固化成型以及农村生活燃料等能源化利用1300万吨左右，约占秸秆资源总利用量的35%。近年来，秸秆能源化的比例逐渐提升，尤其是随着人们对环境生态关注度日益提升，国家战略政策的实施，秸秆燃料使用领域和程度开始提升。吉林省秸秆能源化利用首先是秸秆发电。秸秆发电方式较为简单，属于直接使用后产生电能的燃料，其自身比较环保，属于绿色能源范畴，对于吉林省改善能源使用结构具有非常直接和现实的效果。其次，是秸秆沼气。秸秆沼气在吉林省使用时间较短，目前在九台和绿园等地区开展十年左右的时间，依然处于试运行阶段，主要几种在长春及吉林地区使用；再次是秸秆固化成型和炭化。秸秆热值适当，在家用和企业供热中使用经济效果较为显著，其进行固化以及炭化具有非常可观的市场，目前在农安、公主岭、白城及松原等处已经运行一段时间，未来的市场前景非常可观。但是，最大的缺陷是综合利用成本较高。有的生物质电厂秸秆燃烧成本占总成本的80%，导致其整体使用的积极性不高。另外，由于秸秆固体燃料的下游燃具和应用市场开发不成熟、秸秆气化焦油堵塞管道等问题，造成上述行业现有生产规模和秸秆消耗体量小，在市场中始终无法得到更加全面的认知，导致相关产业无法提升效益。

（七）秸秆工业原料化利用兴起

秸秆原料化利用是指秸秆作为工业原料，参与工业商品加工过程。目前，吉林省秸秆原料化利用主要有以下两个方面。第一，秸秆造纸。秸秆造纸已经在业内得到认可，其自身纤维属性较强，可以有效替代木材的使用，增加绿色覆盖面积，减少水土流失，是秸秆的综合利用途径之一。目前，吉林省借助秸秆造纸的比例已经超过30%，未来依然有着可观的发展市场。第二，秸秆建筑板材加工。这种加工方式以秸秆为原料，以不含甲醛的异氰酸酯为胶黏剂，制成无甲醛释放的秸秆板，产品质量达到国家标准的要求，可用于家具制造和室内装修。

二　吉林省秸秆资源利用现存的问题

吉林省秸秆作物资源综合利用虽然取得了一定成绩，但每年秸秆资源浪费的数量仍然很大，现存的主要问题包括以下几方面。

（一）综合利用项目规模小，整体利用率偏低

吉林省秸秆综合利用的龙头型和骨干型企业不多，项目带动能力不强。除三家生物质电厂和泉德造纸厂以外，其他秸秆综合利用企业基本都处于小规模、低层次水平，投入产出效率较低。社会资本投资秸秆开发利用的积极性不高，企业收贮秸秆获利空间有限，农民感受不到"好处"，企业看不到"利润"，造成秸秆综合利用项目招商难、推进慢，制约了秸秆综合利用企业的发展。受到秸秆饲料的优化配置、秸秆气化中的焦油含量、高效生物有机肥工业化生产设备的引进、消化吸收及国产化等问题制约，秸秆综合利用的经济效益不高，利用比例偏低，推广难度较大。

（二）秸秆收储体系尚未建立，秸秆的比较效益不理想

吉林省每年约有30%的秸秆用作农村生活和取暖燃料被烧掉，有20%左右直接作为畜牧业的初级饲料使用，10%的被直接返回田间和用于工业原料，剩余四成几乎直接被弃用，吉林省秸秆剩余量远远高于全国水平。尚未构建专业的种、收、贮、加、销产业链。秸秆收集具有很强的季节性，只限于10月末至11月中旬，需要一定的维护成本。另外，达到一般利用标准（含水量30%以下、含灰量8%以下）的每吨秸秆收储运成本达到300元/吨。以年处理5万吨的秸秆成型燃料企业为例，需要8年才能收回成本，企业投资积极性不高。秸秆成型燃料投放在供暖用燃料市场上，相对于用电、用气供暖方式，价格上没有优势，比较效益不理想。

（三）政府补贴力度不足，良性循环机制尚未建立

秸秆综合利用是一项短期投资大、长期见效益的工程。有些秸秆利用的新技术、新机型由于缺乏有效资金的投入，还不能很好地示范和推广。吉林省现已经研制开发出了玉米秸秆颗粒机、秸秆青贮机、秸秆压块机、粉碎机、成型机，秸秆气化炉等，要全面推广，还需大量的配套资金作保障。目前，吉林省虽然制定了一些秸秆综合利用优惠政策，但政策的覆面不够宽，

缺少地区普惠性的扶持政策。已出台的政策大多是项目制，并非年年都有，且主要围绕秸秆还田利用产品，对生产企业给予支持，比如农业部对秸秆机械还田实行农机补助政策。在秸秆收储运、终端产品应用等吉林省薄弱环节，还缺乏相应的政策措施，良性循环机制尚未形成。政府相应配套补贴或扶持政策滞后，使得交流信息沟通与宣传不广泛，政府与农民之间无法形成流畅的配合，农民自身积极性无法得到释放，很难推进秸秆能源化的提档升级。例如，吉林省在秸秆项目建设上，秸秆加工未列入农产品加工目录；在生物质电厂污染指标上，仍参照煤电的硫排放标准；在生物质能源电厂电量上网时，仍受配额限制；在秸秆原料运输、生物质成型燃料产品和原料运输中，未享受农产品绿色通道政策；在秸秆收购、储存上，还没有给予应有的优惠政策。

（四）农民重视意识不强，秸秆保护性耕作途径缺乏推广

吉林省秸秆畜禽饲料发展的虽较好，但是，秸秆还田保护性耕作技术依然处于较低的水平，配套技术指标也未形成规范。加之分散经营方式导致相关投入压力过大，导致秸秆还田比例较低。很多农户重视意识不强，仍然采用传统的秸秆覆盖模式，不仅污染环境，也会在很大程度上导致秸秆中的碳铵和磷肥的损失，长此以往会影响到地表自身土壤结构，导致地表水分损失，无法保证土壤抗旱、抗涝能力，影响土壤自身肥力。另外，秸秆保护性耕作技术的宣传与推广不到位。一些工作者对秸秆综合利用的重要意义认识不足，缺乏在平时工作中宣传推广秸秆综合利用的意识，导致大量农民在备春耕前的集中焚烧。再加上秸秆自身与劳动力相互匹配度不高，导致秸秆回收利用情况不够乐观，更多人只是关注当下利益，无法从秸秆利用的经济意识上进行综合考量。农民群众对政府部门的宣传不重视，不了解禁烧秸秆对大自然的污染和危害程度，对秸秆综合利用的长远利益和利用新途径认识不足。

（五）秸秆综合利用关键技术尚未突破，创新体系不成熟

目前，吉林省尚未形成与秸秆综合利用相互匹配的科技创新体系。在秸

秆收集处理方面，适合不同环境条件的专用技术硬件配备缺乏；在秸秆养畜技术方面，仍停留在青贮、氨化等单一的传统物理技术水平，缺乏商业化开发；在秸秆肥料化方面，生产工艺与配套技术不完善；在秸秆栽培食用菌方面，缺乏适宜、简便的规模化生产技术和大量菌渣的循环利用技术；在技术集成创新方面，实用化技术集成组合少，"五化"兼具的综合循环农业技术组合模式尚未形成。

在吉林省目前的经济和技术条件下，还田做肥料是秸秆消化的主要渠道，其方式主要还是结合收获一次将秸秆直接机械粉碎还田。由于秸秆加工水平不高，使秸秆为主的粗饲料质量差，利用率低。养殖户为保证奶牛、肉牛的正常生产性能而加大精料饲喂量，造成高产奶牛的高产短寿，低产牛和肉牛成本增加。所以最终没有发挥吉林省秸秆资源的优势，大量的秸秆不能形成饲草商品，造成浪费，没有发展成真正的秸秆饲料产业。

三　吉林省秸秆资源综合利用的对策

吉林省按照秸秆资源和"五化"利用的总体方向，正努力形成"两主三辅"的秸秆综合利用格局，通过产业解决秸秆资源的技术、成本、市场等问题。

（一）政府应促进秸秆综合利用产业链形成

纵观秸秆的综合利用模式，若能将各个综合利用方式结合，形成多条完整的秸秆综合利用产业链，就可降低秸秆的利用成本，增加秸秆综合利用率。

1. 秸秆发电或气化—灰分作为废料返回—种植

秸秆气化所需要的条件不高，秸秆发电也可以和火电等结合，因此产业链操作性比较强，吉林省可以此为借鉴延长现有的秸秆综合利用产业链。

2. 秸秆生产饲料—养殖—沼气—有机肥料—种植

对秸秆饲料化技术处理主要采取三个过程，首先，是秸秆的生物手段处理。借助青贮过程，充分发挥其整体价值的四成左右；其次，借助物理方式进行处理，经过切碎等相关手段处理之后，可以有效实现其整体消化率的提升；再次，采取化学手段的处理，主要借助 20 世纪 80 年代美国采用的传统手段，制造出较为全面的秸秆相关氨化饲料，使其整体的蛋白质含量相对未经处理的高出 30 个百分点，其整体消化率情况突破 50%，有效提升秸秆饲料的营养配比水准。而由于目前秸秆饲料整体成本处于较低水平，借助其整体产业链条的控制，可以有效解决其利润较低的问题，从而保证其模式处于较为完整的方式。

3. 秸秆—板材—建筑装饰的原料化利用

吉林省秸秆资源在建筑原料上的应用是比较薄弱的环节，可借鉴国外秸秆用于建筑装饰的成功经验，尽可能提升秸秆综合使用效率。第一，提取秸秆乙醇。日本从再生能源中提取乙醇，研究出秸秆所含纤维素酒精燃料，并列入可再生燃料使用标准计划。第二，利用农作物秸秆制造人造秸秆板，主要板种是按 ANSTM3 标准生产刨花板，性能优于普通刨花板。第三，将秸秆应用于建筑方面。英格兰和法国的秸秆建筑应用广泛，美国也建造了秸秆砖建筑。

（二）完善秸秆利用长效激励政策，提高补贴效能与资金管理

依托中央财政秸秆综合利用试点补助资金，推进吉林省农业"三项补贴"由激励性补贴向功能性补贴转变、由覆盖性补贴向环节性补贴转变，提高补贴政策的指向性、精准性和实效性，促进支农政策"黄箱"改"绿箱"。2018 年，吉林省支持秸秆综合利用资金 13492 万元。补助对象为实施秸秆肥料化、饲料化、燃料化、基料化、原料化等"五化利用"的各类生产、加工秸秆综合利用的个人、企业和新型农业经营主体等项目实施主体，以及科研教学推广等单位开展的技术指导服务。按照秸秆产量平均分配给双阳、梨树、双辽、洮南、前郭、长岭、扶余和敦化 8 个试点县。其余资金采取因素法分配给九台区、伊通县、蛟河市、磐石市、东辽县、柳河县、通化县、抚松县、梅河口市、宁江区 10 个试点县，用于肥料化、饲料化、能源

化、基料化和原料化等"五化"利用。推进农业供给侧结构性改革，促进农业可持续发展，加快农业现代化进程，实现农业强、农民富、农村美。同时，支持吉林省秸秆综合利用的重点领域和关键环节，以县为单元统筹相关资金，加大秸秆综合利用支持力度，选择3~5个县市作为重点，总结推广适合吉林省不同区域、不同作物的利用模式，打造区域性、代表性的秸秆利用示范样板，发挥样板的示范带头作用。

同时，吉林省应对农作物秸秆综合利用试点建立绩效考核机制，定期进行调度督导，项目结束时对试点区秸秆综合利用率、项目执行效果等情况进行考核，考核结果作为今后安排补贴资金的重要依据。结合吉林省各个地区实际，制定出切实可行的具体补贴方案。吉林省各市县财政、农业部门要密切跟踪农业"三项补贴"改革工作情况，加强信息沟通，重大问题及时向上级部门报告。设立监督平台，并在当地媒体公布，接受社会和群众监督。对于信访案件要在规定时间内办结，让群众理解认可。适时对地区农业支持保护补贴政策落实情况开展绩效考核，考核结果将作为以后年度农业支持保护补贴分配的重要因素。

（三）以绿色生态为导向，推进吉林省秸秆环保商业化利用

秸秆制品具有环保的特性，而且还具有创新产业的积极属性。目前，在实体营销以及网络营销平台上，已经有很多成形的日常用品以及各类工艺品开始进入大众消费视野中。加入秸秆的成品具有更加有效的优势，更加绿色环保，通过有效手段处理后，在十几个月的时间内就能进行有效降解。该类产品整体性能较为优异，借助其适当的添加，能够保证其外观较为光滑、无静电，且能够扩大秸秆塑料商品的市场消费份额，增加秸秆的利用量。因此，以绿色生态为导向，根据秸秆的优良性能，可以引导吉林省加工行业使用秸秆包装盒。秸秆塑料具有优良的性能，借助相关产品进行最大科学化处理，积极引导其相关行业绿色发展，实现可持续与绿色生态发展，推进吉林省秸秆环保商业化利用，并提升秸秆的综合利用率。

（四）以新型农业经营主体为依托，提高秸秆收储运专业化水平

针对秸秆收储运主体少、装备水平低等问题，加快培育吉林省秸秆收储运专业化人才和社会化服务组织。建设秸秆储存规范化场所，配备秸秆收储运专业化装备，建立玉米主产县全覆盖的服务网络，逐步形成商品化秸秆收储和供应能力，实现秸秆收储运专业化和市场化，促进秸秆后续利用。吉林省各试点县（市、区）应结合当地实际，加强对秸秆综合利用规划研究，统筹不同区域、不同作物秸秆综合利用的目标和重点，制订具体实施方案，合理布局秸秆产业化利用途径、收储运基地，建立健全政府推动、市场化运作、多方参与的秸秆综合利用体系。一是按照工作措施、技术措施、政策措施"三位一体"的要求，总结吉林省玉米秸秆还田养地、种养结合、能源生态等循环利用模式；二是按"五化"利用途径，召开秸秆机械化还田、离田系列现场交流会，宣传推广秸秆综合利用的好做法、好经验和好典型；三是结合新型职业农民培训工程、现代青年农场主培养计划、新型农业经营主体带头人培训计划，举办秸秆综合利用系列技术培训班，提高各级技术推广人员、新型农业经营主体的思想认识和技术运用水平。

（五）推广秸秆基质化新兴技术，打造新兴农业循环模式

依托吉林省现代农业产业技术体系和吉林省农科院等相关科研院所，搭建吉林省农业科技创新与交流平台，针对"五化"利用方式上存在的技术瓶颈，加大科技攻关力度。重点围绕秸秆还田机具升级换代、秸秆腐熟等方面加快技术和设备研发，力争在农作物收割和秸秆粉碎、打捆收集机械、秸秆生物处理技术和秸秆还田机械等方面取得突破性进展。加快秸秆还田技术适应性试验研究和示范，尽快形成低成本、可复制、可推广的技术模式，为秸秆还田提供有力的科技支撑。

目前，吉林省食用菌生产品种主要为香菇、平菇和金针菇等木腐菌。草腐菌对场地、设备要求较高，需规模化或工厂化生产，目前，吉林省还处于研究阶段，秸秆消耗量很少。示范推广秸秆基料化利用技术，即以秸秆为原

料栽培食用菌是一种新途径。吉林省正在规划建设"草腐菌"和"木腐菌"两条产业带,鼓励相关龙头企业采用企业加农户的经营模式,利用秸秆培育食用菌。推广秸秆基质化新兴农业循环模式,探索秸秆基料化发展之路,解决秸秆基料化进程中的技术难题、传统生产习惯和观念认识。通过有效手段进行工艺的简化,进一步提升食用菌的生产效能,加大使用秸秆生产的认知度。吉林省应鼓励引导龙头企业、专业合作社、家庭农场、种养大户等新型经营主体,发展以秸秆为原料的生物有机肥、食用菌、成型燃料、生物炭、清洁制浆等新型产业,打造新兴农业循环模式,目标在 2020 年前力争实现基料化转化秸秆 1 万吨以上。

参考文献

[1] 王金武、唐汉:《东北地区作物秸秆资源综合利用现状与发展分析》,《农业机械学报》2017 年 4 月 24 日。
[2] 李海亮、汪春:《农作物秸秆的综合利用与可持续发展》,《农机化研究》2017 年第 8 期。
[3] 楚天舒、杨增玲:《中国农作物秸秆饲料化利用满足度和优势度分析》,《农业工程学报》2016 年第 22 期。

吉林省新型职业农民
培育现状与路径研究

于　凡*

摘　要： 实施乡村振兴战略，必须突破人才瓶颈。自中央一号文件提出大力培育新型职业农民以来，吉林省以打造具备较强的生产经营水平、较高的综合素质以及具备主体功能的新型职业农民为目标，新型职业农民的培育工作持续推进，培育方向和培育对象逐渐清晰，培育手段和方式不断创新。整体上看无论是外部的培育制度管理体系，还是内部劳动力结构、技能水平等自身原因，新型职业农民培育都存在制约因素，需要遵循内外部发展路径来明确培育思路。

关键词： 乡村人才振兴　新型职业农民　职业培育

农民是乡村人才振兴的主体。随着经济社会的发展，农村劳动力向城镇第二、三产业部门转移，而土地对于新生代农民工来讲相对陌生，因此产生农业留守人群数量相对不足、结构不尽合理等问题。针对此问题，2012 年一号文件就已明确提出大力培育新型职业农民，以解决农业生产力持续发展问题。2012 年以来，农业部、财政部等部门启动新型职业农民培育工程。农业部"十三五"职业农民发展规划提出了新型职业农民的发展目标和主要培育指标。

---

* 于凡，博士，吉林省社会科学院农村发展研究所助理研究员，主要研究方向为农业经济理论与政策。

一　吉林省新型职业农民培育现状

近年来，吉林省新型职业农民培育工程培训体系、管理队伍、师资队伍建设得到加强，培训手段和培训方式有所创新，农民参加培训的积极性不断提高，农民收入明显增加，农业产业结构调整思路更加清晰，国外和省外培训开拓了农场主等新型职业农民的视野，职业农民培育工作从"要我学"向"我要学"转变。

（一）新型职业农民培育工程不断深入

继 2012 年中央一号文件提出大力培育新型职业农民，吉林省结合农业部《新型职业农民培育试点工作方案》，于 2013 年制定出台《吉林省新型职业农民培育试点工作实施方案》，提出以打造具备较强的生产经营水平、较高的综合素质以及具备主体功能的新型职业农民为目的，逐步开展吉林省新型职业农民的培育工作。选定了辉南、东辽、德惠、前郭、双辽等 15 个县作为国家级新型职业农民培育重点示范区，其余地区作为省级培育带动区。2014 年吉林省新型职业农民培育工程管理培训工作启动，新型职业农民培育扎实推进，逐年完善（见表 1）。

2017 年，吉林省参照前期培训情况指导性任务定为 25440 人，包括新型经营主体带头人培育 15440 人，专业技能型和专业服务型职业农民培育 10000 人。年底实际完成新型经营主体带头人培训 12888 人，新型职业农民培训 9021 人，现代青年农场主省级集中培训 812 人。2018 年，吉林省继续加强新型职业农民培育体系建设，实行"分段式、重实训、参与式"培育模式，强化分类指导，提高参与性、互动性和实践性，加强跟踪指导和政策扶持。同时，加强绩效考核，从培育任务完成、学员满意度、学员库和师资库建设、补助资金管理使用等方面考核培育质量。全年新型职业农民培育的指导性任务总量 30128 人。其中，各类新型农业经营主体的带头人 18216 人，贫困村致富带头人 1000 人，青年农场主 810 人，职业经理人 100 人，专业技能型和服务型职业农民合计 10002 人。新型职业农民培育补助资金数额 7158 万元，农业部门认定的承担新型职业农民培育工作的培训机构都可成为培育补助对象。

表1　2014～2018 年吉林省新型职业农民培育计划

年份	新型职业农民培育计划安排
2014	总体安排新型职业农民培育 27000 人。其中，生产经营型 12000 人，专业技能和社会服务型 5000 人
2015	新型职业农民培育名额 25850 人。其中，生产经营型 12575 人，专业技能型 4670 人，社会服务型 8605 人
2016	新型职业农民培育人数总计 25050 人。其中，青年农场主 800 人，新型经营主体带头人 13070 人，新型职业农民 11080 人
2017	新型职业农民培育指导性任务 25440 人。其中，新型经营主体带头人 15440 人，专业技能型和专业服务型职业农民 10000 人
2018	新型职业农民培育指导性任务 30128 人。其中，新型农业经营主体带头人 18216 人，贫困村致富带头人 1000 人，青年农场主 810 人，职业经理人 100 人，专业技能型和服务型职业农民 10002 人

（二）培育方向和培育对象逐渐清晰

吉林省各地结合本地实际大力开展新型职业农民的培育工作，随着职业农民培育工作的进展，探索改进培育制度。将教育培训、认定管理和政策扶持三者结合起来，重视生产经营、专业技能和社会服务的协同型培训（见表2）。为鼓励符合条件取得证书的职业农民，配套了相关扶持政策加以支持。通过培训和扶持，吉林省在兼业农户和小规模经营普遍存在的现状下，种田能手、专业农户等职业农民逐渐兴起，随着队伍的壮大，这些职业农民也正逐渐承担起经营大户、家庭农场、农民合作社以及龙头企业领头人的角色。

新型职业农民的培育重点包括四类人才：第一类是新型经营主体的领头人，具体包括专业种养大户、家庭农场主、农民合作社领办人以及农业产业化企业创办人等；第二类是现代青年农场主，拥有相对较大的农业生产经营

表 2　新型职业农民培育类型和方向

新型职业农民类型	新型职业农民培育方向
生产经营型	围绕区域主要产业,保障粮食等重要农产品的生产经营持续发展
专业技能型	围绕农业企业、农民合作社等经营主体的农业生产需求,提高农业生产效率和农产品生产质量
专业服务型	围绕农资供应、土地流转、农机播耕收、农产品储运经销等提供农业社会化服务
创业创新型	围绕休闲农业、定制农业、互联网+农业等新业态,促进农业产业创新发展

规模,有较强的社会影响力和责任感,可以在行业内发挥模范带头作用,主要包括返乡创业大学生以及返乡的城市务工者等;第三类是农业职业经理人,一般是具备高中及以上的学历,具备农业相关的专业知识并积累了一定管理经营经验的农业人才;第四类是专业型职业农民,主要指那些长期在农民合作社、家庭农场、农业企业等新型农业经营主体中从事农事生产作业的稳定性农业从业者,以及在农业产前、产中和产后范围内,从事农资购销、农机作业、植保防疫、储运加工以及农业信息、乡村旅游等社会化服务的从业者。

（三）培育手段和方式不断创新

2017年,吉林省围绕现代农业产业和壮大新型农业经营主体,以加快培育"爱农业、懂技术、善经营"新型实用人才为目标,不断创新培育手段和方式。

1.建立健全培育基地体系

培育基地体系包括国家、省、市和县四个级别。国家级,吉林农业大学等4个单位经推荐由农业部认定为国家职业农民培育示范基地,农安陈家店村被推荐为国家农村实用人才培训基地;省级,包括国信现代农业等30个单位经审核认定为吉林省职业农民实训基地,东福米业等14个单位为吉林省农民田间学校;市县级培训基地包括各级农广校以及农技推广中心等172个机构。吉林省各类各级职业农民培育工作的机构基地需要基本得以满足。

2. 充实完善师资与学员信息库

精准定义培育学员和完善的培育机构与师资力量，是新型职业农民培育的必要前提。一是充实完善培训师资库，从全省各大农业高校、科研单位以及各级农广校和农业站中精选专家教师共计1072人，收录培训师资信息库，以满足各地职业农民培训的师资选用需求；二是充实培育学员资料信息库，从省内各地种养大户、家庭农场和农业企业、合作社从业者中选择适合的培训对象录入学员档案，作为培育学员的入选来源。此外，与完善教师学员信息库相对应，完善了职业农民培育的信息化工作。作为全国试点省份之一，吉林省的手机APP培训试点已经率先开展，完成农业科教服务平台"吉云智农"的开发，对全省9个地区、14个县的培训机构管理者先行培训。

3. 强化新型职业农民培育制度建设

培训制度建设包括"五项制度"和"三个办法"。"五项制度"即第一节课制度、学员档案管理制度、抽查检查制度、跟踪指导包保责任制度、台账制度。"三个办法"即《吉林省新型职业农民培育大纲》《吉林省新型职业农民认定管理办法》和《吉林省新型职业农民培育工程教师管理办法》。此外，还向吉林省质监局申请批准颁布了《新型职业农民培训教师规范》。

4. 省内与省外、国外培训相结合

首先是推进现代青年农场主的培育工作，依托吉林大学举办了培训班共8期，学员可以根据各自的生产生活情况以及培训需求，自行选择确定各自的培训时间，其间还组织两次实践教学活动和一次研讨交流，专业课程如若涉及不同产业可分小班再行授课。当年省级实训基地的职业农民培育数量达到9500人以上，农民田间学校对新型职业农民的培训总数超过了12000人。2017～2018年度冬春培训工作全面开展，培训各类新型职业农民数量近20万人。在延续以往的集中与分散相互结合的基础上，分别针对不同类型与不同层次的新型职业农民培训需求，开展省外和国外的培训。2017年吉林省先后分6批次组织139名新型经营主体带头人赴日、韩、法以及中国台湾等农业发达国家（地区）培训交流，超额完成"1231"工程的境外100人培训目标。2017年共选派407人次赴浙江、江苏、湖北、山东、陕西等地，

统一组织现代青年农场主的省外学习交流。此外，积极针对农民培育意愿和需求开展省外实训，累计省外实训规模超过 2100 人次，完成预期培训目标。

5. 加强后续指导服务、交流与宣传

为了真正实现培育一代新农民的目标，吉林省调动农业部门对培训后职业农民加强后续跟踪与指导服务，尤其以青年农场主为跟踪重点。结合基层农技推广服务改革，指定农技人员以"一对一"或"一对多"形式开展对培训后新型职业农民的技术服务。在中国农交会和长春农博会期间，组织农场主、合作社等新型农业主体参展洽商，以项目推介等活动助其拓展市场。2017 年还举办了吉沪、吉赣的两地农产品产销对接交流活动，组织了吉沪"大基地、大市场、大联合"两地农场主交流活动，开展了上海市农广校系统师资培训。营造良好的宣传氛围，2017 年 12 月 18 日新型职业农民培育典型吉林市刘英奎的专题片《松花江畔的甜瓜大王》在中央电视台第七频道黄金时段播出。自 2017 年初至今，吉林电视台、吉林日报等媒体先后报道了吉林省青年农场主及新型职业农民培训工作 23 期，文字 3 万多字，图片 80 余张。通过一系列的宣传，为农民教育培训工作开拓了新的空间。

二 新型职业农民的群体来源与特征

近年来，受外部经济环境变化影响，一些非农企业家改变投资领域转投农业，一些返乡大学生和农民工改变就业方向回归农村，还有多年以来从事着农业生产、技术以及农村经营管理的农村种养能人、农技人员、村镇干部，共同构成了新型职业农民群体。

（一）转移投资于农业的企业家

企业家群体主要是那些退出非农产业转而投资农业的企业家，其中也有一部分早期是农民外出在非农行业创业后又回归农业的企业家。目前年龄 45 岁~55 岁的企业经营者，多半具有创办企业实体的经历，其比例也高于在其他非农行业有就业经历或者担任过村干部人群的比例，这些非农企业家转变投资产业的原因，一方面是由于受近年来外部经济不景气所影响，一方面也是源于国家和地方政府针对农业农村发展出台一系列补贴扶持政策。

（二）返乡创业的农民工

返乡农民工群体主要是进城务工农民在放弃或失去城市非农就业岗位之后，重新选择回乡务农创业的农民群体。这一群体年龄多在 35～45 岁，多数人有过城市打工经历，有过经商或经营企业经历人数较少。农民工离开城市回归乡村的原因，主要是企业家缩减在非农产业的投资所带来的城市工商业就业岗位减少。回乡农民需要新的谋生之路，必然有一部分人会选择根据以往从业经验通过加入新型农业经营主体等方式尝试农业经营创业。

（三）回归基层创业的大学生

近年来，受国家鼓励大学生担任村官政策的推动，毕业大学生就业观的改变，以及城市就业形势不佳的影响，毕业选择回流农村基层的大学生逐年增加。在职业农民群体中，有一定比例的没有任何非农就业经历的具有大专或以上文化水平。这其中一部分老农技员长期以来从事基层农技推广工作，其余便是近年来毕业回归农村的大学生群体。尽管总体看这类群体仍然数量不足、比例不高，但在各类新型职业农民中代表着发展的方向和希望。

（四）农村种植养殖能人

近年来，由于政府农业政策的鼓励扶持，种养能人群体逐渐发展壮大。在 55～65 岁的经营者中，有很多人没有任何外出打工、经商或创办企业的经历。在这类主体中，虽然大部分人的文化水平较低，只有初中及以下程度，但是凭借多年来从事农业生产摸索积累的经验和对农事作业的专注热忱，凭实干精神从小规模传统农户发展成为专业种养大户，又借由各级政府

的资助扶持政策，把握机遇组建农民合作社或者成立农业企业，并成为农业实体经济或组织的负责人。

（五）农村干部带头人

有过村干部任职经历的职业农民带头人一般年纪较大，在年龄上包括45～55岁和55～65岁这两个阶段，通过村民民主选举、在当地比较有威望。这些农村干部带头人由于以往职业经历，相对其他群体更加了解国家和地方政府有关农业发展政策，更能从整体上把握所在地农村农业实际情况，因此在农业经营领域更加能把握政策机遇，凭借先天优势发展成为专业大户，组建合作社或者注册农业企业，并担负起这些组织负责人的职责。

三　新型职业农民培育的制约因素

（一）农业劳动力结构失衡

目前，农业生产领域人力资源结构不平衡，农业现代化技能水平较低，现有人才使用效率较低，实用人才仍然缺乏。家庭劳动力和从事农业的劳动力问题主要表现为农业劳动人数萎缩和农业人口结构失衡。农业劳动力萎缩一方面由于城乡统筹发展过程中农业劳动向非农领域的转移；另一方面传统农业对农民特别是青年一代农民的吸引力远不如非农产业，造成农村劳动力的缩减。而人口结构失衡主要是新型职业农民中人口结构不均衡，老龄化比较严重，新生代农民的比例不高。以规模农户相对于一般农户年龄构成看（见表3），虽说新型职业农民年龄已呈现年轻化趋势，但35岁以下这一年龄段的比例仍然不高。有研究显示，当农户年龄在50岁以上时，所经营的耕地规模与年龄呈负相关的关系，年龄越大，所经营的耕地规模越小。当前的农业生产对体力的要求仍比较高，老年劳动力在体力和精力方面与青壮年劳动力相比差距较大，他们只适于从事小规模农业生产。

表3 吉林省农业生产经营人员和规模农业经营户年龄构成

	35岁及以下		36~54岁		55岁及以上	
	数量（人）	比重（%）	数量（人）	比重（%）	数量（人）	比重（%）
农业生产经营人员	1232903	19.91	3081537	49.77	1876505	30.31
规模农业经营户	99759	24.70	237342	58.77	66735	16.53

资料来源：吉林省第三次全国农业普查主要数据公报。

（二）农民专业技能水平偏低

新型职业农民的专业技能水平直接决定其所从事的职业高度，主要包括文化程度、专业技术能力、研究创新能力以及信息收集能力。从总体水平上看，新型职业农民文化层次进步明显，但与年龄结构相似。目前农民群体仍是初中文化水平占主体（见表4），小学及以下文化仍占有一定比例且以50岁以上中老年人为主，同时大专以上学历逐渐增加但整体比例不高。而对于后代教育的态度，新型职业农民大多支持子女上完高中甚至大学，说明其自身对文化知识的重视。专业技术能力方面，尽管职业农民都接受过专业技能培训，但不同的年龄和文化程度必然导致其对所学技能的掌握程度差异较大，多数农民只能部分掌握，掌握技能程度有待进一步提高。在创新研究能力方面，目前的新型职业农民在其从事农业生产经营活动中有创新能力的可以说仍然不多，农民的创新能力有待提升。农业信息获取能力上，目前农民仍以亲朋邻里或者广播电视等渠道为主要信息来源，小部分通过农业科技推广渠道，相当数量对市场信息了解很少或不及时，农民获得农业科技信息还缺乏有效的渠道，很多农民不善利用信息化手段获取外部信息。

表4 吉林省农业生产经营人员和规模农业经营户受教育程度构成

	未上学	小学	初中	高中/中专	大专及以上
农业生产经营人员数量（人）	120753	2437869	3259982	306204	66137
农业生产经营人员比重（%）	1.95	39.38	52.66	4.95	1.07
规模农业经营户数量（人）	4636	122935	249552	22929	3784
规模农业经营户比重（%）	1.15	30.44	61.80	5.68	0.94

资料来源：吉林省第三次全国农业普查主要数据公报。

（三）农民管理经营素质和经验水平不高

现代化农业要求农民适应市场需求、农业规模化和产业化经营，这要求农民不只是生产者的身份，还要具有管理、经营、销售等方面的能力，面对逆境具有较强的心理素质，能够抵抗压力。新型职业农民在经营管理农业时应具备决策、组织协调和计划控制能力，心理素质上还要具备较强的自信自控和逆商力。在复杂的大市场环境下生产经营需要承受高度压力，可能遇到困难困境甚至失败，需要面对挫折和孤独感，管理者既要保持积极乐观又要理性控制自己思想和行为。而现有的农民经营管理者在面对竞争激烈的市场时，多数仍然处于对激烈的市场竞争会给自己所从事的行业造成威胁的担忧状态，很多经营者面对残酷的市场竞争而经常感到经营的压力。说明目前职业农民的经营管理能力仍不适应现代农业的发展需要，对于农业经营面临的较大压力暂时缺乏合理有效的应对方法。

（四）培育的制度管理体系仍有不足

目前新型职业农民培育工作虽然已经形成了政府主导，农业部门牵头，涉农有关部门紧密配合的整体格局，但在制度体系建设方面仍然存在不足和有待完善之处。一是培育管理缺乏规范性，培训的对象、内容与层次趋同。由于对培育需求研究的不足，培育缺乏长远性规划。生产经营型、专业技能型、专业服务型等各类职业农民培育的相互区别，初、中、高级各阶段培育的贯通方式，不同类型和层次职业农民的具体培育标准，仍缺少统一的要求和具体的衡量规则，使得众多的培育容易流于形式，收效与开展培训的工作量不成比例。二是在培育对象的召集中存在亲缘化弊端。性质上看新型职业农民培育属于公共产品，对于相关职能培育管理部门来讲完成培育是工作任务，很多时候靠亲缘关系的拉动来选择培训对象，以培训人数衡量培训进度的方式容易把一些怀有真正培育需求的农民边缘化，导致培育资源的浪费。

四 新型职业农民培育的思路与路径

（一）新型职业农民培育思路

1. 分层次培育各类新型职业农民

新型职业农民同其他产业一样，也包括管理、技术和服务三个层次。一是培育新型职业农民中的"白领"，主要指农业龙头企业经营者、农民合作社领办人等农业经营管理人才。这类职业农民不但具有丰富的见识和阅历，较强的经济实力和创新能力，还应有较强的社会责任感和凝聚力，能够带领农户组织实体开展区域行业的协调与产业化经营。二是培育新型职业农民中的"蓝领"，即种植能手和养殖能手。职业农民的蓝领积累了丰富的种植养殖管理经验和技术，通常被称为"土专家"，这一群体既要传承传统农耕技术和农耕文化，也将作为将传统农业与现代科技相结合提高农业效率的主要载体。三是培育服务型职业农民，包括从事于整个农业再生产环节的农资供销、农机作业、植保防疫以及运储加工等社会化服务人才。

2. 分类别明确新型职业农民培育模式

对不同类型的职业农民应分区域、分产业开展灵活多样的培训，制定有层次有针对性的培训内容，对职业农民的培育从临时型、短期型、技能型和就业型向规范型、终身型、职业型和创业型转变。对于重点培育对象，应依托政府有关部门，通过院校培育、远程教育或创业扶持等形式，以道德规范、创业能力和职业素养为主要内容，培育新型创业型和经营型的职业农民。对于"生产经营型"和"技术服务型"职业农民，应依托农业园区、推广机构或科技项目，通过半市场化形式，以农业科技、职业技能和经营管理能力为主要内容，培养科技型、推广型和服务型的职业农民。对于"种养能手"，应依托农民合作组织、协会、农业企业，以农业标准化生产、农产品流通、经营管理技能为主要内容，培训适应农业产业化和企业发展的实干型人才。在对职业农民分类的基础上还应区分不同区域、不同产业的培育

模式。综合考虑吉林省东、中、西部在经济、人文和农业资源方面不同的地域特征，以及不同产业产品在技术特性和产业链不同环节的独特性质，制定适应不同需求的差异性职业农民培训新模式。

3. 强化新型职业农民培育激励机制

一是在目前普惠制农业补贴制度基础上，侧重于新型职业农民专享的创业兴农、风险支持、劳动保障等综合性扶持政策，使有意愿且有能力的新型职业农民真正享有更多政策支持。通过农业准入制度的执行，使职业农民资格作为享受农业补贴以及金融信贷等扶持政策的有效条件，使农业更具吸引力，进入有门槛、经营有收益、收入有保障、职业有尊严。二是明确合理范围内新型职业农民的优先待遇。比如，土地流转中鼓励土地优先向新型职业农民连片流转；新增惠农政策上优先享受扶持政策；在项目编制和申报上，新型职业农民申报中央、省级农业扶持项目可适当优先；在融资借贷和保险上，优先享受信贷扶持政策和农产品保险政策；优先增加财政强农资金经费投入等。三是针对新型职业农民所处的各类新型农业经营主体的不同发展阶段，研究阶梯性扶持政策，明确各阶段的扶持重点。比如在发展初级阶段，将基础设施、信贷担保、土地流转等问题作为重点扶持政策，而在成长成熟期，应着力解决农产品质量安全以及品牌建设等问题。

（二）新型职业农民培育路径

1. 内生性培育路径

新型职业农民的内生性培育路径主要包括职业理想指引、农村就业优势分析、农业增收吸引以及职业教育支撑等方面。首先，由于自我认知的局限性，多数农民不具备充分了解就业信息的能力，职业培育需求的诉求不畅，以就业创业前景来激励农民加强职业学习，指引其制定职业发展规划，克服职业规划欠缺、选择迷茫和定位模糊等不足，进而实现职业理想。其次，农民由其身份所有的承包地，是其从事农业生产的先天优势，较之进城务工，经培训成为职业农民更容易有存在感与归属感，有利于农民农村就业优势的发挥。再次，近年来新型农业经营主体不断发展，农村土地流转加速，规模经营产生的规模收入增加、结构调整带来的生产成本降低等，都使农业经营实现增收。而城镇的消费支出大于农村，农民常是城镇赚钱农村花，若在农村能获得预期的农业收入，自然将促使更多农民倾向于农村就业。最后是职业教育的支持。当前吉林省农业科技人才总量依然不足，农业科技成果推广应用有待加速。只有高素质的劳动力才更擅于掌握先进的生产技术和管理手段，才能更好利用先进的生产条件，才能明显提高农业生产效率。而发展农业职业教育，破解农业农村发展的难题，农民也乐于作为职业农民就业于农村农业。

2. 外生性培育路径

新型职业农民的外生性培育路径主要包括现代农业转型升级、农业扶持引导政策以及新型农业经营主体带动等方面。首先，吉林省正处于传统农业转型现代农业的关键时期，农业向经营主体多元化、经营领域多样化转变，现代农业逐步向三产融合的六次产业上发展，开启了主要依托于科技进步的发展阶段。但相对于发展需要，吉林省乃至全国的农业劳动效率仍然偏低，需要众多具有较强市场意识、懂技术、善管理的新型职业农民来承担现代农业新任务。随着现代农业发展进程，农民由于专业分工获得的较高经济效益将吸引更多人加入新型职业农民学员队伍。其次，新型职业农民的培育是关系三农长远发展的基础性工作，离不开农业政策的扶持和指导。自新型职业农民培育试点启动以来，各级政府都应加大对新型职业农民培育的顶层设计并不断探索行之有效的制度和政策，以此激励农业生产经营能人留在农村、高学历毕业生返乡农村就业创业。再次，应充分发挥各种类型的新型农业经营主体的示范带动作用，这些新型主体依靠专业化生产得到的更高收益，享受到的政府补贴、技术扶持等待遇，对于那些职业规划不明确的农民尤其是青年农民终将产生激励作用，推动其成为新型职业农民。

B.21
吉林省韩企投资现状及趋势

谭红梅 杨晨*

摘　要： 韩国是吉林省重要的投资国。本文从韩企对吉林省投资的历程导入，在此基础上，对吉林省韩企投资特点进行分析，并考察影响吉林省韩企投资的制约因素，分析未来发展趋势，并提出今后扩大投资及经济合作的建议。

关键词： 吉林省　韩国企业　经贸合作

韩国对华直接投资尽管起步较晚，发展速度却很快，如今已是中国的第五大外商直接投资来源地。自1992年两国建交以来，地处东北亚区域中心位置的吉林省凭借地缘、亲缘优势，和韩国一直保持着密切的经贸合作关系，并成为投资于吉林省最主要的国家。但近年来，由于受全球经济深度调整等因素影响，韩企对吉林省投资下降，东北振兴也开始面临着接受新一轮国际产业转移的巨大挑战。因此，研究吉林省韩企投资情况，并结合吉林省经济和社会发展实际，提出有针对性对策建议，以促进吉林省韩资进驻，对于东北振兴、推动产业结构调整、促进中韩经济合作极具现实意义。

一　吉林省韩企投资历程

吉林省利用韩资经历了起步、快速发展、收缩下降、稳步发展和波动五

---

* 谭红梅，吉林省社会科学院朝鲜韩国研究所研究员，主要研究方向为朝鲜半岛问题；杨晨，吉林省社会科学院朝鲜韩国研究所实习研究员，主要研究方向为朝鲜半岛经济。

个阶段。

1991 年之前，是吉林省利用韩资的起步期。吉林省与国外的经济交流，随着我国实行对外开放政策后变得日益频繁，并于 1984 年开始设立外商投资企业。[①] 韩企对华投资起步较晚，始于 20 世纪 90 年代。1988 年，韩国昌原实业株式会社投资设立的延边民安药业有限公司，拉开了韩资对吉林省投资的序幕。韩国真正意义上的第一家投资企业[②]入驻吉林省则是 1990 年 9 月，当时已有七个国家和地区先行涉足于吉林省的投资。

1992~1996 年，是吉林省利用韩资的快速发展期。1992 年中韩建交后，韩企对吉林省的投资由于大批中小企业的参与迅猛发展。新批韩国投资企业发展速度，明显高于吉林全省的年均发展速度，韩国投资企业个数和协议外资金额在来吉林省投资的 50 多个国家和地区的位次迅速前移，所占份额越来越大。1994 年，韩国成为仅次于香港的第二大投资国，前 10 个月新批韩国企业 213 户，同比增加了 64%，合同外资金额增加了 89% 为 1.13 亿美元。一直到亚洲金融危机爆发前的 1996 年，韩企对吉林省投资达到了顶峰，合同金额 4.17 亿美元（在合同金额总额中占 13.2%），累计项目近 800 项（在吉林省引进项目总数中占 22.2%）。总体而言，同全国一样，这一时期是吉林省利用外资增长最快的时期，外资大多集中投向了娱乐业和房地产，外资在这两个部门占比高达28%。[③]

1997~1999 年是吉林省利用韩资的收缩下降期。1997 年金融危机爆

---

① 1984 年，第一家中外合资企业吉林正大责任有限公司的诞生，掀开了吉林省外商投资企业发展史的第一页。

② 1990 年投资设立的延边五福天然食品有限公司，是第一家真正意义上以韩国本土注册的公司。尽管在此之前的 1988 年，韩国昌原实业株式会社就投资设立了延边民安药业有限公司，但当时，韩国企业是以香港和日本等地注册公司的名义进行对华投资的。

③ 孙梁：《吉林省引进外商直接投资的现状及影响因素研究》，吉林大学硕士学位论文，2006，第 19 页。

发，全球的外商直接投资都受到了不同程度的影响。韩国经济发展由于受到亚洲金融危机的影响处于低谷，对华投资萎缩严重①。韩企对吉林省的投资也开始缓慢下降，1998 年下降至低谷，实际投资额仅为 526.5 万美元。截至 2000 年底，韩国投资者在吉林省投资举办的外商投资企业现存 1173 户，合同外资金额 6.87 亿美元。企业数量占全省外商投资企业总数的 31%，排在来吉林省投资的 53 个国家和地区的第一位；合同外资金额占全省的 14.1%，位次列于中国香港、德国之后，居第三位。

2001 ~ 2007 年是吉林省利用韩资的稳步发展期。20 世纪初期，加入 WTO 的中国开始实施振兴东北老工业基地改造工程和扩大东北开放政策，极大地鼓舞了外商投资热情。得益于各项外资政策的实施，尤其是出台了《吉林省实际利用外资统计暂行办法》，确定了实际利用外资的统计范围包括直接投资、间接利用外资和境外其他投资三个部分，② 吉林省利用韩资提升较快，呈上升趋势。在对吉林省投资的国家和地区中，从资金上始终占第一位的是香港，但就企业数目而言，韩企投资数量已超香港跃居首位。韩国对吉林省投资以中小企业③为主，如吉林裳邦尔纺织有限公司、大延中心有限公司、甲乙延吉纺织有限公司等，在投资金额方面也位居前列。从合同外资金额看（见表 1），2002 年合同外资金额达 1.26 亿美元，较上年增长 125%，是 2000 年的 1.5 倍。截至 2005 年末，在吉林省投资运营的韩企现存 793 个，占全省外资企业总数的 33.2%，在 54 个投资国家和地区中占据第一位，实际投资额 6.75 亿美元，是继德国、法国之后的吉林省重要投资来源国。

---

① 1999 年韩国对于中国的总投资额减少至 3.37 亿美元，相当于 1996 年的 38%，韩国在中国的海外直接投资比例，在 1997 年金融危机后急剧下降，也反映了投资情况迅速的减少，在投资项目和投资的金额上分析都出现了下降的趋势。

② 马宏泽：《吉林省利用外资现状分析与对策研究》，吉林大学硕士学位论文，2016，第 8 页。

③ 韩国中小企业前来投资，一方面在韩国国内难以与大企业竞争，另一方面中国市场潜力也是吸引韩国中小企业投资中国的重要原因。

表1 韩国对吉林省投资简况（2000年至2003年6月）

单位：户，万美元

年份	新增企业数	合同外资金额
2000	194	8343
2001	181	9999
2002	164	12574
2003年6月	93	7563

资料来源：吉林省经合局。

表2 2001～2005年吉林省实际利用外国直接投资主要国家（地区）*

单位：万美元，%

主要国和（地区）	2001年		2002年		2003年		2004年		2005年	
	数额	占比	数额	占比	数额	占比	数额	占比	数额	占比
中国香港	9481	28.08	11546	36.42	11080	34.83	6901	15.25	10791	16.32
韩国	4370	12.94	5033	15.88	4930	15.5	6251	13.81	6902	10.44
维尔京岛	8441	25	5026	15.85	4215	13.25	5543	12.25	4794	7.25
德国			668	2.11	570	1.79	8013	17.7	16182	24.48
美国	5866	17.37	1996	6.3	1020	3.21	5259	11.62	13292	20.10
日本	379	1.12	2774	8.75	4360	13.71	4958	10.95	3155	4.77

* 资料来源：2006年《中国统计年鉴》，2006年《吉林省统计年鉴》。

2008～2015年，吉林省利用韩资进入波动期。2008年国际金融危机爆发，外商对吉林省投资并未受到影响，并于2009年突破10亿美元[1]。但这一时期韩企对吉林省的投资受金融危机影响明显（见表3）。2008年[2]新增韩国企业数同比下降26.76%，合同外资同比下降76.67%；2009年企业数同比下降35.58%，合同外资同比下降41.7%，直接利用韩资同比下降55.05%；2010年，直接利用韩资金额由第五位（2007年）下滑至第9

---

① 张伟伟：《吉林省FDI影响因素的实证分析》，《长春理工大学学报》2010年第6期，第48页。

② 2008年为止，韩国企业投资吉林省分布较为集中，长春23.2亿美元、延边朝鲜族自治州7.7亿美元，吉林市5.9亿美元，分别占吉林省外资总额的39%、13%、11%，合计为全省的63%。

位，2011年，直接利用韩资金额位序上移至全省第2位，2013年又下滑至第6位，2015年又上升至第2位。浦项集团、现代集团、三星集团、乐天集团、烟草人参公社等世界500强企业及知名跨国公司先后进驻吉林，投资涉及汽车零部件制造、钢铁制造、农副产品加工、高新科技和批发零售等行业。

表3　韩国对吉林省投资简况（2007～2015年）

单位：万美元，%

年度	企业数（户）		合同外资		直接利用外资	
	本年	同比	本年	同比	本年	排序
2007	142	10.94	11330	96.12	4152.00	5
2008	104	-26.76	2643	-76.67	4534.00	6
2009	67	-35.58	1541	-41.70	2038.00	
2010	70	4.48	6835	343.54	2938.00	9
2011	54	-22.86	15770	130.72	30501.00	2
2012	35	-35.19	4555.75	-71.11	8990.83	4
2013	30	-14.29	10103	121.75	10752.00	6
2014	34	13.33	17575	73.96	12883.00	4
2015	16	-52.94	3675	-79.09	37851.00	2

资料来源：相关年份《吉林省统计年鉴》。

二　吉林省韩企投资现状

（一）吉林在韩企对东北三省投资所占地位

截至2016年底，韩国在我国投资企业6.2万家，占全国外资企业总数7%，实际利用外资687亿美元，投资额位居投资国别（地区）第7位。韩国在东北三省投资中，吉林省居于中游地位。其中，韩国在辽宁省投资现存企业2736户；在吉林省投资现存企业572户，直接利用外资21.12亿元；在黑龙江省投资现存企业88户，直接利用外资17.9亿元。

表 4　韩国在东北三省投资情况一览

单位：户，亿美元

省　份	企业户数	直接利用外资
辽宁省	2736	
吉林省	572	21.12
黑龙江省	88	17.9

资料来源：吉林省经合局。

（二）吉林省韩企投资发展现状

截至 2016 年底，全省累计现存韩国企业 572 家，占全省外商投资企业总数 30.67%；累计直接利用韩国资金 21.12 亿美元，占全省直接利用外资的 9.74%。

2017 年 1~11 月，我省吸引韩国直接利用外资 6208 万美元，同比下降 73.45%。韩国在我省新批企业 21 户，新批企业中长春市 5 户，吉林市 1 户，延边州 15 户。

吉林省韩企投资主要特点如下。

1. 从投资规模看，投资项目数量多金额少

截至 2016 年底，全省现存韩国投资企业 572 家，位居投资国家（地区）第 1 位；累计直接利用外资约 21.12 亿美元，位居第 3 位。韩国在吉林省投资特点是企业户数多，以中小企业为主，合同外资 8.33 亿美元，其中低于 500 万美元的有 552 户，占韩国全部企业数的 96.5%。投资总额大于 1000 万美元的企业只有 24 个，仅占韩国投资企业的 4%。

2. 从投资方式看，投资主要方式为独资

韩国在吉投资企业中，以独资方式①设立的有 415 家，合同外资额约

---

① 韩国投资企业以独资方式最多，独资企业是一种可以避免中方企业干涉其经营权的方法，是韩商对中国投资的一个主要特点，也是来吉林省投资的 50 多个国家和地区中唯一一个独资企业比例大于合资企业的国家。外商投资企业在东道国的投资虽然客观上存在技术溢出效应，但因为以其先进的技术和管理作为核心竞争力，因此不会轻易转给他人。所以外商投资企业在我国的独资、控股企业在增加研发投入和提高技术水平的同时，也采取了一系列如加强对研发和经营的控制权、采取严密的专利保护措施、对研发人员的严格管理等措施来控制或防范技术的溢出。

7.19 亿美元，占合同外资总额的 86%；以合资方式设立的有 128 家，合同外资额 0.92 亿美元，占合同外资总额的 11%；以合作方式设立的有 29 家，合同外资额 0.22 亿美元，占合同外资总额的 3%。韩国世界 500 强及知名跨国公司在吉林省投资的项目绝大多数是以独资方式设立的，如浦项公司投资的珲春国际物流园区项目、韩国农心白山水投资的农心矿泉水项目、烟草公社投资的韩正人参项目等。

表5　吉林省外商直接投资类型（截止到 2016 年底累计数）

单位：户，亿美元

	企业数	合同外资额
总数	572	8.33
合资	128	0.92
独资	415	7.19
合作	29	0.22

资料来源：吉林省经合局。

3. 从产业分布看，主要集中在第二产业

截至 2016 年底，在企业个数方面，韩国投资吉林省第二产业一枝独秀（298 户），占 52.1%；第三产业（241 户）排在第二位，占 42.13%；第三产业（33 户）仅占 5.77%。从投资额来看，第二产业比重最大，占合同外资额的 69.11%，主要集中在饮料制造，农副产品加工等领域；第三产业投资近 30%，主要集中在仓储物流、批发零售业。吉林省矿泉水、人参等优势特色资源产业是吸引韩国投资者的重要领域；第一产业所占比重不足1%。吉林省是我国农业大省，这与农业上引资的弱势极不相称。总体而言，产业合作层次偏低，资本密集型产业、现代服务业（金融业、咨询业等）以及高新技术产业所占比例较小。

4. 从空间分布来看，主要集中在延边州和长春市

吉林省韩国企业数累计比例中，延边州、长春市、吉林市排在前三位，累计比例达到 93.53%。在吉林省韩资合同额比例中，延边州由于地理位

表6 韩国在吉林省投资产业分布情况

产　业	企业数（户）	占比（％）	合同外资（万美元）	占比（％）
合　计	572	100	83263	100
第一产业	33	5.77	798	0.96
第二产业	298	52.10	57542	69.11
第三产业	241	42.13	24923	29.93

资料来源：《吉林省统计年鉴》。

置、语言文化等得天独厚的优势，成为吉林省引进韩资的一块"洼地"，韩国企业投资项目数和实际出资额均位居榜首。截至2017年12月，延边地区现有外商投资企业484家，总投资额累计36.34亿美元，合同外资额累计24.19亿美元，外商实际出资额累计18.91亿美元。其中，韩国企业325家，占外商投资企业总数的67.1%；合同外资额累计11.38亿美元，占合同外资总额的47.04%；韩商实际出资额累计11.86亿美元，占外商实际出资总额的62.71%。长春市作为省会城市，也是韩资投资的重点地区，投资额0.83亿美元，占全省的10.5%；吉林省排在第3位，投资额0.21亿美元，占全省的2.54%。由此可以看出，韩商在吉林省大部分投资在延边州和长春市，其他市州所占的比重相对较小。

表7 韩国在吉林省投资市州分布情况

序号	地　区	企业数（户）	占比（％）	合同外资金额（万美元）	占比（％）
	合　计	572		83263	
1	延边朝鲜族自治州	363	63.46	67402	80.95
2	长春市	124	21.68	8753	10.51
3	吉林市	48	8.39	2116	2.54
4	通化市	18	3.15	1334	1.60
5	辽源市	6	1.05	437	0.53
6	松原市	5	0.87	1239	1.49
7	白城市	3	0.52	182	0.22
8	白山市	2	0.35	1753	2.10
9	四平市	2	0.35	22	0.03
10	长白山管委会	1	0.17	25	0.03

资料来源：吉林省经合局。

5. 从世界500强投资情况看，韩国在吉投资户数和合同引资额位居中游

截至 2016 年底，韩国浦项、三星、现代、起亚、鲜京、乐天等 6 个世界 500 强企业在吉林省投资设立 8 个企业，位居全省第五位；合同外资 2.07 亿美元，位居全省第 7 位。主要集中在仓储物流、批发零售、瓶装水加工制造、电子元件及组件制造等行业。

此外，从投资规模超 1000 万美元以上的韩企投资情况来看，主要集中在汽车零部件、纺织、食品等行业；从这些企业投资运营和经营的情况看，韩企多为在所投资领域具有一定创新能力，技术领先能力，适应市场变化需求能力，国家先进的管理能力，这些企业投资对吉林省经济起到了积极促进作用。从长远看，韩企对吉林省投资将带来新的贸易需求，随之会推动吉林省对韩国出口贸易，也会带动双方产业内贸易、产品内贸易及公司内部贸易的发展。

三　吉林省吸引韩资的制约因素

尽管吉林省吸引韩企投资近年来有了较快发展，并取得了明显社会效益和经济效益，但仍存在一些制约因素。

（1）抗风险能力不足。吉林省韩企以小型项目为主，而且这些项目又以简单加工为多，高新技术和高附加值项目比较少，随着国内市场经济的发展，竞争越来越激烈，其中一些小型企业由于缺乏竞争能力受到激烈的市场竞争的冲击，导致企业效益不佳。

（2）产业配套能力不足。当今产业的集约化发展趋势，促使企业群聚，以利最大限度地降低成本。因此，外国投资者来华投资更注重寻找产业配套环境，使自身融入其产业链中，通过相关产业的横向拓展，继而扩展成关联度高的企业集群。

（3）高端人才缺乏。近年吉林省出现了高层次人才回流现象，但高端人才仍然不足。目前，管理、销售、设计等人才都缺乏，主要原因在于，一是企业的人才需求与高校人才培养之间存在差距，二是北京、上海、广州等发达地区高工资和高福利的吸引。

此外，20 世纪 90 年代中期以来，外商在华研发机构增加很快，这极大促进了我国技术水平的提升。但就吉林省而言，目前这方面仍比较薄弱。韩企一般将生产基地设在吉林省，研发机构则设在上海、北京等地。

四　今后发展趋势及建议

当前，吉林省吸引外资正面临两大机遇，一是国家推进的"一带一路"建设和新一轮东北振兴战略，带来的政策机遇；二是国内一些产业向中西部地区梯次转移①，带来的历史机遇。无疑，这两大机遇有助于增强吉林省对外资进驻的吸引力。同时，吉林省与韩国有着天然的地缘、亲缘优势，而且很多产业有契合度，加之吉林省正在转型升级、注重经济高质量发展。韩国有性价比优势，最重要的是双方交流交往有良好的历史积淀、合作基础，目前韩国投资企业户数位居吉林全省第 1 位。当前，吉林省委省政府特别重视抓环境、抓项目、抓落实，特别重视解决外来企业生产经营中存在的问题，通过举办外商投资企业座谈会、对话会，听取企业诉求和意见建议，帮助投资者协调解决问题，提供优质营商环境。无疑，随着营商环境的改善和吉林省经济高质量的发展，以及交流增多，优势会重新焕发出来。

为此，应从以下几方面做好引资工作。

（1）提升经济外向度。经济外向度是一个国家或地区开放型经济发展规模和发展水平的宏观指标之一，经济实力的重要标志，被称为"经济增长的发动机"。同时经济外向度又是反映一个国家或地区对外开放程度的综合性和结果性指标。历史经验证明，经济强国的外向度都很高，通过扩大贸易规模和扩大对外交往提升经济发展竞争力是经济外向度提高的基本途径。无疑，吉林省外向度提升的空间和潜力很大。今后通过着力扩大外向度，提高对外开放水平。

---

① 国内发达地区由于土地等生产要素难以满足投资者发展需求。

（2）积极引导韩资进驻。即引导韩资向资本和技术密集型产业部门投资。一方面对有助于吉林产业结构升级的产品出口和投资，积极鼓励韩国企业到吉林省建立生产基地的同时，设立高新技术和产品的研发机构，开发吉林省传统产业对高新技术设备的市场需求；另一方面利用国家允许外资参与国有企业重组的相关政策，以优良的资产吸引韩资"嫁接改造"，或整体并购现有资本和技术密集型企业，利用韩国的先进技术，促进吉林省产业结构的优化。

（3）创新招商引资方式。应努力拓宽利用韩资领域，改变韩国对吉林省投资领域的单一性，力争多元化。吉林省可到韩国建立投资促进机构，随时了解韩方的投资意向，宣传吉林省的利用外资优惠政策。此外，也可以采取小规模、专业化的方式，在韩国开展招商引资活动。

（4）提供优质营商环境。吉林省应以整治利用外资环境为重点，着重建立改善投资环境的有效工作机制。重点抓好三个体系的建设：一是外商投诉案件解决协调体系，二是鼓励外商投资优惠政策的督察落实体系，三是为外商投资企业生产经营提供便利条件的服务体系。这些措施的提出，为韩资进入吉林省提供便利条件。

（5）打造人才集聚平台。营造更加公平的就业环境，创造就业机会，使更多的年轻人愿意留在吉林省。人才亦如商品，受市场供求的影响，往往从落后地区流向经济发达地区。留住人才的最佳方式是为其提供合适的就业岗位，要注重对小微企业的扶持，通过创业解决就业问题，国企对人才的吸收毕竟有限，小微企业往往是一些人得以发挥的重要平台。在整体经济水平相似的条件下，公平的就业环境，合理的晋升机制，可观的发展前景往往形成一种吸引人才的"软实力"。

（6）增强自主研发能力。在很大程度上，引进外资是为了最大限度地发挥外商直接投资的溢出效应，提高本土企业竞争力。但不能过度寄希望于外资来提升本地区的技术进步和由技术决定的经济竞争力，而应努力增强自主开发和自主创新能力。

民生保障篇

People's Livelihood Security

B.22
吉林省城市贫困状况与治理对策研究

韩桂兰*

摘　要： 随着城市化进程的加快，城市贫困人口有增加趋势，然而城市贫困没有像农村精准扶贫那样受到重视，需要我们多加关注，未雨绸缪。城市贫困问题解决不好，将会严重影响到吉林省经济和社会和谐稳定发展。本报告以吉林省城市贫困状况与治理对策为主要研究内容，通过对城市贫困家庭的实地调研，获取第一手资料，深入考察和了解城市贫困家庭的生活状况与特征，研析其贫困的缘由以及在解困过程中遇到的问题，提出吉林省城市贫困问题治理的对策。

关键词： 吉林省　城市贫困　贫困治理

---

* 韩桂兰，吉林省社会科学院社会学研究所研究员。

2015 年，我国提出精准扶贫战略，到 2020 年农村贫困人口要精准脱贫。精准扶贫是新时期党和国家扶贫工作的重点。随着工业化和城市化发展，城市贫困群体也有不断增加的趋势，也需要重视对他们的保障。习近平总书记在"十三五"规划建议的说明中谈道："我们不能一边宣布全面建成了小康社会，另一边还有几千万人口的生活水平处在扶贫标准线以下，这既影响人民群众对全面建成小康社会的满意度，也影响国际社会对我国全面建成小康社会的认可度。"① 全国人大代表、民政部副部长宫蒲光说，脱贫攻坚主要瞄准农村地区是非常正确的，可以解决城乡发展不平衡问题以及缩小贫富差距等，但脱贫攻坚中也要重视城市贫困人口的扶贫问题②。可见，城市贫困问题也应引起我们的高度重视。

研究方法：主要运用文献分析、访谈和问卷调查等方法进行资料收集。一是充分利用书籍、报刊和互联网等资源，系统地搜集整理有关"城市贫困现状与治理"相关资料。二是在实地调研中通过访谈和考察活动获取与研究相关的第一手资料。三是仔细研读了吉林省正在执行的有关城市贫困救助的相关政策文件。

一　问卷调查情况分析

为掌握吉林省城市贫困人口的现状，对贫困家庭发放问卷调查。在吉林省选取了长春、延吉与白城，这三个城市是吉林省东中西部三个方向的城市。调研了 7 个街道办事处，共发放问卷 600 份。

在长春社区和社会组织帮助和协调下，在长春五个社区发放问卷和入户访谈，共发放问卷 300 份。7 月 17 日到长春的宽城区团山街道办事处银山路社区街道发放调查问卷和入户访谈，发放问卷 60 份，其中入户访谈 5 户。7 月 24 日，到长春市南关区鸿城街道办事处发放问卷 60 份。8 月 2 日到朝

---

① 习近平：《中共中央关于制定国民经济和社会发展第十三个五年计划的建设的建议》，《商周刊》2015 年第 23 期。

② 中新社北京 2018 年 3 月 8 日电。

阳区南湖街道办事处发放问卷 60 份，其中入户访谈 5 户。8 月 16 日到长春经济技术开发区临河街道办事处发放问卷 60 份。8 月 23 日到长春市绿园区春城街道办事处发放问卷 60 份。

9 月 20 日，到白城市洮北区新立街道办事处发放问卷 100 份，其中入户访谈 5 户。9 月 21 日在延边社科院分院帮助下到延吉北山街道办事处发放问卷 200 份，其中入户访谈 5 户。

在访谈方面，选择了 20 名低保对象和低保边缘户进行了较为深入的了解访谈。

现将问卷调查的吉林省城市低保户基本情况做出以下阐述。

1. 性别和年龄情况

在性别结构方面，男性贫困者占调查总数的 48%，女性贫困者占调查总数的 52%，贫困女性多于贫困男性。在年龄结构方面，首先，45 ~ 60 岁的贫困者人数最多，占总数的 1/3 多，为 38%；其次，61 ~ 70 岁的人占总数的 32%；再次，71 岁及以上贫困老人占总数的 16%；19 ~ 44 岁的贫困人口占总数的 10%；18 岁及以下占总数的 4%。由此可见，45 ~ 70 岁以上的贫困群体是主要部分，占总数的 70%，而 44 岁及以下的贫困群体人数不多，占到总数的 14%（见表 1）。

表 1　贫困人口年龄情况

单位：人，%

家庭人口年龄	低保人数	占低保人员总数
18 岁及以下	24	4
19 ~ 44 岁	60	10
45 ~ 60 岁	228	38
61 ~ 70 岁	192	32
71 岁及以上	96	16
合计	600	100

2. 文化程度情况

调查中发现，城市贫困人口的文化水平很低。小学文化程度和文盲占绝大多数。其中，小学文化程度的贫困人口占总数的 44%；文盲占总数的

28%，二者之和达到 72%；高中或中专文化水平的占总数 20%；初中文化水平占总数的 8%。由此可见，小学、文盲和初中文化水平的总数达到 80%（见表 2）。

表 2　贫困人口文化程度

单位：人，%

家庭人口文化程度	低保人数	占低保人员总数
文　盲	168	28
小　学	264	44
初　中	48	8
高中或中专	120	20
大专以上	0	0
合　计	600	100

3. 家庭规模

在家庭结构方面，首先以两人家庭为主，占总数的 46%；其次是三人家庭和单人家庭，分别各占总数的 30% 和 13%；再次是四人及以上家庭，占总数的 11%。可见，贫困家庭以 2~3 人家庭为主，占到总数的 76%（见表 3）。

表 3　贫困家庭的家庭规模

单位：人，%

家庭人口规模	低保人数	占低保人员总数
1 人	78	13
2 人	276	46
3 人	180	30
4 人及以上	66	11
合计	600	100

4. 婚姻状况

在家庭的婚姻状况方面，离异和丧偶的比例很高，其中，离异的贫困者占总数 38%，丧偶的贫困者占总数的 24%，二者之和达到总数的 62%；贫困者没结过婚的也达到 16%；已婚的贫困者只占总数的 22%，也就是 1/5 多一点（见表 4）。

表4　贫困家庭的婚姻状况

单位：人，%

婚姻状况	低保人数	占低保人员总数
已　婚	132	22
未　婚	96	16
离　异	228	38
丧　偶	144	24
合　计	600	100

5. 健康状况

调查中发现，在城市贫困人口的身体健康状况方面，健康的贫困人口没有，几乎都是残疾和患有疾病的人员。其中，有残疾的人员占总数的54%；患重大疾病的人员占总数的28%；患慢性病的人员占总数的18%。城市贫困人口的身体健康状况堪忧（见表5）。

表5　贫困家庭的健康状况

单位：人，%

婚姻状况	低保人数	占低保人员总数
健　康	0	0
残　疾	324	54
患重大疾病	168	28
患慢性病	108	18
合　计	600	100

二　吉林省城市贫困人口特征及生活状况

城市贫困家庭是指拥有城镇户口并且家庭人均收入低于当地城市贫困标准线的家庭。本文研究的贫困户主要包括低保户和低保边缘户。低保户是指人均收入低于当地城市最低生活保障标准的家庭。低保边缘户是指人均收入高于当地城市最低生活保障标准，但低于当地城市最低工资标准的家庭。

通过对吉林省 600 名低保户和低保边缘户的问卷和访谈，同时根据 2018 年 1 月对吉林省通化市、白山市两个城市去产能企业离职职工面临的困难的调研情况，分析吉林省贫困人口的构成、特征和生活现状。

（一）吉林省城市贫困人口构成

城市贫困群体主要包含以下三部分人群。

1. 传统救济对象

残疾人、患有重大疾病、慢性病及收入低的老年群体，这些人无劳动能力，收入低或没有收入，几乎都是低保户。

据统计，截至 2016 年 11 月底，吉林省城市低保保障 45.53 万户、68.3 万人，补助水平达到月人均 371 元，累计支出 285644 万元；到 2017 年 12 月底，吉林省城市低保保障 41.16 万户、59.96 万人，补助水平达到月人均 400 元，累计支出 306922 万元；至 2018 年 9 月底，全省保障城市低保对象 36.64 万户、52.84 万人，补助水平达到月人均 462 元，支出资金 226761 万元。从上面情况可见，吉林省低保人数在逐年减少，补助水平逐年提高①（见表 6）。

表 6　吉林省城市低保变化情况

时间	低保户数（万户）	低保人数（万人）	月补助水平（元）	支出资金（万元）
2016 年 1~11 月	45.53	68.3	371	285644
2017 年 1~12 月	41.16	59.96	400	306922
2018 年 1~9 月	36.64	52.84	462	226761

资料来源：吉林省民政厅官网。

2. 城市失业和就业不稳定人员

包括下岗、失业人员和在职低收入职工。这部分人没有纳入低保。自经济进入新常态以来，供给侧改革进入了实践攻坚阶段，吉林省去产能工作进

---

① 统计数字来源于吉林省民政厅官网。

入到了关键时期，要求加快转变经济发展方式，促进产业结构调整和优化升级，推进节能减排。以煤炭行业为例，截至 2016 年末，吉林省共关闭退出煤矿 64 处，去产能 1643 万吨，取得了丰硕的成果。但与此同时，去产能关停企业的职工就业与保障困难很大。解除劳动关系的职工找不到工作，靠几百块钱的救助，生活困难。调研中，通化市的去产能任务主要集中在通化钢铁公司和辉南县等地的煤矿。通钢原有在职职工 17318 人，两年内通化辖区内共解除劳动关系 1961 人，在安置职工方面政府与企业做了大量工作，平稳地与大多数职工解除了劳动关系，但也遇到一些问题，主要是通钢职工的老国企心态比较明显，不愿降低"身价"到私有企业等工作单位就职；白山市是吉林省去产能的重点地区。吉林省在 2016 年的去产能工作中共要求 50 家民营煤炭企业去产能，其中就有 37 家在白山市。白山市目前共涉及去产能企业职工 9166 人，其中包括民营企业职工 1755 人。白山市的职工安置问题比较严峻，公益性岗位数量有限；去产能职工的吃穿用度都难以为继，企业和政府想方设法四处筹款，才能勉强维持发放最低生活保障标准的补助。此外，还有早年企业破产下岗买断人员由于收入有限没有缴纳社保，目前和将来的生活都很困难。

3. 失地农民、进城务工人员及家庭

随着城市的发展，失地农民由于留恋农村户口，没有农转非。还有农村流入城市务工人员及家人，主要从事建筑业和服务业，从事脏、累、危险、报酬低的工作，工作不稳定，生活贫困。这部分人虽然身在城市，但由于没有城市户口，不能纳入城市低保，有些人靠捡垃圾生活。

（二）城市贫困人群特征

调查中发现，吉林省城市贫困人群具有以下特征。

（1）贫困主体的复杂性。城市贫困主体不同于以往只是城市"三无"人员，现在城市贫困人口不仅有老弱病残、"三无"人员，还有城市下岗失业人员，甚至有农村进城务工人员，使得城市贫困主体更为多样。

（2）贫困人群居住的聚集性。企业职工小区是国有企业改革后下岗失业工人的聚居地；城乡接合部是农民工和失地农民的集中居住地。

（3）贫困程度的彻底性。城市贫民不同于农村贫民，城市贫民柴米油盐酱醋茶都需要购买，没有收入，生存都成问题；农村贫民有土地作为生活保障，起码粮食和蔬菜不用购买，生存不成问题。

（4）贫困人员以老年人为主。多数困难老人没有收入来源，靠低保金和子女赡养度日。

（三）生活状况

许多家庭没有劳动力，没有工资收入，靠低保金生活，入不抵支，勉强维持温饱，如果家庭成员得大病，或者孩子上大学等大额支出，就会举债度日，生活极其艰辛。

1. 家庭收入状况

对于城市贫困家庭来讲，残疾和患有重大疾病人在低保户中占主体，这些人由于身体健康原因不能参加劳动，因此没有工资收入，只有低保收入。调查中发现，贫困户中无工作的占总数的90%；城镇职工只占总数的4%；登记失业的占总数的2%；未登记失业的占总数2%；有工作不能上班，在家照顾家人的占总数的2%。由此可见，绝大多数的贫困户都没有工作，靠低保金生活，每月人均收入400元左右。

2. 家庭消费状况

城市贫困家庭不同于农村贫困户有些粮食和蔬菜自给自足，城市贫困户柴米油盐酱醋茶粮食和蔬菜等都需要购买。因为收入有限，在吃饭花费上的支出最多。但也只是以主食为主，买最便宜的蔬菜，很少买肉食和水果。吃的比较清淡，缺乏营养；贫困家庭很少买衣服穿，支出很少；此外还有教育、医疗、住房和养老支出。由于许多贫困户患有疾病、年纪大，在药品支出上花费也不少。总的说来，城市贫困家庭基本上量入支出，基本收支平衡，没有结余。一些贫困家庭遇到重大疾病、子女教育等需要比较大的支出时，就会举债度日。

3. 家庭住房情况

在调查中发现，居住在廉租房的贫困家庭占总数的 60%；住在自有房屋的贫困家庭占总数的 28%；租房住的贫困家庭占总数的 10%；借住在亲戚朋友家的贫困家庭占总数的 2%。贫困家庭平均住房面积在 50 平方米左右。

4. 闲暇生活状况

调查问卷中，贫困家庭的闲暇生活填写最多的是"看电视"、"散步"和"玩电子产品"，首先，有 43% 的贫困家庭的闲暇活动是"看电视"；其次，27% 的贫困家庭选择"散步遛弯"；再次，有 14% 的贫困家庭选择"玩电子产品"。这表明城市贫困群体的业余生活不是丰富多彩的，以居家休闲为主，如看电视和玩手机。此外，由于身体不好，也重视锻炼身体，有时间散散步（见表 7）。

表 7　贫困家庭人员闲暇活动及比例情况

单位：%

序号	活动	比例	序号	活动	比例
1	看电视	43	5	与人聊天	9
2	看书看报	2	6	散步遛弯	27
3	打牌下棋	2	7	玩电子产品	14
4	听广播	2	8	唱歌跳舞	1

5. 社会交往情况

调查中显示，与亲戚经常来往的仅占总数的 10%，有较多来往的占总数的 18%，两者加一起不到总数的 1/3；有 72% 的贫困家庭与亲戚、朋友较少或从不来往，其中，较少来往的占总数的 56%，从不来往的占总数的 16%。这是由于贫困家庭经济条件差，导致亲戚朋友怕借钱，往往躲得远远的。贫困家庭因为自尊，也会主动减少和避免与亲戚朋友之间的来往，因此交往不多。当贫困家庭遇到困难和麻烦时，求助邻居和社区的占总数的 63%；找亲戚帮忙的占总数的 35%；找朋友帮忙的占总数的

2%。以上表明，社区在城市贫困家庭社会救助中做了大量的工作，得到了贫困家庭的信赖，有六成多的贫困家庭遇到困难和麻烦就会找社区工作人员，希望社区给自己家提供更多的帮助。贫困家庭有一部分人也会得到亲戚朋友的帮助，主要是得到金钱、食物、衣物上的资助和言语上的安慰。

6. 对社会保障的满意度情况

在调查问卷中，有一项是关于对贫困家庭收支及社会救助有关问题的满意度调查，问题涉及贫困家庭的收入、消费、低保金、特困救助、临时救助、养老服务、子女教育、医疗救助、住房保障、就业培训、社会交往和家庭关系等方面。大概来说，对于贫困家庭的收入、消费和低保金方面多持不太满意和很不满意评价；对于子女教育、养老服务、医疗救助和住房保障方面评价不太满意的居多；还有一些人对子女教育、养老服务、医疗救助、住房保障、社会交往和家庭关系方面评价一般；在评价比较满意的方面，一部分贫困户住上政府提供的廉租房，他们对住房保障评价比较满意；一部分贫困家庭与亲戚朋友经常或较多来往，因此，他们对社会交往和家庭关系问题评价选了比较满意。总之，城市贫困家庭对社会救助制度和工作认可度不是很高。

三　吉林省城市贫困人口形成原因分析

城市贫困人口形成原因很复杂，有个人、社会和家庭等。在调研中发现，有84%的人认为贫困是个人原因造成的；有6%的人认为贫困是社会原因造成的；有10%的人认为贫困是家庭原因造成的。

（一）致贫的个人原因分析

1. 因个人缺乏谋生技能而贫困

调研中发现，城市贫困人员的文化程度以文盲和小学文化程度为主，二者总和高达72%，初中文化水平占总数的8%，前三者总和达到80%；而高中或中专文化水平的贫困户仅占总数的 20%。由于绝大多数贫困者受教育程度低，缺少谋生技能，不容易找到工作或只能找到报酬低的工作，从而生活陷入贫困。

2. 因个人"等靠要"而贫困

在调研中发现，当年集中下岗买断，有的不愿放弃原来国有企业职工身份，不愿自谋职业，不愿到民营企业就业；有的嫌钱挣得少，不愿意参加工作，没有收入。因为年富力强，不符合低保条件，不能得到社会救助，因此，家庭陷入贫困，成为低保边缘群体。

3. 因个人的健康原因而贫困

城市贫困者多是身体有残疾的，不能从事劳动，因此没有工资收入，只能靠低保金度日，生活比较贫困，用在食品上的消费低，时间长了，容易造成营养不良，身体越来越不好，陷入贫病交加的境地。

（二）致贫的社会原因分析

受吉林省经济发展水平的制约，对城市贫困群体的制度保障还不够完善，制度保障缺失，难以满足城市贫困群体的生活需要。

1. 在下岗失业职工保障制度方面有缺失

有些属于历史遗留问题，当年企业倒闭破产、集中国企改制，许多职工下岗买断，自谋职业，工作不稳定，收入低，没有钱缴纳职工养老保险和医疗保险，这些人目前已经 40 ~ 50 岁，将来年纪越来越大，就业越来越难，养老和医疗保障都没有，生活困难。此外，吉林省在近两年的去产能过程中，一些煤炭、水泥和钢铁企业停产，导致一些企业职工没有了工资收入，这些人又由于就业能力有限，很难就业，生活困难。如通化一个地处偏远的独立矿区，经营了六七十年，为矿产开发建立起的小城市，许多家庭世代都是矿工，技能单一、社交面狭窄，难以在短时间内转岗适应新的职业，又因故土难离不愿到其他地区就业。这些因素导致的结果就是大部分去产能职工都留在了本地，等待着符合他们的职业技能与地区期望的就业机会，而这种机会在短时间内很难出现，致

使他们不得不依赖原单位与政府提供的补助款 400 元钱生活，只能维持最低的生活水平。

2. 失地农民和外来务工人员保障制度安排方面有欠缺

失地农民、外来流动人员受户籍限制没有纳入低保。近年来，随着城镇化进程的加快，吉林省失地农民、进城务工人员不断增长，2011 年以前被征地的农民政府没有强制要求他们交纳社会保险，一部分人员缺乏生产经营技能或已丧失劳动能力，有的失地农民疾病缠身，日常支出又比在农村生活高出很多，在征地补偿款花完后，基本生活状况堪忧。进城务工农民大多未经过专门的技术培训，一般收入较低且不稳定，遇到突发疾病或事故无力承担，由于这部分群众流动性强，受户籍限制，很多城市社会救助政策未能享受。

（三）致贫的家庭因素分析

家庭中有重大疾病病人或突发变故也是致贫的原因之一，在调查中有 10% 的人认为贫困是家庭原因造成的。有的家庭有几个病人需要照顾，健康的家庭成员不能上班，每月只能在企业里开 500～600 元钱的工资，家中收入有限，治病支出很大，入不敷出，生活困难。

四 吉林省城市贫困救助中存在的问题

吉林省在社会救助方面做了大量工作，社会救助体系越来越完善。但是当前吉林省城市贫困群体社会救助工作还是存在着一些问题和不足。

（一）城市贫困群体的救助工作缺乏应有的紧迫感

城市贫困群体的社会救助没有像农村精准扶贫那样得到重视。有关部门缺乏深层次的思考，缺乏积极有效的措施，认识上的不到位，势必造成工作中的被动。

（二）城市贫困救助工作管理体制还不够完善

针对城市贫困群体的社会救助，目前还没有设立一个专门机构来统一、协调和组织管理，各有关部门往往都是各自操作，这些现象，归根到底是没有一个"一口上下"的管理机构，管理体制不完善、基层救助网络不健全而造成的。

（三）城市贫困救助制度不够完善

这方面集中地反映为低保、医疗、教育、住房和养老救助制度还不完善。如低保制度的分类施保不精细，扶贫精准度不高；城市低保户的医疗救助住院报销比例也没农村贫困户的高、精准。独身低保户住院没人照顾，也没有雇人照料补贴等。

（四）政府保障标准低

资金在社会救助过程中起关键作用，确保城市贫困群体基本生活。但由于吉林省财力有限，社会救助投入偏低，救助水平提高幅度难以满足困难群体。目前，吉林省城市低保标准约为当地人均收入的20%，这个比例在世界各国中是偏低的。在调研中发现，88.4%的低保户认为最低生活保标准偏低，不能满足需要。同时医疗救助水平也不高，城市贫困群体在住院时，报销比例不高，导致贫困群体有病看不起，只能硬抗。贫困家庭子女教育虽然能够享受减免学费政策，但由于家庭经济条件差，不能参加课外补习班，教育资源分配不公平，贫困家庭子女学习成绩不理想，出现辍学、厌学的现象。

（五）社会力量救助发育滞后

目前，社会力量参与社会救助的发育滞后，民间组织参与社会救助作用不足。城市贫困群体救助主要靠政府，政府在其中起主导作用，但政府由于财力不足，又不能完全依赖政府，还需要借助社会力量去改善。调查中发

现，社会组织在农村精准扶贫中起了重要的作用，但是社会组织和社工工作者参与城市贫困救助不够，作用非常有限。

五　吉林省城市贫困治理对策与建议

伴随着城市化发展，城市贫困群体数量增加，借鉴农村精准扶贫的经验，重视并加强城市贫困治理工作，不断完善城市贫困人口救助体系就显得尤为重要。

（一）发挥政府部门在贫困治理中的主导作用，对城市贫困人口"全面"救助

在农村精准扶贫取得显著成效的今天，各级政府都应将城市扶贫纳入重要议事日程，按照农村精准扶贫的方法全面实行城市精准扶贫。政府作为社会救助服务的提供者，是社会救助的主体。各级政府为城市贫困者提供基本生活、医疗救助、住房保障、教育补贴和就业支持等全方位的保障，特别是要加大健康扶贫和养老保障力度，确保城市贫困人口的各方面需要。

（二）不断加大财政投入力度，对城市贫困人口"扩面"救助

随着经济发展和人民生活水平的提高，吉林省应不断提高与财政能力相适应的社会救助资金投入机制，实现低保金标准不断增长，实行从"绝对贫困"到"相对贫困"的社会保障。应把困难的失地人口、困难的外来务工家庭和城市低保边缘群体纳入城市低保，率先实行居住地申请制度，全力保障好他们的基本生活。

（三）积极引导社会力量参与到社会救助中，对城市贫困人口"温情"救助

受地方政府财力所限，政府救助存在不足，无法完全满足城市贫困

人口社会救助的需要。因此，在政府主导的基础上，加强宣传与引导，充分发动社会力量，开展经常性的社会捐赠活动，积极引导社会力量参与社会救助工作。各级政府应引导和支持非政府组织和社工组织介入，对贫困人群提供精神支持和心理救助，使被救助者走出心理阴影，摆脱困境，树立自己战胜贫困的信心。工会、共青团、妇联、残联和慈善组织等社会团体要充分发挥自身职能作用，多渠道开展结对、助学、助困、助医等救助工作。努力营造全社会关心、关爱、扶助困难群众的良好社会氛围。

（四）健全网络管理，对城市贫困人口"精准"救助

要加强基层救助工作网络建设，巩固快捷有效的运作机制。各有关部门和社会团体的救助帮困信息，要通过工作网络进行汇总和搜集，政府和有关部门、社会团体的救助帮困活动，也要通过工作网络进行款物发放和活动实施，避免重复和遗漏，做到管理规范。在建设新型弱势群体救助体系的过程中，要十分注重工作载体和方法的创新，不断改进工作手段、运作模式，提高贫困群体救助的工作效率。互联网的发展使得网络救助正在逐步成为现代社会的一种新型救助手段。网络上发布就业信息或重大疾病的救助项目等，网络救助有快捷、直接，实时互动等优势。有关部门也需要研究制定相关配套政策和制度，进一步规范网络救助行为，创新救助工作。

（五）把扶贫与扶志、扶智结合起来，对城市贫困人口"有限"救助

对于"等靠要"的贫困户，就是要改造落后习俗和价值观，培育市场观念和竞争意识。充分调动扶贫对象的主动性、积极性，提高其自身发展能力，努力提高其精气神，不断激发其内生动力，变"要我脱贫"为"我要脱贫"。在扶智上，除了教育和培训，也要重视参与式的方法，让贫困人口参与各种类型的帮扶项目，边干边学，边干边树立信心。

参考文献

1. 李皓：《习近平精准扶贫思想的伦理阐释》，《理论与现代化》2018 年 3 月 20 日。

2. 雷鸣：《论习近平扶贫攻坚战略思想》，《南京农业大学学报》（社会科学版）2018 年 1 月 16 日。

3. 李硕：《城市低保的发展现状、问题与对策》，吉林大学硕士学位论文，2016。

4. 阮雯：《城市贫困家庭社会救助模式创新研究》，中共杭州市委党校，2014。

5. 邓有光：《新常态下社会救助工作探索与思考》，《理论与当代》2017 年 12 月 10 日。

6. 王思：《社会支持视角下城市贫困家庭的社会工作介入研究》，华中农业大学硕士学位论文，2016。

7. 刘睿：《湖北省城市居民贫困影响因素研巧》，西南交通大学硕士学位论文，2014。

8. 吴璇：《经济欠发达城市社区社会救助发展现状与完善对策》，吉林大学硕士学位论文，2014。

9. 高功敬：《中国城市贫困家庭生计资本与生计策略》，《社会科学》2016 年第 10 期。

B.23
吉林省环境治理对策研究

徐　嘉*

摘　要： 当前，面对改善环境质量的关键期与战略机遇期，吉林省在保持经济持续稳定发展的前提下，要继续加快经济转型升级步伐，以科技创新带动产业结构调整，大力发展绿色环保产业。不断提高环境质量，加强生态环境综合治理，完善环保规划，推进生态文明建设的总体部署。保护好美丽吉林的生态自然环境，让绿水青山尽快转化为金山银山。在总结梳理近期吉林省环境治理过程中取得的进展与存在问题的过程中，提出适合吉林省环境治理的机制与对策。

关键词： 生态环境　环境治理　吉林省

近年来，生态保护与环境治理日益得到社会各界的普遍重视。2018年，吉林省直面中央环保督察组反馈问题，积极跟进整改任务，切实解决突出环境问题，有力改善生态环境质量，加快建设美丽吉林，努力打造青山绿水蓝天的宜居环境。

一　吉林省环境治理现状

吉林省以改善省内城乡环境质量为核心，补齐生态环境短板，不断推进

---

* 徐嘉，吉林省社会科学院城市发展研究所副研究员，主要研究方向为区域经济与产业经济。

生态环境领域的改革与创新，积极推动有利于生态环保工作开展的体制机制，不断提升环境治理的法治化、科学化与数字化水平。积极营造政府统筹规划、部门协调运作、企业积极配合、民众参与共治、行政司法监督、媒体宣传科普的全社会共筑环境治理新局面。

（一）吉林省环境污染综合治理效果明显

城乡基础设施明显改善，城市综合环境治理工作取得一定成绩。具体表现在，2017年，全省生态环境质量等级鉴定指标达到"良"，并呈现出由西到东逐渐提升态势。2017年完成地方财政支出3725.72亿元，增长3.1%。其中，节能环保支出115.12亿元，2018年1~8月，节能环保财政支出69.74亿元。省会长春市实现全国文明城市"三连冠"；长春市顺利通过国家卫生城市复审，被重新确认为国家卫生城市，农安县城被重新确认为国家卫生县城（乡镇）。这是长春市第三次获"国家卫生城市"殊荣。吉林省公园数量232个，比上年度增加41个，公园面积0.7万公顷，城市绿地面积4.66万公顷，公园绿地面积1.52万公顷，比上年度增加0.06万公顷，建成区绿化覆盖率35%。2017年节能减排任务全面完成，单位GDP能耗累计下降31.4%。吉林省万元GDP能耗下降了5.0%，水电、风电、核电、天然气等清洁能源消费量的比重占能源消费总量的8.8%，万元规模以上工业增加值能耗下降5.3%。

不仅城市综合环境治理效果明显，农村也积极改善人民生活环境质量。根据2017年环境状况公报，全省用于农村环境综合治理的资金达到3898万元，其中3000余万元是省内积极筹措的专项资金，主要用于改善农村生活环境。具体包括污水处理、垃圾处理、饮用水保护、禽畜粪便污染处理与综合利用等基本方面。资金基本做到了专款专用，使全省37个县区、150个行政村、10.1万人受益于环境改善，生活质量得到了提高。面对农村普遍存在的畜禽养殖粪便污染问题，广建配套养殖废弃物处理设施，配套率提升了2.3%，达到75.3%。"示范"地区的村容村貌发生了不同程度的变化，结合县域实际情况，因地制宜地在开发中保护、保护中建设，各地加快了旧村镇改造，连片危旧村房进行维修或拆除；加快了自然村合并与集中居住统筹安置工作。结合扶贫工作，积极进行了基础设施改造，结合区域内经济实力，在给排水、道路铺设、路灯亮化工程、官网搭建、绿化景观改造、垃圾处理、污水处理、私搭乱建拆除、广告清理、供电供网等线路布局方面进行了优化，打造整洁美丽乡村。

（二）节能减排与环境质量推进良好

近年来，吉林省采取一系列措施，大力发展绿色经济，促进节能减排，积极推动产业结构调整升级，严控高耗能、高污染项目盲目上马，在电力、钢铁、水泥等重点行业坚定不移地淘汰落后产能。以清洁能源项目、节能减排与污染防治为项目选建的核心标准，积极推进供热改造、余热余压利用、绿色照明推广和垃圾污水处理设施等重点节能减排工程，效果显著。把保护环境作为全面振兴老工业基地的紧迫任务，把污染减排作为优化经济社会发展的重要抓手，把提高环境质量作为改善民生的突破口，集中力量打好辽河治理和污染减排攻坚战。环境污染和破坏生态的趋势大幅度减缓，工业产品的污染排放强度有所下降，部分城市和地区环境质量有所改善，生态环境保护和经济社会同步发展。

1. 水环境治理态势稳定

水环境主要包括域内主要江河水环境、主要城市集中式饮用水源地水质、主要湖泊（水库）水质等几个方面。根据 2017 年环境状况公报，吉林省水环境状况持稳定态势。饮用水源方面，全省 14 个主要城市共 24 个集中式饮用水源地，水质状况 I 类的 1 个、II 类的 4 个、III 类的 13 个、IV 类的 1 个，不达标水源地 5 个，整体情况基本保持稳定。全省 13 个湖泊（水库）中，水质为优的只有曲家营水库，松花湖水库等 9 个水库水质状况为良好，水质状况鉴定为轻度污染的水库有 3 个。全省 41 条江河中，34.1% 占比的 II 类水质监测断面 29 个，与上年度持平，III 类水质监测断面 32 个，占 37.6%，同比上升 4.7%。省境内松花江干流水质状况良好，图们江流域监测全部断面均达到本年度水质控制目标的要求，达标率为 100%。鸭绿江流

域总体水质状况良好。在水环境治理过程中，严把治理关，先后关停或迁移养殖场区（专业户）261 个、"十小"企业 36 个，地下油罐更新改造完成率达到 46.15%，实现黑水臭水污染治理 81 个，工业集聚区污水治理设施修建率达到 89%，从源头控制好水污染防治。水环境治理工程推进方面，围绕松花江和清洁水体工程展开重点项目建设，两项重点工程共完成 162 个项目推进，投资达到 63.45 亿元。

2. 空气质量有所提高

根据 2017 年环境状况公报，以 9 个市州所在地城市空气质量优良天数为标准，全省环境空气质量较上一年度有所改善，空气质量优良率达到83.3%，同比提高了 1.3 个百分点。全省出现酸雨的城市占城市总数的13.33%，同 2016 年相比持平，图们市仍是酸雨频发区。二氧化硫、二氧化氮、一氧化碳和臭氧年均浓度均达到国家环境空气质量二级标准。

表 1　2016 年、2017 年全省环境空气质量主要污染物年均浓度

单位：微克/立方米

城市	二氧化硫（SO₂）		二氧化氮（NO₂）		一氧化碳（CO）		臭氧（O₃）		可吸入颗粒物（PM10）		细颗粒物（PM2.5）	
	2016	2017	2016	2017	2016	2017	2016	2017	2016	2017	2016	2017
长春	28	26	40	40	1.6	1.9	141	142	78	78	46	46
吉林	23	18	30	29	1.5	1.8	151	147	69	79	42	52
四平	22	26	32	33	1.5	1.8	130	142	77	80	46	46
辽源	25	18	28	30	1.9	1.8	157	141	63	59	46	44
通化	29	26	31	32	2.3	2.0	129	120	76	62	42	35
白山	35	29	27	26	1.9	1.6	136	126	81	71	50	44
松原	15	14	23	20	1.4	1.6	154	144	69	71	35	35
白城	12	11	20	22	1.1	1.1	119	123	75	55	48	31
延吉	14	15	23	22	1.4	1.4	115	126	49	46	31	31
平均值	23	20	28	28	1.6	1.7	137	135	71	67	43	40

资料来源：2016 年、2017 年吉林省环境状况公报。

根据公报对比，2017 年空气质量主要污染物年均浓度，可吸入颗粒物（PM10）同比下降 5.6%，细颗粒物（PM2.5）同比下降 7.0%，二氧化硫

（SO$_2$）同比下降13.0%，二氧化氮（NO$_2$）同比持平，一氧化碳（CO）同比上升6.3%，臭氧（O$_3$）同比下降1.5%（见表1）。在空气环境治理方面，针对主要困扰北方地区的煤烟型污染，开展百日攻坚，积极推进清洁空气行动。针对空气质量造成污染的黄标车、小锅炉、燃煤机组等进行淘汰、关停与改造，黄标车淘汰率达91%，小锅炉关停率达97.6%，燃煤机组超低排放改造20万千瓦以上占总装机容量的比例达到60%以上。

3. 声环境质量总体略有好转

2017年根据公报对比，全省9个地级以上城市按《声环境质量标准》（GB 3096-2008）进行监测，包括城市区域噪声、交通道路噪声、功能区噪声几个方面，区域环境噪声昼间等效声级平均值为52.6分贝，同比下降了3.1%，城市功能区定点监测疗养区日间平均达标率由2017年的75%提升至2018年的100%，居住区由59.3提升至73.9%，说明声环境质量措施整体效果明显。其中，长春市、吉林市、四平市、辽源市、通化市、松原市、白城市声环境质量良好，白山市昼间区域声环境质量为一级水平。

4. 主要污染物排放控制情况良好

通过关注连续两年的主要污染物排放情况，吉林省主要污染物排放得到控制。2017年全省一般工业固体废物综合利用量2081.49万吨，处置量为1321.05万吨，处置量较上年度增长31.14万吨。危险废物产生量为178.72万吨，较上年度减少7.5万吨，综合利用量91.70万吨，处置量为80.71万吨，较上年度增长19.95万吨。全省批准移入危险废物25980吨，批准移出危险废物74980.12吨，移出总量大于移入总量，全省批准移出危险废物同比增加50072.12吨。2016年吉林省城市废水中主要污染物排放方面，工业废水排放量19237.55万吨、工业化学需氧量排放量16019.94吨、工业氨氮排放量1226.41吨。城市废气中主要污染物排放方面，工业二氧化硫排放量129713.43吨、工业氮氧化物排放量137262.49吨、工业烟（粉）尘排放量144424.54吨，吉林省污染减排主要污染物排放量与上年度相比均有所下降。

（三）生态环境的保护和修复持续发展

2017 年，通化县荣获环保部全国第一批生态文明建设示范县称号，东北虎豹国家公园体制试点获批建设。2016 年，吉林省共有各级自然保护区 51 个，其中，国家级自然保护区 20 个。保护区总面积约 252.6 万公顷，国家级自然保护区面积 110.7 万公顷，占全省自然保护区面积的 43.8%。51 个自然保护区总面积约占全省土地面积的 13.5%。造林总面积 157.91 千公顷，当年人工造林面积 88.65 千公顷，无林地和疏林地新封山育林 2.33 千公顷，森林覆盖率 40.4%。在东部生态经济区实施了长白山原林与生态物种保护工程，对重点生态功能区实行强制性保护；全面推进生态经济区的水土流失防治和水资源保护治理工程；中部地区围绕土地污染防治和松辽平原实施黑土地保护工程；西部地区继续推进盐碱地综合治理与草原生态建设工程。

（四）不断创新环境治理政策举措

2018 年，吉林省以中央环保督察组的督查内容为切入点，全面统筹全省环境治理工作。首先，针对辽河等其他水污染问题，出台了《吉林省 2018 年贯彻落实水污染防治行动计划强化环境监管执法工作方案》，进一步加强环境监管执法，加快推动水环境质量改善。针对大气污染等问题，提出《吉林省 2018 年秋冬季秸秆禁烧工作方案》，推行春秋网格化监管，推进秸秆"五化"和"收、储、运"体系建设，进一步提高秸秆综合利用率，改善秋冬季环境空气质量。其次，针对林地占用与过度开发问题，修订《吉林省生态保护红线划定方案（初稿）》，完成《长白山生物多样性保护优先区域保护规划》等，有针对性地完善环保规划。其次是针对大气、土壤、水质开展状况详查活动。如针对农用土地土壤状况开展详查，陆续公布土壤污染重点监管企业名单。最后，针对吉林省环保实际情况，制定有效举措。开展"三区"整治，签订"十三五"土壤污染防治目标责任书；生态保护红线监管平台投入试运行；积极推行"绿盾2017"专项行动；陆续组织全省修订重污染天气应急预案与当地应急预案等一系列措施。

二 吉林省环境治理过程中存在的问题

（一）环境治理工作态度与意识仍需加强

首先表现在环保工作的认识态度上，在短期经济利益与长远生存环境相矛盾的情况下，一些部门尚未把环境治理提升到战略地位，对吉林省生态环境根基过于乐观，对群众反映的突出问题重视不够。以环保督察组回头看反映的水污染问题为例，辽河一级支流黑臭水体整治效果不明显，未达到水体治理要求，存在重视不够、做表面文章的情况。其次表现在工作态度简单粗暴"一刀切"。对环境治理的重要性、全局性、基础性地位认识不够，有些地区在基层工作中存在官僚作风严重，一纸文书下达，不做任何引导疏通一律关停。在督查与回头看期间，有些地区存在一律关停、先停再说和紧急停工停业停产等简单粗暴的懒政、消极应对做法。

（二）环境治理体制机制与监管能力亟须提升

首先，环保部门与各行业管理部门亟待理顺职责。全省没有真正形成环保部门与各行业管理部门之间权利清晰、责任明确、分工负责、协调合作的环境保护管理体制和机制。其次，各级政府间职能与权力责任、绩效考评等管理机制需要完善。至今还没有在法律、实践层面真正确立、形成统一管理和部门分工负责的环境保护管理体制，地方政府职能缺位、管理弱化的问题依然存在。各级政府之间体制不顺，职责不清，各自环境保护的法律权力责任不能有效行使和真正落实，无法形成共同发挥作用的环境保护合力。最后，环境治理过程中违法案件屡禁不止，问题频出。一方面源于一些企业基于巨额利益以身试法；另一方面也源于外部法律法规环境约束力较弱与惩处

监管力度不足，以虚假指标代替实际指标，进而影响环保工作的落实和环保指标的制定认证。如督察组反馈的关于全省垃圾无害化处理率实际不到60%，远低于国家80%的目标要求，但住房和城乡建设厅2015年却统计上报为84.7%，以数字掩盖问题等。

（三）环境治理投资规模与结构尚待优化

首先，投资结构有待优化。投资效率不高，环保资金在环境保护中的作用没有真正发挥出来。2017年，水利、环境和公共设施管理业投资增长率为15.3%，较上年下降8.4%。吉林省环保投资结构中，城市环境基础设施建设投资所占比例较高，在城市排水、园林绿化、电力等方面的投资所占比重较大，但工业污染治理投资所占比例不高，应适当增加治理废水和废气的投资，因为其直接关系到污染减排的效果。其次，环境污染治理资金投入力度较弱。吉林省目前的环保投资力度仍然不够支撑环境与社会经济达到良好协调，例如2017年全省用于农村环境综合治理的资金3898万元，同期海南省安排资金合计2.1亿余元，吉林省资金投入与海南差距仍然较大。最后，投资规模有待提升。环保部门心有余而力不足，大部分企业并没有用于污染排放的治理及环境保护技术研发的专项资金。

（四）环保产业发展较为滞后

近年来，虽然吉林省产业结构调整加快，但资源开发型工业产业，如采矿工业、冶金工业、机械工业、化学工业等仍占主要地位，结构型污染短时间内难以得到根本性改变。受经济实力影响，经济发展不平衡与产业发展相较于其他地区仍属于粗放式的特征无法在短期内解决，能源、资源、环境之间的矛盾依然突出，万元GDP能耗、水耗和能源利用效率与国内先进水平相比还有一定差距。对环保有利的生态绿色型产业扶持力度相对较弱，缺乏核心科技创新原动力，企业与产品的竞争力不突出。除了国有大中型企业外，多数中小企业都存在R&D资金投入严重不足、创新人才引进难度大、研发机构组建难度大、设计研发创新力与科技成果转换率低等问题。多数产业仍处于低端技术复制阶段，产业链条不完善，技艺工艺滞后，龙头企业与竞品拳头产品较少，产业集群规模效应尚未形成，初始原料加工和半成品仍占据生产主力，资源能耗较大，产品附加值与科技含量不足等问题短时间内难以得到有效解决。以污染治理及环保设施运行服务、环境工程建设服务、环境咨询服务、环境监测服务、环境贸易与金融服务、生态建设与修复服务等为主类的环保服务业，无论是在生产性服务业还是在消费性服务业中均发展较为缓慢，未形成体系。

三　吉林省环境治理政策建议

（一）加强环保工作意识，打造多元化环境治理格局

首先，扎实推进基层环保工作，不搞盲目一刀切，深入一线，把环保工作做细做实。应给予有整改条件、有整改意愿的中小企业以政策缓冲期与技术、土地、资金等资源扶持，特别是针对民营经济，为最大限度地减小环境保护对经济的负面影响，要疏堵结合，在加大环境保护力度的同时，建立完善相关保障性政策，以帮助政府和企业渡过"难关"。同时要避免样子工程与形式主义，国有企业与中小企业一视同仁。同时在城乡环保工作中，特别是类似重复绿化、乱贴封条的现象等已经出现在其他省市民众反响较为激烈的现象，吉林省要极力避免重复错误。其次，在环境治理过程中打造多元化"协同治理"与"垂直管理"格局。社会治理需要协同化。环境保护与生态文明建设需要多元化主体参与协同治理，不能仅依靠政府单向推动的自上而下的管理模式。在东北再振兴的机遇发展下，吉林省可以把生态环保作为推动经济发展的重点思路，要推进社会、市场、公民共同参与，形成与政府的"四位一体"的合力。加强非政府组织、自治组织、环保组织的协调治理能力，加大宣传与培训力度，形成公众与政府互相监督、互相配合的"协同治理"格局。政府管理需要垂直化。环境管理职能分散化容易导致体制性内耗，也容易受到地方经济发展的掣肘。政府行政管理可考虑进行垂直化改

革，将环保部门从地方政府剥离，把环保的管理职能整合到统一的环保部门，建立独立监管与执法机构，在统一标准与规范下，进行环境监管与信息发布。

（二）理顺体制机制，加大监管问责力度

第一，建立环保倒逼机制。以环境质量提升倒逼经济结构优化，以环保政策的改革倒逼体制机制创新，以生态功能保障基线倒逼发展方式转变，以严把准入关倒逼新业态新技术发展。利用倒逼机制促进环保与经济协调发展，通过制度创新，以环境质量的改善为目标，建立起完善的环境法律法规，健全环保规章制度，严格环保准入标准，创新环保生态政策环境，倒逼资源利用方式、经济发展方式、社会生活方式的根本转变。第二，形成长效管理与应急管理协同机制。强化环保省市县区职能部门联动，横向与发改、财政、城管、农业、水务等多个部门建立协作机制。在环境污染发生后的第一时间便立即转化为最高指挥机构，并协同各个专业领域的专家、部门迅速高效地处理事件。通过建立应急协调机制协议，形成长期、稳定的突发环境事件应急联动机制。第三，推进环保问责机制。在环境污染的治理工作中实行党政同责，地方各级党委和政府负总责，建立"属地管理、分级负责、主管负责的责任体系"。各级政府建立以环保为目标导向的考核评价体系，要从唯GDP化转向综合科学发展。建立以环境质量为目标的指标体系，把环保作为领导干部政绩评价与任用的重要指标之一。针对环保未达标的地区，以及发生重特大突发环境事件的地区，及时启动行政问责，并有针对性地暂停在建项目与审判项目。第四，强化环保补偿机制。生态环保补偿机制需要强化坚实。要积极解决补助标准较低、补助"一刀切"、补助补偿范围模糊等问题。可以考虑针对不同区域不同行业，根据实际情况有所变化，灵活掌握。例如东部地区应探索建立生态保护、流域水权交易、流域异地开发等区域生态补偿机制，解决开发地区与保护地区之间、受益地区与受损地区之间的利益补偿问题，以生态补偿资金促进东部地区生态环境可持续。

（三）强化政府公信力，拓宽环保资金来源

首先，构建公平合理的环保信用体系是资金投入的基础。政府应积极运用信用监管手段，构建环保信用体系。政府环保部门应结合实际情况，积极探索在环保行政许可、建设项目环境管理、环境监察执法、环保专项资金管理、环保科技项目立项、环保评先创优等工作流程中，嵌入企业环保信用评级结果，推进企业环境信用信息的有效利用。要注意在实践工作中做到公平公正公开，以诚信公正的政府来构建高等级的环保信用体系，让参评企业对政府有信心，对评价体系信任肯定。其次，加大环境保护投入力度，探索建立环境治理基金，制定金融机构环境保护民间资本、外资环保投入引导机制，推广有利于引导社会资本进入的 PPP 模式。应落实税法授权事项，确定本地区应税大气污染物和水污染物具体适用税额，以及应税污染物排放量抽样测算和核定征收方法。深入开展排污权有偿使用和交易试点，启动生态环境基金，参考许多大中城市环保部门和金融机构联手推行的"绿色信贷"、环境责任保险、环保设施租赁等多种模式来丰富环境治理资金来源。

（四）构建绿色经济体系，优化产业结构调整

把环保融入产业升级发展之中。首先，在传统优势产业中，要采取技术创新的原则。加强汽车、石化、农产品加工产业中大气、水源、土壤污染防治等节能减排低碳关键技术和产品的研发，通过高新技术和生态技术改造提升传统产业，强化对钢铁、有色金属、化工、印染、医药等重点领域的清洁生产审核，进行清洁生产示范项目建设。其次，开发已有优势的绿色环保产业。发挥生态资源优势，大力发展有机食品、绿色食品、生态旅游等生态资源开发利用产业。以新科技成果为依托，开发以节水、节能、减少污染物排放为目标的工农业"绿色产品"，发展优质、生态、安全的效益农业。最后，积极开发新业态，拓宽低能耗高效益的新经济增长点。以"互联网＋"和智慧城市建设为契机，加快发展第三方物流、融资租赁、信息、电子商

务、节能环保等新业态，建设现代物流港，完善城乡共同配套体系，助力产业发展向价值链高端延伸。

参考文献

1. 王伟：《东北三省生态环境建设成效分析》，"东北蓝皮书"，社会科学文献出版社，2012。
2. 姚震寰：《吉林省城镇化进程中生态环境问题研究》，《吉林省城镇化发展报告》，2013。
3. 省统计局：《吉林省 2017 年国民经济和社会发展统计公报》，吉林省统计信息网，2018。
4. 吉林省政府：《吉林环境保护十三五规划》，2017。
5. 吉林省环保厅：《吉林省 2017 年环境状况公报》，2018。
6. 《2018 年吉林省政府工作报告》，2018。

B.24

吉林省电商产业
发展法律规制问题研究

徐 建*

摘　要： 随着经济的不断发展，网上消费越来越普遍，互联网与电子商务逐渐成为经济发展的新动力。吉林省各地方政府结合本地实际，为促进地方电商产业发展出台了一些有针对性的规章制度，并取得了良好的成效，使得吉林省电商产业得到迅速发展，电商产业也逐步进入法治化规范式管理轨道，但吉林省电商产业仍存在法律规范体系不完善、政策配套体系缺乏、政策法规执行约束不到位、扶持不充分等问题。本研究在对吉林省电商产业发展中出现的上述问题进行研究的基础上，进一步完善电商产业发展过程中的法律政策规制，建立健全吉林省电商产业发展的地方性法律规制体系，从培育环境、发展环境、扶持环境、保障环境、法律环境等多方面运用法律规制手段，推动吉林省电商产业的健康快速发展。

关键词： 电商产业　法律规制　法治化

近几年，全国电商产业发展迅速，人民的消费方式快速转变，电子商务交易越来越频繁，交易额也保持着较高增速。各地政府非常重视电商产业的

---

* 徐建，吉林省社会科学院法学研究所助理研究员，主要研究方向为地方法治。

发展，把电商产业作为地区经济发展中重要的增长点。吉林省在这样的背景下，既有机遇亦有挑战。吉林省电商产业发展起步较晚，实体经济较落后，产品单一、竞争力不强，围绕电商产业的所做的法律规制并不完善，相关的配套政策法规以及执行情况相对发达省份较差。虽然起点低、发展晚，但是吉林省做好相关的法律规制与促进工作，可以保障吉林省电商产业快速发展，并逐步建立有吉林省特色的电商产业。

一 吉林省电商产业发展的法律政策环境持续优化

（一）吉林省电商产业发展的基本情况

吉林省电商产业发展迅速，2017 年电商企业销售额为 881.4 亿元，较 2016 年增幅明显。吉林省电商总体规模不断壮大，截至 2017 年底，吉林省电商企业已达到 6000 余家，其中成规模的零售型电商企业有长春欧亚 E 购电子商务有限公司、大商集团延吉千盛购物广场有限公司等；大型贸易批发类电商企业有吉林玉米中心批发市场有限公司、吉林省袜易网络科技有限责任公司等。吉林省电商平台较有知名度的有几十家，如吉林省东北袜业园网络科技服务有限公司、吉林省农业综合信息服务有限公司等。可见，吉林省的电商产业无论从企业到平台都已初具规模，并在快速发展。从全国来看，吉林省电商产业尚处于起步阶段，在 2018 年中国电子商务创新发展峰会中公布的《2017 中国电子商务发展指数报告》中，吉林省电商产业发展指数为 11.34，全国排名第 29 位，电商产业发展相对落后，但在报告中还可以看到，吉林省属于具有发展潜力的省份，增速快，发展空间巨大。

（二）吉林省逐步明确电商产业发展的法治规范化道路

国务院办公厅颁布《关于加快电子商务发展的若干意见》后，吉林省委省政府非常重视电商产业的发展，连续颁布了《吉林省人民政府关于大力发展电子商务加快培育经济新动力的实施意见》《吉林省人民政府办公厅关于推动农村电子商务加快发展的实施意见》等多个文件，相关地方立法也陆续颁布，法律规制服务体系开始构建，吉林省电商产业发展的法治规范化管理，以及完善电商产业发展的法律法规体系正逐步形成。同时，大量的电商企业的法律规范和行业约束意识逐步增强，在电商企业发展与自我约束中找到平衡，在不断生存发展壮大的同时，能够较好地遵守与执行法律法规与政策。

1. 明确电商产业全产业链延伸覆盖的法治规范化建设思路

吉林省内创建了10个电子商务示范基地（园区）、26个电子商务"双创"示范基地、108家省级电子商务示范企业。①电商企业及示范基地在省内电商行业中起到了示范带头作用，亦提供整个电商行业法治规范化管理的示范标准。同时，吉林省建立电子商务公共服务、社区信息化综合服务、城市共同配送和电子商务快递物流协同发展等多个电子商务公共服务平台。依托各类公共服务平台，有效整合各类资源，对促进规范电商产业发展起到了一定的辅助作用，信息公开有助于消费者对电商卖家的诚信度有效判断，产品溯源可帮助监管部门及时准确地找到商家，跟踪监管。这样一整套电子商务全产业链的规范式管理，逐步在吉林省电商企业中延伸，最终达到全覆盖，可以说这一制度是规范促进电商产业法治化的重要举措。

2. 规范农村电商产业发展的法治化思路

为贯彻落实好《国务院办公厅关于促进农村电子商务加快发展的指导意见》（国办发〔2015〕78号），2016年吉林省政府办公厅结合省内实际情况颁布了《吉林省人民政府办公厅关于推动农村电子商务加快发展的实施意见》，优化了农村电子商务发展环境，加强规范农村电商主体，加大了对农产品、农业制品质量的监督管理力度，使得农产品、农业制品的质量得到保证，相关服务得到提升，部分地区做得非常出色，打造了地区特色及品牌的农产品，通过电商平台大量销往全国各地。同时，也加大了对电商企业销售化肥、种子、农药等生产资料的监督管理力度，为农民购买优质、实惠、可信赖的农业生产资料提供保障。

3. 监管专项整治行动，优化电商产业发展的法治环境

2017 年，吉林省工商局、省公安厅、食品药品安全监督管理局等多个部门联合行动，集中整治了电子商务各类商家销售假冒伪劣产品、对消费者诈骗、虚假夸大广告宣传、虚假刷单提高信誉度等违法行为。在此次行动中，对电子商务市场主体行为进行严格监管，对 17552 家网店进行监管整治，对其中 2162 家网店进行处罚，罚款或责令整改。②同时，在此次整治行动中，整合政府各相关监督管理以及执法部门电商信息基础数据及配套相关数据，使电商各类卖家监督管理从技术上和联合执法上深度融合，并结合吉林企业信用信息公示系统及各相关部门监管信息化系统，初步实现了信息共享和系统内部监管信息的互联互通，对违法违规的企业持续跟踪监管。监管专项整治行动在很大程度上净化了发展的环境，同时，对电商产业发展的法治环境起到了促进和推动作用。

二 吉林省电商产业发展法律政策体系存在的问题

总体来看，在国内经济增速放缓的大背景下，各省着力创造新的经济增长点，电商产业成为各省拉动经济增长的重要组成部分，通过政策不断引导，法律规制，建立健全电商产业法律政策体系保障其发展。2018 年吉林省电商产业发展形势较好，但在法律政策层面上仍有不尽如人意的地方，给电子商务市场带来一定的负面影响，阻碍了吉林省电商产业快速发展。

（一）电商产业发展的法律规制体系不完善

在国家层面，我国有《合同法》、《消费者权益保障法》、《侵权责任法》以及 2018 年 8 月 31 日通过、2019 年 1 月 1 日起施行的《中华人民共和国电子商务法》等，吉林省出台的法规、政策大多是对国家相关法律法规的复制，缺少相关具体落实措施，对复杂、多变的电商产业发展形势没有明确的法律规制，过于笼统的法律法规，专业性及具体可操作性差，导致法律效力约束力低，具体执行难度较大。另外，吉林省各地政府对电商产业发展的重视程度差别很大，导致相关法律法规具体落实执行的效果不理想。电商产业发展的法律规制需要各地区政府及先关执法部门共同努力，才能营造一个规范、有序的行业法治环境，使得吉林省电商产业提高整体竞争力，并朝着健康可持续的发展方向前进。现在全省的电子商务发展尚未形成规模，电子商务发展仍然局限在少数产业、少数地区、少数部门，亟待形成从各级政府、监管部门、司法部门，到各行各业达成共识，共同推进规范电商产业法律规范化管理。

相关部门缺少明确的权责分配，电商行业管理职权分散，没有形成统筹合力，扶持政策及相关工作缺少主动性，使得相关服务部门和监管部门难以形成有效的联动机制，对电商行业里存在的恶性竞争、扰乱市场秩序等违法违规行为难以有效遏制。

吉林省委省政府虽然多次提出支持电子商务产业的发展，但各地政府在扶持本地区电商产业发展的具体举措不多，对电商企业及商家扶持力度不足。其中，长春市根据《吉林省商务厅关于促进电子商务应用的实施意见》出台了一些电商产业扶持政策，对电子商务企业在培育期内，入驻创业孵化园区、产业园区的给予房租补贴，对电子商务平台建设等重大项目给予贷款补贴，对加入交易平台注册费用给予补贴等等。这些扶持政策存在着条件苛刻、扶持对象门槛过高、补贴费用发放不及时、资助力度较低等问题。省内部分地区的电商产业扶持政策形同虚设，甚至是没有相关的扶持。对于电商产业的扶持优惠政策，虽不可大水漫灌式的普惠，但可以有针对性的，对处于不同发展阶段的、不同产品领域的电子商务企业和个人给予更为优厚的扶持优惠条件，适度降低门槛，让扶持优惠政策更有效地落实。

（二）电商产业监管领域存在的问题

吉林省电子商务活动经常会遇到销售假冒伪劣商品、违禁品，货与广告宣传不符，刷差评恶意诋毁其他商家信誉，虚假打折，恶意刷单，提高自身信誉度，广告夸大质量、功效等违法行为。这些扰乱电商市场交易秩序、侵

犯他人权益的行为应当受到相应的处罚。对电商企业及商家监管的缺失，会导致假冒伪劣商品泛滥，影响整个地区乃至全省的品牌形象，大大损害了行业的利益，严重阻碍了产业的发展。

网上销售的商品质量参差不齐，假冒伪劣屡禁不止，不仅对消费者权益造成很大损害，对地区品牌形象也造成恶劣影响。这些乱象主因源自于监管的缺失。③吉林省电商平台监管目前存在的问题主要包括地方法规不健全、监管理念陈旧、监管范围不全面、监管手段滞后以及监管责任分配不合理等。目前，细化约束电子商务行为的法律条文还处于空白，导致吉林省电子商务监管的地方立法及电子商务工商监管的具体实施法律规制体系不完善，对电商企业、卖家及销售平台缺少具体的相关法律规定，使得工商部门、食品药品监督管理等多部门缺少全面执法、严格监管的法律依据。

（三）农村电商产业发展的法律规制和政策扶持成效亟待提升

农村基础经济薄弱，固有资源少，基础设施差，部分地方农村现有青壮年人口流失严重，村民整体受教育程度不高、法律意识薄弱等因素、导致大多数吉林省农村电商产业发展处于起步阶段。

很多农产品虽然宣称是绿色无污染的有机食品，但大多是无品牌无包装的一般农产品，没有进行质量和安全认证，让消费者难以信任。如何整合地区的特色产品，统一质量标准，规范划分农产品的质量、品级及其对应价格，打造品牌值得各地政府去思考。

此外，制约农村电商产业发展的另一个因素就是物流服务，生鲜农产品对保存、运输条件和时间要求较高，如何解决农产品保存和流通是非常重要的问题，目前的农村物流相对落后，很难满足农村电商发展的要求。在实际管理工作中，政府及相关部门往往把主要精力放在农产品价格和销路上，而对农产品运输保存，减少流通成本及质量损耗上的精力投入较少，导致农村电商产业物流成本过高，产品质量损耗过大，在同产品领域中竞争力大大下降。

（四）电子商务交易纠纷解决难

国内电商智库电子商务研究中心发布《2018 年（上）中国电子商务用户体验与投诉监测报告》，2018 年上半年电商投诉案件数同比增长 66.93%，创历史新高。④

在电子商务交易时，消费者经常会遇到假货、实物与广告不符、虚假降价、虚假抽奖等一系列问题。对于消费者一直比较头疼的就是售后维权。售后维权道路上有无数的障碍和难题，消费者对产品质量有疑问或者怀疑是假货时，如何证明是个问题。假货如何退货或者要求假一赔十等问题，通常需要得到产品生产方的鉴定结果，但这个办法往往行不通，产品生产方承认电商平台有其商品的正品授权，但买家无法证明卖家销售的商品就是其授权的正品商品，这一漏洞使很多卖家真货假货混着卖，买家很难证明商品真伪，只能吃哑巴亏。⑤

当前，消费者维权成本过高，维权途径和流程过于烦琐，赔偿的额度又过低，导致大多数消费者觉得得不偿失，放弃继续维权。违法者违法成本低，得不到应有的惩罚，使造售假货等违法行为难以被遏制。从保护消费者权益、顺应消费升级趋势的立场看，法律应向消费者倾斜，以保障消费者权益为优先考量，改变不合理的售假赔偿制度。⑥

吉林省同样面临这样问题，如何建立有效地售后服务和纠纷解决机制，快速有效地解决售后维权难题，惩治违法行为，创造优质的电子商务交易诚信环境、法治环境等，成为我们各级政府促进电商产业发展要考虑的重要问题。

三　汲取国内外的先进经验

（一）国外电子商务发展中法律规制的经验

欧美发达国家政府一般不直接干预电商企业与个人的具体发展，而是从

整体产业发展的外部环境、积极的引导措施、良好的法治环境等方面着手保障其发展。其中可借鉴的有以下几个方面。

（1）从美国对电商行业的扶持来看，对电商商家主体从事行业、涉及领域、企业发展质量等方面进行评估，决定其财政补贴和减免税款的数额，以此促进电商行业发展。从营造的法律环境来看，美国通过法律体系约束政府不得直接干预电商行业的具体活动，主要从营造外部环境、法治保障上提供法律规制，重点为电商行业发展提供服务和保障。

（2）在德国，电商行业的整个电子商务交易环节，从商品描述、广告宣传、网上交易、支付、物流、仓储等全产业链上，统一技术、质量标准和服务标准，使得电子商务买卖操作更加简单、顺畅，大大减少了交易纠纷。

（3）在欧美国家，政府信息电子化公开程度较高。政府在政务公开、问题咨询、信息公开等方面做得非常出色，由政府建立的电子商务公共服务平台同样做得非常好，相当于政府与电商行业信息对接，对政策、咨询解读答疑，围绕电商行业相关问题在线为电商商家提供帮助。此外，欧美各国普遍重视电商技术研发和专业技术人才培养。培养与电商产业相关的高技术人才，着力研发电商产业网络信息服务技术，加强电子商务的网络安全技术，保障消费者和电子商务网络交易环境的安全。

（二）国内发达省份围绕电商产业的法治化建设的先进经验

通过对长三角和珠三角等电商产业较为发达地区进行研究，从其法治化建设角度，吸取其法律规制对吉林省电商产业发展的经验借鉴。

1. 明确的电商产业发展法治化目标

深圳为电商产业发展提供了明确的法治化道路，无论从引导产业发展方向，还是从建立行业规范化管理上，都有明确的法治化目标，并且朝着这个方向不断精进。对吉林省而言，部分地区规制电商产业发展思路较清晰，发展速度比较快，也有部分地区比较盲目，发展方向总在变化，目标不明确。因此，吉林省在规制电商产业发展过程中，一定要立足本地区的实际情况，明确法治化目标。

2. 利用电商产业发展政策推动完善基础配套设施

上海市出台了《关于促进上海市电子商务发展的若干意见》，在《意见》中指出，大力提升上海市电子商务市场的基础配套设施与相关服务。在上海，通信光缆实现全覆盖，现代化物流储存、运输等多项配套设施与相关服务已相当完备。无论是在配套政策的具体落实上，还是电商产业基础设施建设上，都做得非常出色。除此之外，围绕电商产业相关的配套商业服务也是全国领先的。

四 促进电商产业发展的法律规制对策建议

（一）明确吉林省电商产业发展的法治化目标，完善法律政策体系

吉林省电商产业发展法治化进程已取得较大进步。为了更快地发展电商产业，各地政府应当制定更多的符合本地区的电商发展的法律规制对策。

1. 财政金融扶持政策

应该成立电商推广发展基金，对于刚起步阶段的电商企业及商户，提供资金等扶持政策。对有发展潜力的电商企业或者有较大影响力的电商企业和商户，也要给予资金支持，激励企业发展电子商务的积极性。

2. 电商产业配套的扶持政策

各地政府因地制宜地制定电商产业扶持政策，做好电商产业法治化的中长期规划，科学地分配电商产业发展的重点项目及领域的政策倾斜。对重点项目、行业、领域给予税收、物流、金融等配套服务的优惠，使有发展前景、有巨大经济效益的电商企业及商家更快发展，逐步实现以强带弱、以老带新，提高整个吉林省电商产业的质量。

3. 加快推进农村电商发展的扶持政策

吉林省是农业大省，发展农村电商对于拉动省内经济及精准扶贫都是有很大帮助的。吉林省应制定详细的促进农村电商发展的相关政策，尤其是加大省内农村的网络基础设施建设的投入。同时，对现代化物流企业、冷链物

流企业涉农的，给予优惠扶持政策。让吉林省优质的农林牧副渔产品可以通过电商平台，逐步在市场中寻求发展壮大，并且根据市场的要求，调节自身的生产经营。

（二）成立电商产业发展的专业管理部门，制定行业标准和监管规则

成立政府相关部门，用于协调、服务、监管全省电商产业的发展事宜，强化电商产业的组织建设，建立多部门联合、信息资源共享的长效机制，分配好各部门职责，通过电子商务公共服务中心平台，将政府的相关政策、法律保障等方面的信息，直接有效地传达给电子商务活动中的每一个主体。同时，电商企业与商家在发展中的共性需求可以反馈给政府及相关部门，包括信息服务、人力资源配置、技术服务、营销推广、物流、税收、扶持政策等一系列与电商产业发展相关的问题。

电商发展的环境需要相应的标准和规则。首先要由政府制定相关的政策及地方法规。其次要由政府指导行业协会制定相关的行业准则。法律性制度只是最低限的行为规范，只能保证电子商务市场的有序进行，若想保障电商产业的快速发展，还需要行业协会制定行业标准，形成集体监督压力，规范经营主体诚信经营。

（三）加强电商产业的法律监管规制

1. 完善地方立法体系，加强电商产业监管的法治建设

建构完整的电子商务法规体系。约束电子商务交易行为中的具体行为，制定相应的法律法规，对出现的问题，找到解决和约束的措施，在地方立法中，要拿出可行性方案，避免大而空的问题。在具体法规实施前，广泛征求意见后试行，取得较好效果的方案，立法颁布施行。逐步地建构完善的电子商务法律法规体系。比如：我国《侵权责任法》中并没有详细的对电商平台上的各种侵权行为的描述，以及对侵权行为如何维权等规定，所以，要细化电子商务法律法规的相关内容。

2. 完善电子商务信用规制体系

电子商务与实体商务不同，商品不能直观地展示给买家，消费者在电商平台上，看到的是商品信息，并不能辨别信息、图片的真实性。消费者往往通过选择信用评级高的商家，信用越高，消费者选择其消费的可能性越大。因此，很多商家恶意刷单来提高自己店铺的信誉度，误导消费者。可见，加强对电子商务信用服务体系的法律规制是十分必要的。建议充分利用吉林省商务诚信公共服务管理平台通报这类商家与电商平台，将企业、个人及各类电商平台的信用信息整合，电商平台亦可对此类行为在卖家商铺上标记出来，来提醒消费者，同时对失信行为进行惩处。

3. 建立物联网体系，实现电商产品交易全过程的跟踪监管

电商平台跟物联网平台合作，以商品条码作为手段，监管电商销售商品的生产、采摘、加工、物流等一系列的行为，尤其对"名特新优"的商品进行跟踪监管，对打造吉林省的"名特新优"产品品牌有至关重要的作用。推动电商平台企业依据政府监管、企业内部检测、消费者投诉等情况，对网店经营者实行信用管理，建立退出机制，将产品存在严重质量问题、假冒伪劣、以次充好的经营主体清理出电商平台。对电子商务活动的每一个环节进行监管，无论是生产销售阶段，还是电子支付交易上，或是售后维权的环节，均需要加大相关的监管力度。

4. 完善电商平台商品投诉处理反馈体系

电商平台应联合工商、食品药品监督、"3·15"消费者权益保护协会等多部门，对生产、销售假冒伪劣产品的商家进行处罚，对权益受到侵害的消费者，进行快速维权。同时，对有实力的电商平台企业建立电商产品质量分析系统，通过大数据、云计算等手段，查找出投诉反馈多，有质量问题的产品，售假、售禁的商家，加大对其销售的管控惩罚力度。对有此类问题的商家，采取关停、整改等处罚措施。

5. 政府及相关监管部门加大对电商的监管力度

电商的经营项目往往不受政府工商等相关部门的监管，尤其一些微电商，生产、销售假冒伪劣产品，如药品、保健品等，严重损害了消费者的权

益。因此，政府及相关监管部门应加大对商家经营的监管力度，将准入门槛与经营过程中的监管相结合。电商销售平台发现有此类问题应及时向监管部门举报，一旦得到验证，电商平台应立即关闭该商家，由监管部门对其进行处罚。监管部门及电商平台对销售违法违禁商品不作为的，政府及相关部门应该追究其相应的责任。

参考文献

1. 吉林省商务厅网站，www. jldofcom. gov. cn∕。
2. 中国工商报网，www. cicn. com. cn∕。
3. 杨松茂：《"双创型"电子商务专业建设实践探索》，《中国市场》2018 年第 18 期。
4. 《2018 年（上）中国电子商务用户体验与投诉监测报告》。
5. 《双 11 后遗症：维权之路难于登天 信任之失始于客服》，《IT 时报》2018 年 11 月 23 日，第 2 版。
6. 江德斌：《"先行赔付"利于改善消费维权局面》，《中华工商时报》2018 年 11 月 15 日，第 3 版。
7. 邵仲岩、陈子悦：《电商平台产品问题现状及治理措施》《河北企业》2018 年第 9 期。

B.25
吉林省法律援助制度建设问题研究

刘星显*

摘　要： 近年来，吉林省法律援助制度发展取得了显著成效，形成了
法律援助法律体系，建立起法律援助值班律师制度，加大了
对弱势群体法律援助力度，提升了法律援助经费保障水平。
不过，日益增长的法律服务需求和当前法律援助水平不平衡、
不充分发展之间的矛盾也凸显出来，依然存在法律援助经费
总投入偏低、法律援助总供给结构不合理、法律援助需求快
速增长、供需矛盾加剧、法律援助社会参与度较低等问题。
对此，应积极推进吉林省法律援助制度的供给侧改革，努力
拓展法律援助经费的多元化供给，促进形成法律援助的协同
治理模式，健全法律援助服务的政府购买机制，充分激活发
挥法律援助社会组织的独特作用。

关键词： 法律援助　协同治理　多元化供给

　　党的十九大报告指出，中国特色社会主义进入新时代，经济社会已迈向
新的发展阶段，广大人民群众对法律援助的需求在数量及品质上不断提升，
而日益增长的法律服务需求和当前法律援助水平不充分、不平衡发展之间的
矛盾凸显出来。推进吉林省法律援助制度改革，构建完善法律援助制度对增强
人民群众的幸福感、安全感、归属感和获得感以及法治吉林建设具有重要意义。

---

　　* 刘星显，吉林省社会科学院法学研究所副研究员，法学博士，研究方向：地方法治、法理学。

一　吉林省法律援助制度的发展现状

（一）法律援助体系基本形成，地方性法规酝酿出台

进入 21 世纪以来，我国的法律援助制度不断发展完善，初步形成了中国特色的法律援助制度体系，《中华人民共和国法律援助条例》的颁布实施标志着我国法律援助工作步入了法治化、规范化建设阶段，中国特色法律援助制度基本形成。2015 年 5 月 5 日，习近平总书记主持召开的中央全面深化改革领导小组会议审议通过了《关于完善法律援助制度的意见》，该意见的颁布出台以及随后形成的一系列有关政策和规章成为新形势下推进法律援助工作、完善法律援助制度的纲领性文件。在地方法层面，吉林省在法律援助制度建设上进行了诸多探索，近年来陆续出台了一系列规范性文件，作为地方性法律援助"基本法"的《吉林省法律援助条例》已列入 2018 年立法计划。地方性立法权设置的主要目的是为了解决国家层面的法律法规难以有效指导地方发展具体的实际问题，这也就意味着"特色"是地方立法的主要特征。地方性立法一方面承担着将国家层面相关法律法规予以具体化，增强在本区域内的可操作性的任务，另一方面在国家法缺位的情况下，也承担着在法律基本原则之下的创制法律的任务，这两个方面均体现了地方性立法的特色性与创新性要求。从目前发布的《吉林省法律援助条例（草案）》来看，体现出在坚持和维护法治统一的前提下，将立法的统一性与差异性相结合的特点，表现出显著的地方立法特色。主要表现在，确立了法律服务机构、法律援助人员每年至少承担两件法律援助案件，因经济困难没有委托代理人的可以向援助机构申请法律援助，对盲、聋、哑人等法律援助机构应当提供援助，对领取低保的城镇居民法律援助机构应当提供法律援助，拒绝提供援助构成犯罪将被依法追究刑事责任等规定，将多年来吉林省在法律援助制度建设的宝贵经验与成功探索以地方立法的形式确定下来。

（二）加大对弱势群体法律援助力度，贫困人口法律援助成效显著

作为法治文明发展到一定阶段的必然产物，法律援助制度承担着帮助人民群众解决诉讼难问题的任务，在建设社会主义法治国家的背景下，保障社会弱势群体的合法权益，通过健全的制度设计给予社会中经济困难或特殊案件的当事人以法律服务，不仅是社会公共服务事业的必要组成部分，而且是实践依法治国方略、全面建成小康社会的重要举措。法律援助的受援对象一般是经济困难、无能力或无完全能力支付法律服务费用的弱势群体，在法律维权方面社会弱势群体往往面临请不起律师、得不到专业的法律咨询服务的困境，如何使弱势群体得到及时、便捷、有效的法律服务，加大对困难企业职工、农民工、未成年人、妇女、残疾人、老年人等弱势群体的援助力度，是完善地方法律援助制度的一项重要课题。

近年来，吉林省各地方在完善法律援助制度的具体举措、探索法律援助途径、回应民生诉求方面做出了积极有效的探索，将法律援助的触角延伸到了人民群众生活的方方面面，在一定程度上消除了弱势群体的法律援助障碍，满足了其对法律援助服务的基本需求。自《法律援助条例》颁布施行以来，吉林省法律援助机构对农民工、残疾人、老年人、未成年人等社会弱势群体针对欠薪、工伤赔偿、交通事故等涉及民生案件开辟了"绿色通道"，取得了良好的社会效果。早在2013年，吉林省就成立了全国首家专门为农业、农村和农民提供法律服务和援助的公益性法律援助机构，近年来，吉林省陆续开展的专项法律援助活动有诸多亮点，以农民工法律援助为例，吉林省各级法律援助机构抓住农民工返乡时间节点，针对农民工讨薪多发现象，深入农民工生产、生活现场，采取多种形式开展宣传和咨询活动，开辟了农民工优先受理、优先审查、优先指派的法律援助绿色通道，开展"先受理、后审批"的代办式法律援助服务。如在2017年12月至2018年3月开展的"关爱农民工 情暖返乡路"法律援助百日维权活动中，全省共办理农民工法律援助案件1247件，受援人1297人，使农民工法律援助工作取得了显著的成效。近年来，吉林省进一步扩大法律援助补充事项范围，陆续

出台、修改了《吉林省法律援助业务工作标准》《关于完善法律援助制度的实施意见》等，逐步放宽了经济困难标准，使法律援助工作有计划地向重点人群倾斜。吉林省每年请求法律援助和法律咨询的人员约为 30 万人，大多数是困难群众和特殊案件的当事人，吉林省相继建立了 7 个贫困县法律援助窗口和 789 个贫困村法律咨询网点，在贫困人口法律援助方面实现了服务全覆盖。值得注意的是，吉林省法律援助工作始终自觉地与惠民工程紧密地联系在一起，着力维护困难群众最关心、最直接、最现实的权益。根据 2018 年上半年的统计显示，全省法律援助机构共办理法律援助案件 7890 件，受援群众 8339 人，提供法律咨询 45932 人次，接听 12348 法律服务热线 22228 人次。其中为脱贫对象办理法律援助案件 172 件，直接为脱贫对象挽回经济损失 420 万元。①

（三）探索新渠道，提升法律援助经费保障水平

为深入贯彻落实《关于完善法律援助制度的意见》，近年来吉林省通过完善法律援助制度，与国办、财政部等部门开展专项督查等方式持续推进各项任务的落实，各地政府根据本地的实际情况陆续制定出台实施意见或办法，将法律援助纳入本地经济社会发展规划，将法律援助纳入民生工程、基本公共服务体系、政府绩效考核体系，将法律援助业务经费纳入财政预算，目前吉林省法律援助机构业务经费已经全部纳入同级政府财政预算，切实提高了法律援助的保障水平。2017 年省司法厅、财政厅联合印发的《关于调整法律援助办案补贴费用标准的通知》对法律援助有关经费标准做出调整，明确、增设、提高了一些办案补贴标准，提出建立"办案补贴动态调整机制"，解决了一些难题，实现了多项突破。为顺应变化的新趋势，解决法律援助经费保障的基本矛盾，近年来中央层面探索建立了中央补助地方法律援助办案专款与中央专项彩票公益金法律援助项目资金。2009 年 12 月 30 日，财政部、司法部联合颁布了《中央专项彩票公益金法律援助项目实施与管

---

① 参见《吉林省实现贫困人口法律援助便民服务全覆盖》，《吉林日报》2018 年 10 月 5 日。

理暂行办法》（财行〔2009〕554号），规定从中央集中彩票公益金中安排法律援助项目用于资助针对农民工、残疾人、老年人、妇女权益保障和未成年人的法律援助。应当说，中央专项彩票公益金法律援助项目的立项实施，是对法律援助工作的重大政策支持，也是在法律援助制度上的一次有益的探索与创新。在该项目的资助下，群体性纠纷案件通过法律途径得到妥善解决，实现了保民生、保稳定的项目宗旨，维护了社会和谐稳定。作为全新的法律援助经费保障制度，中央专项彩票公益金法律援助项目资金使地方城市在一定程度上缓解了法律援助经费不足和法律援助需求日益增长的矛盾。值得注意的是，由于项目确定的办案补贴标准大大高于一般性财政法律援助经费的办案补贴标准，有力地调动了法律援助案件承办人的办案积极性，也有助于推动地方财政办案补贴标准的提高，产生了多方面的拉动效应。① 作为法律援助的重要组成部分，彩票公益金法律援助项目的创设在一定程度上解决了吉林省法律援助经费保障的矛盾，将法律援助的经费渠道予以扩展，整合、优化了社会各方法律援助的资源，实现了法律援助社会管理模式的创新，获得了显著的社会效益。

（四）建设完善法律援助值班律师制度

法律援助值班律师制度是指在法院、看守所派驻值班律师为犯罪嫌疑人、被告人等提供法律帮助的制度设计，设立该制度旨在为进入刑事诉讼程序的犯罪嫌疑人或者被告人提供及时的法律服务，体现了保障司法人权的刑事司法理念。2014年8月，最高人民法院、最高人民检察院、公安部、国家安全部、司法部首次在文件中对法律援助值班律师制度提出了明确的要求。2015年6月，中共中央办公厅、国务院办公厅文件发布了《关于完善法律援助制度的意见》，其中提出要"建立法律援助值班律师制度，法律援助机构在法院、看守所派驻法律援助值班律师"，法律援助值班律师制度正

---

① 《中央专项彩票公益金法律援助项目服务民生成效斐然》，中国法律援助基金会网，http：//www. zgflyzjjh. com/nd. jsp？ id＝362#＿jcp＝4＿44。

式作为法律援助制度的重要组成部分，近年来，这项工作已逐步在全国范围内推广。为更好地发挥法律援助值班律师工作在刑事诉讼中的职能作用，2015 年中央深化司法体制和社会体制改革将法律援助值班律师工作作为一项重要改革任务，在颁布的《关于完善法律援助制度的意见》中对建立法律援助值班律师制度提出了明确的要求。2017 年 8 月，最高人民法院、最高人民检察院、公安部、国家安全部、司法部联合印发了《关于开展法律援助值班律师工作的意见》，要求法律援助机构在法院、看守所派驻值班律师，固定专人或者轮流值班，为犯罪嫌疑人、刑事被告人提供法律帮助，并就法律援助值班律师职责、运行模式、监督管理、工作保障等方面做出了统一的规范。2018 年 1 月吉林省高级人民法院、吉林省人民检察院、吉林省公安厅、吉林省国家安全厅、吉林省司法厅联合印发了《关于开展法律援助值班律师工作的实施意见》（吉司联发〔2018〕2 号），决定在全省建立法律援助值班律师制度，明确建立机制健全、标准统一、保障完善、管理规范的法律援助值班律师制度。开展法律援助值班律师工作是深化司法体制改革的一项重要内容，也是推进法律援助参与以审判为中心的刑事诉讼制度改革的重要任务。目前，全省已在 77 个人民法院、52 个看守所和 14 个人民检察院建立法律援助值班律师工作站，实现了人民法院、看守所法律援助值班律师工作站的全覆盖和在人民检察院逐步设立法律援助值班律师工作站的工作创新，[①] 较好地发挥了法律援助值班律师的作用，维护了公民的合法权益以及司法公正。

二 当前吉林省法律援助制度存在的主要问题

（一）法律援助经费总投入偏低

2018 年，吉林省法律援助业务经费预算占全部财政收入的比例仍相当

---

① 吉林省司法厅，http://sft.jl.gov.cn/ywxx/flyz/201804/t20180403_ 4661580.html。

低，受经济发展水平以及其他各方面条件的制约，开展日常法律援助工作的经费尚不充足，部分地方受经费所限无法提供及时援助，与法律援助"应援尽援"的基本要求还存在一定差距，远未达到"应援优援"要求。当前，吉林省法律援助经费依赖财政拨款，基本保持在90%以上，受国家及地方财政能力的制约，特别是近两年经济发展下滑的影响，从总体上看，法律援助经费的投入不断增加，但增长放缓，从人均法律援助经费支出的统计来看，人均法律援助经费支出不足0.4元，仍然处于较低水平。

（二）法律援助结构不合理

从法律援助的总供给角度看，民事案件占大多数，刑事案件比例偏低，且刑事法律援助案件也远远低于刑事辩护的案件总数，这与优先确保刑事案件法律援助、控制限制民事案件法律援助的基本要求相悖，反映出吉林省法律援助对刑事司法公平的保障力度不足。从经费的使用情况看，直接用于办案的案均经费较少，相当多的经费消耗在日常管理项目中，管理经费占比过高，行政化组织模式效率较低。

（三）法律援助需求快速增长，供需矛盾加剧

近年来，随着吉林省经济社会的发展及法治水平的提高，公民的法律意识及维权意识不断增强，法律援助范围不断扩大，尤其在社会转型时期，各种社会利益关系呈现出复杂局面，全社会对法律援助的需求显著增加。吉林省2017年全年共受理法律援助案件达16235件，受援人16367人次，接待来电来访共140733次，多项指标多年来一直呈现上升趋势，可以预见的是，随着法治吉林建设的不断推进，法律援助的潜在需求量也会转化为现实需求量，在法律援助需求量进一步扩大而相关经费增长减缓的情况下，吉林省法律援助供需之间的矛盾很可能会有所加剧。

（四）法律援助专业性社会参与度较低

吉林省法律援助服务体系的社会主体参与度较低，长期以来，各类法律

援助的社会组织对法律援助事业的贡献度较低，吉林省的法律援助社会组织以及法律援助志愿者参与承办的案件占总案件的比例低于5%，从整体上看，被动接受供给的色彩十分突出。在制度方面，法律援助社会组织缺乏相应的制度保障，现实中存在准入门槛过高的问题；在经费方面，法律援助社会组织资金供应不稳定，法律援助资金资助的持续性不够，覆盖面狭窄；在监管方面，存在管理部门不明确的情况，对法律援助社会组织的统筹管理不足，没有充分体现法律援助社会组织应有的援助类型多样、援助范围广泛、援助方式灵活的特点。

三 进一步推进吉林省法律援助改革的对策建议

（一）努力拓展法律援助经费的多元化供给

推进法律援助制度改革、构建具有吉林省特色的法律援助体系是全面推进依法治省、建设法治吉林的重要组成部分。当前，吉林省经济发展进入新常态，经济发展和财政收入增速放缓，法律援助经费保障面临实际困难，吉林省法律援助经费主要来自国家的财政拨款，经费投入相对偏低，社会资助、福利彩票、行业和社会捐助等仅占很小部分。由经济发展、政府责任落实等方面的不平衡所决定的，吉林省各地区间的法律援助经费也存在着不平衡的现象。法律援助实践表明，单纯依靠国家财政拨款，难以满足群众法律援助需求，这就需要在不断增加财政投入的同时，加大中央及地方补助转款转移支付力度，对欠发达地区进行倾斜性扶持，不断拓宽法律援助资金来源渠道，对资金的供给对象、供给主体资格、供给内容、供给标准、供给程序等事项予以明确规定，充分利用法律援助基金会的方式加强对社会资金的吸纳，发挥其灵活设定资助项目的优势，通过合法运作使基金增值，增加法律援助可使用资金，使基金会募集的资金作为有效的、较为持久的法律援助资金来源，拓宽吉林省法律援助经费的保障渠道。

（二）促进形成法律援助的协同治理模式

"治理"与"管理"仅一字之差，但在内涵上却存在本质差别，管理的主体主要是权力机关，采取自上而下的行政方式来对法律援助相关事务进行组织和控制，通过计划的方式对各种资源进行调配；而治理的主体则是多元的，形成国家、地方政府、社会组织和市民群体协同参与的多元格局，采取平等主体之间的协调，通过市场经济的方式对法律援助的各种资源进行调配。吉林省的法律援助制度尚在经历由传统到现代、从单一到多元、由单向到协同、从管理到治理的转型。法律援助的协同治理模式意味着建构以政府为主导的多元治理主体，在政府主导下，通过行政化、市场化、社会化等多重运作方式提供法律援助，将政府之外的动力因素纳入法律援助的范畴之中，以达到吉林省法律援助社会总供给与总需求的动态平衡。在法律援助的协同治理模式中，地方政府必须占据核心地位，发挥统筹作用，着力于构建规则体系，将法律援助纳入到经济社会发展的总体规划之中，包括绩效考核、年度财政预算、民生计划等方面，积极引导、鼓励和培育各种社会力量参与到法律援助中来。就政府自身而言，应进一步捋顺法律援助的组织协调机制，形成统一领导、协调法律援助的工作机制，建立由专门机构牵头的，由公安、检察院、法院、司法行政、信访、劳动保障等职能部门参与的联席会议制度。法律援助协同治理模式中的治理主体除政府部门外，还有律师及律师事务所及社会组织，政府应充分发挥在优化资源配置、保障运行、监督管理等方面的主导作用，将不同的主体整合进法律援助的协同治理体系，建立各主体之间协商对话、相互合作的共赢关系。

（三）健全法律援助服务的政府购买机制

在吉林省经济社会转型的背景下，法律援助作为专业性要求较高的公共法律服务，应进一步健全法律援助服务的政府购买机制，尽快形成新型的公共法律服务供给方式。2017年吉林省颁布施行了《吉林省政府购买服务管理办法》，将法律援助明确纳入政府购买服务指导性目录中，为法律援助的

社会化补充提供了必要的基础性规范。在此基础上，应尽快制定购买法律援助服务的相关标准，完善政府购买法律援助服务的地方性法规，通过法规顶层设计，结合吉林省的具体情况，制定出可操作性的规定，为地方乃至基层政府购买提供原则与方向，包括但不限于在服务范围、购买途径、购买流程、评估监督、部门职责等方面做出相应的规定。具体而言，在法律援助的服务范围方面，按照国务院提出的"逐步加大政府向社会力量购买服务的力度"的要求，制定服务购买目录，结合地方及基层实际，引导科学选择服务购买的项目及内容；在法律援助服务的购买途径及流程方面，应注意将制度设计嵌入现有的相关制度当中，同规划与预算制度相协调；在法律援助服务的评估监督方面，应建立科学、合理的监督评估标准，保证法律援助法律服务的质量、效率与效果，引导和推进第三方监督；在部门职责方面，应厘清、明确政府购买法律援助服务各主体如司法行政机关、法律援助机构、承接主体等之间的具体职责及相互之间的关系，努力建构起互相配合、彼此协调、统一管理、权责明晰、分工明确的长效机制。

（四）充分发挥法律援助社会组织的独特作用

从我国公共法律服务模式的发展历程及趋势来看，经历了从传统的单一的政府管理模式到多元主体协作服务模式的转型，向政府模式与市场模式的混合模式发展，其中建立以提高服务效率为目标的市场模式要求大力推动法律援助社会组织的发展，应把政府部门提供的法律援助和社会组织提供的法律援助有机结合在一起，达到提高法律援助服务的服务质量、效率以及创新能力的目标。政府应转变传统观念，及时调整职能，为法律援助社会组织让渡出充分的空间，充分发挥其提供服务、反映诉求、规范行为、化解矛盾的功能，支持、引导其参与法律援助相关事务的管理和服务，为法律援助社会组织的发展营造良好的外部环境。从目前制约吉林省法律援助社会组织的良性发展的因素来看，首要的是从制度层面提供完善的法律保障，通过地方立法的形式，对法律援助社会组织的援助对象标准、范围、经费来源等主要方面做出系统规定，建立其包括组织机构、人员管理、业务工作、办案规程、经费管理、职业道德、执业纪律以及法律援助服务标准和案件质量监控等在内的以《吉林省法律援助条例》为核心的一整套有关法律援助社会组织的规范体系。从社会服务供给的角度来看，政府应为法律援助社会组织提供必要的规范供给，明确政府、社会及市场主体在提供法律援助服务过程中的权利、责任等制度安排，同时给予以激励与监督为核心的制度供给，如对相关社会组织在税收等政策方面给予优惠与倾斜，在平台供给方面，政府应着力建设法律援助社会组织政策平台、项目平台、资本平台、人力平台、资源平台以及信息平台，并建立法律援助社会组织之间的协调机制，促进吉林省法律援助社会资源的有效整合、均衡发展，实现资源共享。

参考文献

1. 胡铭、王廷婷：《法律援助的中国模式及其改革》，《浙江大学学报》（人文社会科学版）2017 年第 2 期。
2. 王晓光：《供给侧改革视角下的法律援助工作研究》，《中国司法》2016 年第 11 期。
3. 王迎龙：《论刑事法律援助的中国模式——刑事辩护"全覆盖"之实现径路》，《中国刑事法杂志》2018 年第 2 期。
4. 梁向东：《在公共法律服务的供给侧发力——长春市公共法律服务体系建设的实践与思考》，《中国司法》2018 年第 3 期。
5. 张加林、莫良元：《供给侧结构性改革背景下的公共法律服务体系建设研究》，《中国司法》2018 年第 6 期。
6. 周进萍：《社会服务供给侧结构性改革——四种优化供给模式探讨》，《云南行政学院学报》2017 年第 1 期。
7. 孙海涛：《我国公共法律服务供给模式的革新》，《江苏警官学院学报》2018 年第 3 期。
8. 吉林省司法厅网站，http：//was. jl. gov. cn/。
9. 中国法律援助网，http：//www. chinalegalaid. gov. cn/。
10. 吉林法律援助网，http：//www. jlfy. org/。

B.26
吉林省加快培育和发展
住房租赁市场的对策

王佳蕾*

摘　要: 发展住房租赁市场具有拉动经济增长、改善住房资源利用状况、推动住房合理消费、惠及民生的重大作用和意义。培育和发展吉林省住房租赁市场,加快建立租售并举的住房体系,有利于保持吉林省房地产市场的长期稳定健康发展。吉林省的住房租赁市场一直以来都没有得到良好的发展,存在租赁住房比重较低、租赁双方权益无法保障、租赁中介机构行为不规范等问题。对吉林省住房租赁市场的培育和发展,建议从以下几个方面着手:加强宣传引导,增加租赁住房有效供给,赋予承租人更多公共服务权利,加强政府监管与服务,加大对房地产中介机构管理力度和制定住房租赁法律制度。

关键词: 住房租赁市场　租售并举　住房租赁价格

　　党的十九大报告指出,要"坚持房子是用来住的、不是用来炒的定位,加快建立多主体供给、多渠道保障、租购并举的住房制度,让全体人民住有所居"。住房是人们生活的必需品,租赁住房是绝对的刚需,租赁住房能更

---

* 王佳蕾,吉林省社会科学院助理研究员,主要研究方向为产业经济学。

好地体现"房子是用来住的、不是用来炒的定位"。因此，全面推进住房租赁市场发展是落实十九大精神的重要举措，加快建立租售并举的住房体系是保持房地产市场长期稳定健康发展的重要保障。

一 吉林省住房租赁市场发展现状

（一）租赁住房比重持续下降

近十年来，在吉林省城镇居民家庭住房来源中租赁住房的比例呈持续下降、迅速上升、又持续下降的趋势。2008 年吉林省租赁住房比例为 8.30%，2009 年略有提升至 8.40%，一直到 2012 年租赁比例呈逐年下降趋势，2013 年该比例从 7.13% 快速升至 8.24%，之后到 2017 年又呈逐年下降趋势，到 2017 年租赁住房比例比 2013 年下降了 3.47 个百分点。其中，租赁公房的比例总体上是呈下降趋势的，2017 年该比例比 2008 年下降了 3.41 个百分点；租赁私房的比例呈先上升再下降的趋势，2017 年该比例比 2013 年的峰值下降了 3.74 个百分点。租赁公房的比例 2008 年要高于租赁私房的比例，从 2011 年开始租赁私房的比例一直超过公房（见图 1）。从表 1 中还可以看出，2014 年以来吉林省城镇家庭通过购买商品房来满足住房需求的比重在逐年上升，而通过租赁住房来解决住房问题的比重呈持续下降趋势主要是其中的租赁私房比重在持续下降。

表 1　吉林省租赁住房占现住房房屋来源比重

单位：%

年份	2008	2009	2010	2011	2012	2013	2014	2015	2016	2017
购买商品房	—	—	—	—	—	—	53.55	57.29	61.10	60.93
租赁公房	4.80	5.00	4.00	2.44	2.18	1.12	1.24	1.11	1.53	1.39
租赁私房	3.50	3.40	3.40	4.75	4.95	7.12	6.52	5.27	3.45	3.38
租赁住房合计	8.30	8.40	7.40	7.19	7.13	8.24	7.76	6.38	4.98	4.77

资料来源：2009~2018 年《吉林统计年鉴》。

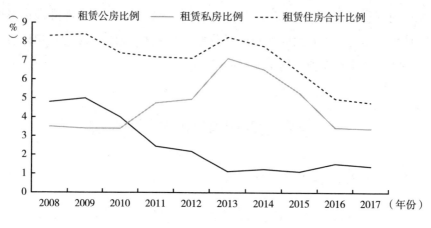

图1　吉林省租赁住房比例趋势

（二）住房租赁价格较低

吉林省的住房租赁价格相对较低。以长春市为例，根据中国产业信息网数据显示，2017年3月，长春市一类地段，即城区中心地段的住宅市场租赁价格为：最低成交价28元/平方米，最高成交价39元/平方米，集中成交价33元/平方米；长春市二类地段，即城区一般地段的住宅市场租赁价格为：最低成交价24元/平方米，最高成交价35元/平方米，集中成交价25元/平方米；长春市三类地段，即城近郊区地段的住宅市场租赁价格为：最低成交价21元/平方米，最高成交价30元/平方米，集中成交价23元/平方米。与毗邻吉林省的两个省的省会城市沈阳和哈尔滨相比较，从各个地段的成交最低价、最高价以及集中价来看，沈阳的租金价格最低，哈尔滨的租金价格最高，长春基本居于这三个城市的中间位置。以城市二类地段租赁的最低价、最高价和集中价为例，沈阳分别为19元/平方米、24元/平方米和19元/平方米，哈尔滨分别为19.1元/平方米、50元/平方米和25.1元/平方米。而如果与上海相比较，上海二类地段最高成交价达到112元/平方米，集中成交价也达到119元/平方米，长春同等地段的房屋租赁价格相当于上海的1/3左右。

而根据云房数据研究中心 2017 年梳理的百城住宅租金数据，长春市的平均租金为 22.7 元/平方米，在样本 41 座二线城市中排在第 30 位，处于中下游位置；吉林市为 16.7 元/平方米，在样本 42 座三线城市中排第 19 位，处于中游位置。

（三）租赁住房回报较高

虽然吉林省的住房租赁价格较低，但是租金回报率却很高，下面以长春和吉林为例。从 2017 年智谷趋势发布的百城租金回报率来看，长春市居于第 10 位，租金回报率为 3.79%，也就是说长春投资房产用于出租 26.4 年可以回本，在样本的 30 个二线城市中排第 3 位，居于二线城市第 1 位的是哈尔滨。吉林市在百城中居于第 11 位，租金回报率为 3.75%，即投资租房回本大约需要 26.7 年，在样本的 44 座三线城市中居于第 7 的位置。租金回报率最高的衡阳为 4.23%，长春与之相差 0.44 个百分点，吉林与之相差 0.48 个百分点，而与排名最后一位厦门 1.00% 的租金回报率相比，长春与吉林要远远高于这个水平。一般来说，净租金回报率在 4% 左右就被视作高回报，所以吉林省的两大城市长春和吉林的租金回报率已经可以称作是高回报，这主要与两个城市较低的房价水平有关。

（四）公共租赁住房建设使用状况良好

公共租赁住房在解决城镇住房困难群体居住问题以及改善他们的居住条件等方面都起到极大作用。2008 年到 2017 年 3 月，吉林省共建设公租房 33.62 万套，已分配 29.9 万套，分配率 88.94%，公租房分配入住率居全国第 7 位。长春市还在不断扩大公共租赁住房保障范围，降低公共租赁住房申请条件，让更多需要保障性住房的家庭能够具有申请资格，切实发挥了公租房改善民生的作用。长春市对于低保家庭实行非常低的租金标准，但是根据室内装修情况，标准会有差别；对于低收入家庭，政府会给予公租房租金 50% 的补贴。

二 吉林省住房租赁市场存在的问题及原因

（一）吉林省住房租赁市场存在的问题

1. 租房群体比重较低

吉林省城镇居民家庭的住房房屋来源以购买商品房为主，租赁房屋的比重非常低。2017年，吉林省城镇居民住房来源中比重最大的购买商品房为60.93%，其次是自建住房，比重为12.24%，第三位的购买房改住房占11.28%，第四位的拆迁安置房占7.85%，然后才是租赁房屋，仅占4.77%，其中租赁公房占1.39%，租赁私房占3.38%。而在住房租赁市场发展比较成熟的发达国家，30%～60%的家庭选择租房。根据链家研究院数据，2017年我国租房家庭比例为11.6%，一线城市大约在30%。吉林省租房比例与发达国家相差甚远，与我国的平均水平也有相当大的差距。

2. 租赁双方权益缺乏保障

由于我国尚未出台住房租赁的法律法规，所以租赁双方的权益根本不能得到保障。在吉林省租赁双方权益经常会受到如下侵害：出租方会遇到室内装修和家具、家电被破坏，租户将房屋擅自转租，改变房屋用途，拖欠房租，收房时室内卫生状况恶劣，因租户行为不当引起邻居投诉等情况；承租方也往往会遭到房东不履行房屋修缮和室内设施修理义务、房租任意上涨、强行提前解约退租、不返押金等情况。这些纠纷侵害产生时，利益受损一方无法可依，大多数也都选择隐忍，租赁双方都严重缺乏安全感。这种状况如果持续下去，住房租赁市场很可能产生"柠檬效应"，优质出租住房被劣质住房驱逐出市场，个人拥有的闲置住房宁愿空置也不愿出租，减少租赁市场供给，不利于住房租赁市场的发展。

3. 租赁中介机构行为不规范

租赁中介机构欺骗、误导出租方和承租方的现象时有发生。有的租赁中介机构发布虚假房源，帮助房东隐瞒房屋真实情况，做出不实承诺，对租房者进行诱骗和误导。中介机构一般都会以带客户看房方便为由向房主索要房屋钥匙，而其中有一些机构或者业务人员就会把房主不便管理的房屋暂时挪作私用或者作为广告房以多收取些看房费。还有的租赁中介机构会诱导客户租转售，以获取更多的佣金。

（二）吉林省住房租赁市场存在问题的原因

1. 传统住房观念固化

在我国的传统居住观念里，家庭就是应该拥有自己的房子，无房则无家，只有住在属于自己的房子内家才能谓之为"家"，整个家庭才会有归属感、安全感和幸福感。这种传统观念对现在的年轻人也产生巨大影响，"要结婚先买房"，拥有住房几乎已经成为结婚甚至是相亲的必要条件。因此现在的情况是有经济条件的家庭要买房，经济条件不足的家庭倾尽几代所有甚至到处借钱也要买房，凑齐首付之后还得全家一起还贷款，为了一套房子整个家庭的生活质量严重下降，家庭的抗风险能力也较弱。

2. 租赁住房有效供给不足

健康的房地产市场应该是住房销售与租赁两个市场共同发展，市场供应也应该是售房与租房"双引擎"带动。吉林省的住房市场供应以住房销售市场为主，住房租赁市场供应明显不足。除去政府提供的少量公共租赁住房，吉林省的租赁住房大多都是由个人提供，机构租赁在吉林省刚刚起步，尚未形成规模，而且从2017年起吉林省的公共租赁住房原则上已经不再新建。这些由私人出租的住房在位置、租金、装修程度、室内设施等各方面条件都存在相当大的差异，很难与租房者的要求相匹配，因此租赁住房的有效供给十分有限。

3. 房地产中介机构管理不规范

吉林省房地产中介机构众多，有一些是形成规模的连锁机构，如新发、家港等，但小型中介机构仍大量存在。这些规模较小的中介机构一般服务不够规范，信誉度不高，违规经营现象也较多，由于房地产中介机构缺乏行业服务标准，即使是大型中介机构，违规行为也时有发生。房地产中介机构招

聘业务人员时，一般入职门槛不高，这些业务人员基本都没有接受过正规的职业教育或资质培训，中介机构也很少对员工进行专业培训。这些业务人员素质良莠不齐，流动性也较大，大多追求短期利益，因此经常有些人进行暗箱违规操作，扰乱市场秩序。

三　国外住房租赁市场经验借鉴

发达国家的住房租赁市场较为成熟，在法律法规、增加供给、利益保护等方面可以为我们提供借鉴参考。

（一）德国

德国虽然是发达国家中房价收入比最低的国家之一，但是居民却大多数选择租房居住。2014 年，德国住房自有率仅有 45.5%，有 54.5% 的人租赁住房，其中柏林和汉堡的住房自有率极低，仅分别为 14.2% 和 22.6%。这主要是由于德国具有比较发达的住房租赁市场，相关的法律法规以及政策制度相对比较完善。

第一，充分保障租房者的权益。房屋租金上，德国各地会组织相关机构经过综合评定，每两年制定和公布一次《房屋租金参照表》，新签订的租房合同租金方面要参照该表，不得高于同质量、同区位租金的 20%，否则会涉及违法甚至犯罪。租金涨幅上，德国的《住房租赁法》也做出明确规定，并且不断修订调低房租涨幅，从最初三年内累计涨幅不高于 30% 调整到 20%，2013 年又调整到 15%，如若超出，也属于违法。租赁合同的解除上，法律规定只有出租方具有正当理由时才可以终止合同，以提高房租为理由是不被允许的，出租双方任何一方要终止合同至少要提前三个月通知对方。另外，在德国租房者享有与买房者等同的公共权利。以上法律及规定使得德国拥有比较稳定的住房租赁市场，租房者也有较高的安全感和幸福感。

第二，鼓励租赁住房供应。20 世纪 50～70 年代，德国为了解决战后住房短缺的问题，鼓励企业兴建住房，并向其提供长期无息贷款，企业要在一定年限内将建成的房屋交由政府低价出租，同时政府会补贴给企业实际租金与市场租金的差额，待企业结清贷款便可以根据市价出售或出租这些住房。为了增加住房供应量，德国政府还通过免税、补贴、长期无息或低息贷款等方式鼓励投资者建设租赁住房。

第三，发放租房补贴。德国政府会依法向租房负担较重的大约 10% 的家庭提供租房补贴，使这些家庭的实际租金支出占到税后收入的 10%～30%，大大减轻了贫困家庭的租房负担。

（二）美国

美国的住房租赁市场是现今世界上规模最大，也是最为成熟的市场。近年来美国的租房需求快速增长，到 2016 年已经有大约 33% 的家庭租房居住，租房总量也远超德国。美国成熟的住房租赁市场主要是得益于以下几个方面。

第一，健全的房地产投资信托制度。美国房地产市场拥有较多的融资渠道，次贷危机前发行规模最大的是商业房地产抵押贷款支持证券 CMBS，现今房地产投资信托基金 REITs 成为住房租赁市场的主要融资方式，它能够打通住房租赁和金融两个市场，使住房租赁企业能够在资本市场得到长期收益，而且美国实施的穿透性税收优惠政策进一步促进了 REITs 的发展。

第二，政府与企业的合作市场建设。美国的住房租赁市场供应主体是企业，政府在市场中的参与并不多。整个租房市场是由出租企业提供市场化租赁房源为主，政府则主要致力于解决低收入群体的住房问题，为他们提供保障性住房或者根据租房家庭的实际情况给予不同级别的补贴。

第三，机构化的运营模式。美国住房出租业中公寓出租业占到 90% 以上，大多数公寓出租业由专业化程度较高的机构运作，他们运营的长租公寓能够为租房者提供周到细致的服务。另外，美国住房租赁的相关法律也比较健全，保障了住房租赁市场的稳定发展。

（三）日本

日本的住房自有率在60%左右，也就是说有四成的家庭租房居住。近年来新开工住房中租赁住房一直保持在40%左右。在日本住房租赁市场供给机构中，私人企业占79%，政府出租房占10%，社会保障性住房占6%，独立行政法人都市再生机构和社会企业占5%。特别值得一提的是日本大多数新婚家庭会选择租房居住，而且会租住很长时间。

日本对住房租赁市场实施非常严格的管理，对租房者进行更加严格的法律保护。房地产中介机构人员必须具有专业认证资格才可以上岗，租房者要有担保人或者加入保证会社等才可以租房。出租方如果要对合同进行变更，就必须向法院提交申请，只有法院判处其理由为正当时才会对其申诉予以支持，但是一般只有如承租者拒绝支付房租这种理由法院才会认为是正当的，而且即使是在出租方具有正当理由的前提下仍要至少提前半年向承租方提出退房请求，出租方也不可以在租赁期内提高房租。

日本的租赁物业管理机构比较发达，会提供募集租户、办理入住和退房手续、催缴房租、包租等服务。像大东建托公司更是形成了从租赁住房建设到包租的一站式租赁住宅管理服务。日本租赁住房中有85%是由个人持有，租金相对较高而且比较稳定，而这其中有约65%是全部委托给专业的物业托管机构进行管理，约26%是部分委托管理，仅有约9%是个人完全管理。

从以上这些发达国家的租房市场可以看出，它们都有以下几个特征：一是家庭租房率较高，都在30%以上；二是供应主体市场化；三是运营模式机构化；四是都出台比较健全的住房租赁法规。

四 培育和发展吉林省住房租赁市场的对策建议

（一）加强宣传引导

加大宣传力度，通过政府、媒体等多方共同努力进行宣传和引导，建议人们树立合理、适度的住房消费观念。在经济条件尚未达到能够购买住房的阶段时可以选择租房作为一个过渡期，而不应急于购买住房，给全家带来过重的债务负担和急剧下降的生活品质。十九大对住房用途的定位表明国家抑制房价过快上涨的态度和决心，国家加快发展住房租赁市场政策的频繁出台和实施已经释放出未来房地产市场"租购并举"发展方向的强烈信号，吉林省和省内一些城市也纷纷出台了"关于加快培育和发展住房租赁市场的实施意见"，相信伴随这些政策的落地和实施，人们对未来房价上涨预期会有所下降，再加上适当的政策和观念宣传，将有越来越多的人尤其是年轻人淡化买房观念，将租房作为解决住房问题的重要途径。

（二）增加租赁住房有效供给

租赁住房有效供给的增加，不仅是租赁房源数量上的增多，还要体现在房源质量的提升上。租房者的房源可选性增多，租赁房屋的品质上升，人们租房的意愿也会有所提高。吉林省可以从以下几个途径增加租赁住房的有效供给。第一，调整住房供应结构。吉林省可以出台相应优惠政策，促进新建住房流入租赁市场。采取降低税费、土地出让金，给予金融支持等措施，降低企业开发运营成本，鼓励开发企业将部分新建住房用于出租，吸引开发企业投入到住房租赁市场的建设中去。第二，发展住房租赁企业，提高住房租赁企业规模化、集约化、专业化水平，更好地满足吉林省住房租赁需求。第三，鼓励个人将闲置住房对外出租。通过减免征收增值税方式提高个人出租住房的积极性。培育专业化的住房租赁管理企业，对住房提供从招租、维修到结约收房的一条龙服务，使个人能够更省心更放心地将住房进行出租。

（三）赋予租房者更多公共服务权利

我国已经选取12个城市作为开展"租售同权"的试点，未来吉林省也要逐步实现"租购同权"，让租房者可以享受与买房者同等的公共资源，如教育、医疗、就业、养老等。这些权利中，最受关注的当属同等教育权，吉林省应参考试点城市做法，根据吉林省各地实际情况，及早进行筹划，制定

出实施方案。租房者公共服务权利的提升也有利于转变人们"重买轻租"的住房消费观念，不再将租房作为迫不得已的选择，而是将购房与租房二者并重作为解决住房问题的途径。

（四）加强政府监管和服务

第一，制定租金指导价格。建议管理部门根据住房的地理位置、装修程度、配套设施等情况制定各地租金指导价格，并且一至两年更新一次，为租房者提供较为权威的价格参考，降低住房租赁市场的信息不对称性。第二，建立房屋租赁信息平台。租房者可以通过这个信息平台方便快捷、全面真实地了解各区域出租房源的数量、价格、室内设施情况等，使整个市场能够透明化。第三，设立简单有效的住房租赁纠纷调节机制。充分发挥基层管理职能部门作用，化解一般性的纠纷和矛盾。简化住房租赁纠纷司法程序，提高法律调解效率。

（五）加大对房地产中介机构的管理力度

在房地产市场中以租房为唯一业务存在的租赁中介机构很少，房屋租赁大多都是与房屋买卖一起作为房地产中介机构的主营业务，对租赁中介机构的监管实际上就是对这些房地产中介机构的监督和管理。全省的房地产中介机构缺乏有效的引导和管理，要针对房地产中介机构制定管理规定，规范经营行为，提升服务水平。明确租赁中介机构服务标准、行为规范和违规惩罚办法，对中介机构从业人员进行专业培训，从整体上提高人员业务素质，以向社会提供更加优质的服务。对中介机构的经营状况和信誉程度进行评价和打分，诚信经营、信誉度高的给予奖励，违规经营、信用度低的进行打击和惩治。扶植信誉好的房地产中介机构发展壮大，引导已经形成一定规模的房地产中介机构做大做强，成为行业品牌。

（六）制定住房租赁法律制度

从国家层面，加快制定住房租赁市场的法律法规，明确租赁双方的权利和义务，切实保障双方的合法权益，维护住房租赁市场的良好秩序，为住房租赁市场的长期健康发展奠定法律基础。制定的条款要具体细致，可以借鉴德国、美国这些住房租赁市场比较发达国家的经验。在保护承租人权利方面，要在租金、租期、提前解约、房东维修义务、违约赔偿等方面都做出规定。同时，也要对出租方的权益进行合理有效的保护，如规定承租方须向出租方提供身份证明、工作证明、信用担保等，使出租方能够对承租方的基本情况有一定的了解，在出租期间出现事故或纠纷时也可以找担保人进行沟通和解决，出租人的权利可以依法得到保障，更能放心地将房屋出租。吉林省则根据实际情况，出台地方性住房租赁的规章制度、条例。例如，房管部门可以建立完善的租赁住房备案制度，这样不仅可以对租赁双方的不诚信行为形成一定的约束，当产生纠纷时也可以有效保护双方利益。

参考文献

2009～2018年《吉林统计年鉴》，中国统计出版社。

何爱华：《住房租赁市场发展的制约因素、国际经验与改进方向》，《西南金融》2018年第8期。

邱伶俐：《德国住房租赁管理经验及对我国的启示》，《中国房地产》2018年第10期。

权威报告·一手数据·特色资源

皮书数据库
ANNUAL REPORT(YEARBOOK)
DATABASE

当代中国经济与社会发展高端智库平台

所获荣誉

- 2016年，入选"'十三五'国家重点电子出版物出版规划骨干工程"
- 2015年，荣获"搜索中国正能量 点赞2015""创新中国科技创新奖"
- 2013年，荣获"中国出版政府奖·网络出版物奖"提名奖
- 连续多年荣获中国数字出版博览会"数字出版·优秀品牌"奖

成为会员

通过网址www.pishu.com.cn访问皮书数据库网站或下载皮书数据库APP，进行手机号码验证或邮箱验证即可成为皮书数据库会员。

会员福利

- 已注册用户购书后可免费获赠100元皮书数据库充值卡。刮开充值卡涂层获取充值密码，登录并进入"会员中心"—"在线充值"—"充值卡充值"，充值成功即可购买和查看数据库内容。
- 会员福利最终解释权归社会科学文献出版社所有。

社会科学文献出版社 皮书系列
SOCIAL SCIENCES ACADEMIC PRESS (CHINA)

卡号：**815494464897**
密码：

数据库服务热线：400-008-6695
数据库服务QQ：2475522410
数据库服务邮箱：database@ssap.cn
图书销售热线：010-59367070/7028
图书服务QQ：1265056568
图书服务邮箱：duzhe@ssap.cn

基本子库
SUB DATABASE

中国社会发展数据库（下设 12 个子库）

全面整合国内外中国社会发展研究成果，汇聚独家统计数据、深度分析报告，涉及社会、人口、政治、教育、法律等 12 个领域，为了解中国社会发展动态、跟踪社会核心热点、分析社会发展趋势提供一站式资源搜索和数据分析与挖掘服务。

中国经济发展数据库（下设 12 个子库）

基于"皮书系列"中涉及中国经济发展的研究资料构建，内容涵盖宏观经济、农业经济、工业经济、产业经济等 12 个重点经济领域，为实时掌控经济运行态势、把握经济发展规律、洞察经济形势、进行经济决策提供参考和依据。

中国行业发展数据库（下设 17 个子库）

以中国国民经济行业分类为依据，覆盖金融业、旅游、医疗卫生、交通运输、能源矿产等 100 多个行业，跟踪分析国民经济相关行业市场运行状况和政策导向，汇集行业发展前沿资讯，为投资、从业及各种经济决策提供理论基础和实践指导。

中国区域发展数据库（下设 6 个子库）

对中国特定区域内的经济、社会、文化等领域现状与发展情况进行深度分析和预测，研究层级至县及县以下行政区，涉及地区、区域经济体、城市、农村等不同维度。为地方经济社会宏观态势研究、发展经验研究、案例分析提供数据服务。

中国文化传媒数据库（下设 18 个子库）

汇聚文化传媒领域专家观点、热点资讯，梳理国内外中国文化发展相关学术研究成果、一手统计数据，涵盖文化产业、新闻传播、电影娱乐、文学艺术、群众文化等 18 个重点研究领域。为文化传媒研究提供相关数据、研究报告和综合分析服务。

世界经济与国际关系数据库（下设 6 个子库）

立足"皮书系列"世界经济、国际关系相关学术资源，整合世界经济、国际政治、世界文化与科技、全球性问题、国际组织与国际法、区域研究 6 大领域研究成果，为世界经济与国际关系研究提供全方位数据分析，为决策和形势研判提供参考。

法律声明